国家社科基金重大项目"中日合作版《中日文化交流史》"
郑州大学双一流重大专项"亚洲文明互鉴与区域关系建构"

总编·葛继勇
亚洲文明交流互鉴研究丛书

"清俗纪闻"研究

RESEARCH ON SINZOKU KIBUN

葛继勇／著

国家出版基金项目
NATIONAL PUBLICATION FOUNDATION

上海社会科学院出版社
SHANGHAI ACADEMY OF SOCIAL SCIENCES PRESS

"亚洲文明交流互鉴研究丛书"学术委员会

顾问　武　寅(中国社会科学院原副院长、研究员)
主任　王　勇(浙江大学亚洲文明研究院副院长、教授)
委员　(排名不分先后)

松浦章(日本关西大学教授)　　　榎本淳一(日本大正大学教授)
刘建辉(国际日本研究中心教授)　陈　捷(日本东京大学教授)
余昊奎(韩国外国语大学教授)　　徐建新(中国社会科学院研究员)
胡令远(复旦大学教授)　　　　　郭连友(北京外国语大学教授)
刘晓峰(清华大学教授)　　　　　王志松(北京师范大学教授)
王向远(广东外语外贸大学教授)　晏绍祥(首都师范大学教授)
拜根兴(陕西师范大学教授)　　　李铭敬(中国人民大学教授)
孙卫国(南开大学教授)　　　　　刘岳兵(南开大学教授)
潘　钧(北京大学教授)　　　　　陈小法(湖南师范大学教授)
牛军凯(中山大学教授)　　　　　陈秀武(东北师范大学教授)
丁　莉(北京大学教授)　　　　　梁　志(华东师范大学教授)
韩志斌(西北大学教授)　　　　　李圣杰(武汉大学教授)
于向东(郑州大学教授)　　　　　钱建成(郑州大学教授)
韩　恒(郑州大学教授)　　　　　何华珍(郑州大学教授)
葛继勇(郑州大学教授)

"亚洲文明交流互鉴研究丛书"编辑委员会

主编　葛继勇

委员　黄修志(鲁东大学教授)

　　　渡边诚(日本广岛大学副教授)

　　　王连旺(郑州大学副研究员)

　　　张晓明(北京第二外国语学院副教授)

　　　成思佳(郑州大学副教授)

　　　楼正豪(浙江海洋大学副教授)

总序

葛继勇 *

一

"文明因交流而多彩,文明因互鉴而丰富"。2019年5月15日,习近平主席在亚洲文明对话大会开幕式上发表主旨演讲,明确提出要深化文明交流互鉴,共建亚洲命运共同体。2022年10月16日,党的二十大报告提出,深化文明交流互鉴,推动中华文化更好走向世界,增强中华文明传播力、影响力;并再次呼吁,尊重世界文明多样性,以文明交流超越文明隔阂、文明互鉴超越文明冲突、文明共存超越文明优越。

当今世界面临百年未有之大变局。世界各国尤其是亚洲地区共同应对危机、迈向美好未来,不仅需要经济科技力量,也需要文化文明力量。亚洲各国协同推进政策沟通、设施联通、贸易畅通、资金融通、民心相通,夯实共建亚洲命运共同体乃至人类命运共同体的人文基础,都离不开不同国家、不同民族、不同文明的交流互鉴。

亚洲地区拥有黄河、长江中下游地区,印度河流域,美索不达米亚平原(两河流域)等世界三大文明发祥地,古代中华文明、古代印度文明、古代巴比伦文明等三个古老文明都诞生在亚洲。这使得亚洲文明具有多样性、复杂性,以至于难以整体把握亚洲文明的共通性、普遍性。随着亚洲国家在全球的地位不断上升,作用日益凸显,认识研究亚洲文明、分析阐释亚洲区域关系愈显重要。

郑州大学先后获得"多卷本《犹太通史》"(首席专家:张倩红教授)、"中日合

---

* 葛继勇,郑州大学亚洲研究院执行院长,亚太研究中心主任,教授。

作版《中日文化交流史》"(首席专家：葛继勇教授)、"越南汉字资源整理及相关专题研究"(首席专家：何华珍教授)以及参与的"东亚笔谈文献的整理与研究"(首席专家：王勇教授)等多项有关亚洲文明交流互鉴研究的国家社科基金重大项目,从文字语言的认知与变异、文献典籍的环流与再生、文物史迹的生成与流变、文学艺术的理解与对话、文化理念的传承与创新、文明思想的交融与共生等六大维度,努力打造具有中国特色的"亚洲学",构建融通中外的学科体系、学术体系、话语体系、叙事体系,增强中华文明的深远辐射力与国际影响力。

面向亚洲未来社会发展的重大挑战,聚焦国家战略需要和国际学术前沿,结合学校的学科与人才优势,郑州大学于2021年启动"亚洲文明互鉴与区域关系建构"双一流重大专项,聚焦亚洲文明研究的基础理论与应用实践协同创新体系,通过优势学科领域的交叉会聚、交互探索和融合创新,系统研究亚洲地区多元文明特质及其交流互鉴机制,探讨亚洲文明研究的重大理论构建和争端问题解决机制;努力培育重大原创成果、培养复合型拔尖人才、搭建新型研究平台,构建学科布局结构优化、学科集群优势凸显、知识创新水平升腾的创新发展模式,努力为提升我国的国际影响力和话语权做出更大贡献。

二

郑州大学"亚洲文明互鉴与区域关系建构"双一流重大专项旨在构建不同于旁观者欧美、立足于当事人中国的"新亚洲文明观",以贯穿地理区域、政治社会、文化文明的整体视角和多学科方法,探讨亚洲文明研究的重大理论构建和争端问题解决机制,构建亚洲国家关系新格局研究的话语体系。具体聚焦以下四大学术前沿问题：

第一,克服思维定势惯性。亚洲文明研究难免受到各国意识形态、民族立场、历史认识等主观因素的影响,甚至以西方价值标准来衡量东方、叙述历史和阐释现实。要摒弃"西方中心论"的思维定式,重视各国文明发展过程中相互影响、相互激荡的作用,科学系统地分析亚洲各国民粹主义、国家记忆等的根源,探索解决国际争端问题的研究范式。

第二,驳斥文明冲突言论。近年来,个别西方国家秉持单边主义和霸凌主义,以高压手段威逼,粗暴干涉亚洲各国内政,须严厉批判;民粹主义、种族主义和殖民主义抬头,强调文明的等级、优劣与冲突,应坚决反对。今后要摒弃"西方—东方"二元对立的固有定式,从思想根源方面为亚洲文明交流互鉴提供理论支撑和智力支持。

第三,解决争议焦点问题。无论在历史上还是当下,中国崛起都是一个不可阻挡、也不必引起无谓惊慌的事实。但是,我们要摆史实、讲道理,梳理中华文明在东亚乃至整个亚洲地区局势稳定以及在国际秩序中发挥的重要作用,剖析中华文明秩序下的国际关系与欧洲威斯特伐利亚体系的本质异同,从根本上驳斥"中国威胁论"。

第四,探寻历史悬案真相。比如为什么在19世纪中叶以前,战乱在欧洲接连不断,而稳定却成为东亚国际关系中的常态?全面系统地研究亚洲国际体系以及不同历史背景下的国家间关系,既能引导我们发现与欧洲经验不同的新现象、新问题,又能为我们审视当代地缘政治格局与国际事务提供新视野、新思路。

亚洲人的观念、身份和期望主要脱胎于其独特的历史经验、世界观和知识体系,伴随着东西方人物的往来、物品的流通、知识的传播和思想的碰撞,亚洲文明对西方文明产生很大冲击,同时受到西方文明的强烈影响。中华文明也不例外。五千年绵延不断的中华文明,需要动态立体地展开研究,在发展创新的多轨道模式下,探索中华文明的源流与疆域、中心与边界;在融合共生的多样化视角下,探讨中华文明与东西方文明的交流与碰撞、影响与互动,进而构建中国对外话语体系新平台、"一带一路"争端解决新机制,努力促成一套行之有效的人文理念、行为规则、国际规范和制度体系。

三

"亚洲文明交流互鉴研究丛书"是郑州大学"亚洲文明互鉴与区域关系建构"双一流重大专项推出的系列学术成果之一,由"亚洲文明交流互鉴研究论丛"与"亚洲文明交流互鉴研究译丛"两种丛书组成。我们的亚洲文明研究,以中华文明为源头、以国家利益为核心、以国学研究为基础、以学科交叉为方法,梳理亚洲文明的发展脉络,弘扬多元共存的亚洲价值;同时,着眼互动环流的动态史观,力争在亚洲文明交流互鉴研究、区域与国别研究等领域取得重大突破。

其中,"亚洲文明交流互鉴研究论丛"主要出版以下类型的研究成果:(1)与亚洲文明的形成与发展、多样性与差异性相关的前沿研究成果;(2)亚洲文明相关文献典籍的整理、翻译与研究成果;(3)亚洲文明相关学术会议的研究报告论文集;(4)前辈学者的遗作及追思纪念论文集。"亚洲文明交流互鉴研究译丛"主要出版亚洲文明相关的国外前辈学者研究成果的译作,当然对其中的某些观点有不同看法时,我们会通过添加译注等方式,阐明国内学者的立场与观点。出版国内外前辈学者的遗作、译作,既向前辈学者表达敬意,亦对青年学人寄托期许。

今后,我们将在思路方法上,把亚洲整体作为方法,兼顾点与面、讲究全与精,既有宏观论述,又具微观考证。在时间序列上,不局限于某一时段,而是纵贯古今,勾勒亚洲文明形成与发展的历史轨迹。在空间区域上,既强调中华文明、日本文明、印度文明等国别文明研究,也重视东亚、南亚、中亚等区域文明的联动性;不仅梳理多元文明间的交流与影响,还探讨不同文明间的碰撞与冲突。

本丛书将对亚洲区域内多元文明的交流互鉴进行系统科学的分析、阐述和探讨,特别是关注21世纪以来学界取得的新成果、发现的新资料、关注的新问题;同时,进行有选择性、针对性的专题研究,摒弃知识偏见、学术偏见、思想偏见,努力开拓新的学术领域,促成新的学术增长点,推出新的前沿学术成果,搭建中外学术交流的平台。热忱欢迎文明区域、文化思想、文献典籍、文物史迹、文学艺术、文字语言以及区域关系等领域的研究学者出版学术著作、发表最新成果。希望借此平台,让我们首先在亚洲文明研究领域建成学术共同体!

丛书在筹划、编辑和出版过程中,得到国内外多位专家学者的关心和指导,以及学校学科与重点建设处、社会科学处以及外国语与国际关系学院等单位领导的支持和帮助,在此表示诚挚的谢意!

2023年2月15日

序

松浦章*

《清俗纪闻》是江户时代即所谓的锁国时代日本向前往长崎贸易的唐人(中国人)询问中国江南等地的风俗、习惯、文化等,记录并添以绘图编集而成的。①

《清俗纪闻》的编者中川忠英(1753—1830)在跋文中记载了该书的成书情况:

> 向者,余之在崎阳也。听政之暇,使官属近藤守重、林贞裕问清商其国之俗习,辄随笔焉,又随图焉,终成一书。②

中川忠英是江户时代后期旗本中川忠易第五子,幼名勘三郎,字子信,号骏台。宽政七年(1795)二月至同九年(1797)二月的三年间担任长崎奉行,宽政七年七月还被授予从五位下飞弹守的官位③。其与远山景晋(1752—1837)、石川忠房(1755—1863)并称"文政三杰",是文政年间的能吏。远山左卫门尉景晋于文化九年(1812)至同十三年(1816)的5年间任长崎奉行④,在任期间撰写了工作日记《长崎奉行远山景晋日记》⑤。

中川忠英是著名藏书家,其部分藏书现存于内阁文库,约有汉籍10部、日本

---

* 松浦章,关西大学名誉教授。
① 村上一弥"解说",孙伯醇、村上一弥编:《清俗纪闻1》,东洋文库62,平凡社1966年版,第127页。
② 同上书,第152页。
③ 《新订宽政重修諸家譜》卷262,续群书类从完成会1964年版,第5、40页。竹内诚、深井雅海编:《日本近世人名辞典》,吉川弘文馆2005年版,第717页。《続長崎實録大成》,长崎文献社1974年版,第2页。
④ 《続長崎實録大成》,长崎文献社1974年版,第3页。
⑤ 荒木裕行、户森麻衣子、藤田觉:《長崎奉行遠山景晋日記》,清文堂出版2005年版。

书籍70余部①,汉籍中包括《大清一统志》《松江府志》《湖州府志》等清代地方志。

由中川忠英编纂的《清俗纪闻》共十三卷,宽政十一年(1799)刊行。其内容简而言之,是关于中国江南地区风俗习惯的询问调查。中川忠英在《清俗纪闻》附言中记:

> 本书乃询问崎阳(长崎)在住的清人彼国民间风俗,以本邦语言记录而成。古来清国东西风异,南北俗殊,切不可误认为此书所载乃清国普遍之风俗。今至崎阳之清人多来自江南、浙江,故应知此书所录多为江南、浙江之风俗。②

即使在当今社会,如果询问日本人关于中国的地域差异,恐怕也不能得到正确的回答。江户时代同样如此,日本人很难认识到中国东西南北的地域差异。

在这样的时代中,中川忠英决心编纂《清俗纪闻》。但实际上,在《清俗纪闻》之前,中川忠英就主持编纂了其稿本《续清朝探事》③。《清朝探事》是日本享保年间(1716—1735)江户幕府第八代将军德川吉宗命令儒官荻生北溪,通过深见有邻向赴日清人朱佩章询问清朝事情,唐通事彭城藤治右卫门翻译而作成的。④该书一直未被刊行⑤,而中川忠英也知晓此事,故策划编纂了该书的续编。

《清俗纪闻》的内容构成如下:

  礼帙:卷一、年中行事

  乐帙:卷二、居家

  射帙:卷三、冠服　卷四、饮食　卷五、闾学

  御帙:卷六、圣诞　卷七、冠礼　卷八、婚礼

---

① 《改訂増補内閣文庫藏書印譜》,国立公文書館1981年版,第89页。
② 孙伯醇、村上一弥:《清俗紀聞1》附言,平凡社1966年版,第1页。
③ 西田元子:《〈續清朝探事〉について—寛政年間における清国文物への関心—》,国立国会図書館利用者サービス部编:《参考書誌研究》第34卷,1988年,第1—19页。
④ 同上书,第18页。
⑤ 葛继勇、许浩:《〈清朝探事〉研究》,上海社会科学院出版社2024年版。

书帙：卷九、宾客　卷十、羁旅　卷十一、丧礼

数帙：卷十二、祭礼　卷十三、僧徒

按照六艺之序，分六帙、六册，共十三卷，主要记载了年中行事、住居、服饰、饮食、教育、冠婚葬祭、旅行、僧侣等与中国江南风俗习惯有关的内容。

《清俗纪闻》的一大特征是使用了大量图绘。各卷绘图与文字的比例大致相当，绘图在其中发挥了极大作用。① 中川忠英在《附言》中记：

> 本书图绘乃吾遣崎阳画师至清人之旅馆随闻而绘。如有少许相违之处，清人即正之，或多作图，以示之。再三问答，始得事之全委，见者切勿生疑。②

可见其对《清俗纪闻》中绘图的可靠性信心十足。

参与绘图的长崎画师有石崎融思（1768—1846），其父为担任"唐绘目利"的荒木元融。石崎融思曾跟随其父学习中国画、西洋画，习得玻璃画绘法。同时跟随其父之师、担任御用绘师兼"唐绘目利"的石崎元德（？—1770）③学习西洋画。后成为石崎元德的养子，改姓石崎。

"唐绘目利"隶属于长崎奉行，日本从国外输入名品后，必奉长崎奉行之命进行摹画④。"唐绘目利"对输入品进行仔细描绘，从而掌握了不差分寸地还原物体的画法。另外，从中国购买的书画的鉴定、价格评定等也由"唐绘目利"负责。延宝元年（1673）任命"唐绘目利"一人，元禄元年（1688）追加一人，宝永二年（1705）增加助手一人。⑤

唐绘目利的画法具有写实主义风格，受此影响，石崎融思在临摹时，能够对物体进行写实描绘。

---

① 村上一弥"解说"，载孙伯醇、村上一弥编：《清俗纪闻1》，平凡社1966年版，第128页。
② 孙伯醇、村上一弥编：《清俗纪闻1》附言，平凡社1966年版，第1页。
③ 竹内诚、深井雅海编：《日本近世人名辞典》，吉川弘文馆2005年版，第59页。
④ 永见德太郎：《长崎乃美术史》，夏汀堂1927年版，第10、13页。
⑤ 阴里铁郎编：《川原庆贺と长崎派》，至文堂编：《日本の美术》第329号，1993年，第26页。

多模写沈南苹(之画)。今日市场多沈南苹之伪物,笔力巧妙之物多被认为是融思之模写。①

可见,石崎融思是一位有能力的画师。

与此同时,在中川忠英的主持下,实际负责编纂《清俗纪闻》的是近藤守重。

近藤重藏(1771—1829)是江户时代后期的幕臣(旗本)、探险家。讳守重,号正斋、升天真人。曾五次前往虾夷探险。自幼被称为"神童",8 岁熟读四书五经,17 岁开办私塾"白山义学",是一位不同寻常的有才之士,一生撰写了 60 余种、1 500 余卷著作。其父退隐后的宽政二年(1790)继承家督,成为"御先手组与力(将军侍卫)",同时担任"火付盗贼改方(负责查办火灾、盗贼、赌博)"。宽政六年(1794),以优异的成绩通过了圣堂学问所(1797 年改名昌平坂学问所)的"学问吟味"(类似于科举制的考试),并受到了褒奖。宽政七年(1795),担任"长崎奉行手付出役"(长崎奉行的文书助理),受奉行中川忠英之命编纂《清俗纪闻》。其在长崎期间还撰有《安南纪略稿》等著作,并献与奉行。② 宽政九年(1797)四月,随着中川忠英转任勘定奉行,近藤重藏跟随其回到江户,同年十二月,近藤重藏转任"支付勘定方"(负责财政工作)。此外,中川忠英兼任"关东郡代"(负责关东地区的民政)时,近藤重藏还受命担任"关东郡代付出役"(关东郡代的助理)③。

另外,参与《清俗纪闻》编纂的清人有:

清国苏州　孟世焘　蒋恒　顾镇
　　湖州　费肇阳
　　杭州　王恩溥　周恒祥
　　嘉兴　任瑞④

其中关于"孟世焘",撰成于文政年间(1818—1829)的《长崎名胜图绘》卷二下"唐

---

① 永见德太郎:《長崎乃美術史》,夏汀堂 1927 年版,第 13 页。
② 竹内诚、深井雅海编:《日本近世人名辞典》,吉川弘文馆 2005 年版,第 394 页。
③ 同上。
④ 村上一弥"解说",载孙伯醇、村上一弥编:《清俗纪闻 1》,平凡社 1966 年版,第 153 页。

馆"条载：

> 孟涵九，名世焘，字涵九。亦为浙江省乍浦人。……宽政时，于长崎馆中，学日本伊吕波假名，临模古歌等，若有乞书者，专书而与之。①

孟涵九书写假名的画面见于同书中的插图"孟涵九假名书"②。孟世焘字涵九，长崎贸易相关史料中记载有孟涵九之名，其曾是享和三年（1803）王氏番外船船主③。正如此处的"孟涵九，名世焘"之例，日本史料中多以孟涵九记载，而很少见孟世焘的记载。

《清俗纪闻》内容虽以风俗习惯为主，但也可见清朝社会实际使用的官方文书，即卷十"羁旅行李"中收录的"船牌"。乾隆六十年（宽政七年，1795）九月颁发的"平湖县印照""粘县牌挂号之图"、同年十月颁发的"联单"、同年十月颁布的"部牌"、同年十月颁发的"浙海关船照"以及浙江布政司颁发的"宪照"④。颁发时间均为乾隆六十年，与《清俗纪闻》的成书时间相符合。关于"船牌"，《清俗纪闻》载：

> 民商至外国通商时，如为海路，则需向当地知县申请领取船牌。此船牌共四张，来自抚院的称为"部照"，来自布政司的称为"司照"，来自知县的称为"县照"，来自海防厅的称为"厅照"。民商持上述四张牌照至渡口的坝汛，申请货物及牌照检查。此时由塘汛将盖有当地政府印章的纸张粘在县牌上，此称为"挂号"。⑤

关于"挂号"，有如下重要记载。浙江嘉协右营"挂号"中载：

---

① 长崎史谈会编：《長崎名勝圖繪》，长崎史谈会1931年版，第243页。
② 同上书，第238—241页。
③ 大庭修编：《唐船進港回棹録・島原本唐人風說書・割符留帳——近世日本交涉史料集》，关西大学东西学术研究所1974年版，第263页。
④ 孙伯醇、村上一弥编：《清俗纪闻2》，平凡社1966年版，第92—102页。
⑤ 同上书，第148—149页。

>该船于六十年九月二十一日到口,十月二十五日将药材等出口,往东洋。①

此后,浙江乍浦海防分府"挂号"中有更为详细的记载:

>查验船户范三锡于乾隆六十年九月二十一日,装载红铜进口。于本年十月二十五日装糖、药材等货物出口,带食米一百石往东洋。②

虽然日本方面的史料中未见范三锡之名,但在有关清朝中日关系的史料中却可见"船户范三锡"的记载③。

浙江海关"商照"中载:"接办官商钱鸣萃之子钱继善采办铜斤。"④其中可见中方货主的名字。天明八年(1788)办铜官商由王正荣变为钱鸣萃⑤。《续长崎实录大成》卷八"唐船进港并杂事之部"宽政八年(1796)条中载:"钱氏去年至限。"⑥可见,钱鸣萃担任官商的最后一年是在宽政七年(1795),也就是说,天明八年(1788)至宽政七年(1795)的七年间,担任办铜官商的是钱鸣萃。"商照"的颁发日期是乾隆六十年(1795),此时的办铜官商正是钱鸣萃,可见《清俗纪闻》的记述是准确的。另外,"宪照"中记载的"行商费顺兴""商伙费顺兴"⑦曾于宽政五年(1793)作为丑四番船船主前往长崎⑧,通过长崎留存的其他记录,可知费顺兴还于宽政三年(1791)九月到同八年(1796)四月前往长崎⑨。

总之,"船牌"既是当时中日铜贸易的重要证据,也在明确清代船舶出洋经商手续方面具有重要意义。⑩

---

① 孙伯醇、村上一弥编:《清俗纪闻2》,平凡社1966年版,第95页。
② 同上。
③ 松浦章:《清代海外贸易の研究》,朋友书店2002年版,第285、290、292页。
④ 同上书,第98页。
⑤ 同上书,第150—151页。
⑥ 《続長崎實錄大成》,长崎文献社1974年版,第198页。
⑦ 孙伯醇、村上一弥编:《清俗紀聞2》,平凡社1966年版,第102页。
⑧ 大庭修编:《唐船進港回棹錄・島原本唐人風説書・割符留帳——近世日本交渉史料集》,关西大学东西学术研究所1974年版,第260页。
⑨ 孙伯醇、村上一弥编:《清俗紀聞2》,平凡社1966年版,第114页。
⑩ 松浦章:《清代海外贸易の研究》,朋友书店2002年版,第583—598页。

在确认《清俗纪闻》中是否还有其他与年代相关的记载时,发现卷八"婚礼"中"女家送妆奁帖式"图中记"某氏八字甲子年乙丑月丙寅日丁卯时生"[1],其中"甲子年"是一条重要线索。但与《清俗纪闻》的成书时间即宽政十一年(1799)最为接近的甲子年是文化元年(1804),由此来看,此处的干支"甲子"仅仅是个例子。从这一点上,也可以看出上述"船牌"的重要价值。

对于具有以上特色的《清俗纪闻》,郑州大学葛继勇教授近日策划出版《〈清俗纪闻〉研究》一书,分为论述篇与译注篇。论述篇对《清俗纪闻》的时代思想、"船牌"的价值、关帝信仰习俗的东传、诸写本的书志文献学考证、《清俗纪闻》的写本与稿本《续清朝探事》的关联等主题内容进行了深入论述,译注篇将《清俗纪闻》全六册进行了翻译、校注。全书内容详实,论证缜密,多处见解精辟,揭示了清代中国民俗东传日本的历史实况,为《清俗纪闻》的研究开拓了新领域,是清代中日文化交流、情报传递研究的力作。笔者在对其表示敬意的同时,也期待本书能为今后的清代中日文化交流史研究作出更大贡献。

是为序。

2024 年 4 月

---

[1] 孙伯醇、村上一弥编:《清俗纪闻 2》,平凡社 1966 年版,第 51 页。

凡例

一、本书系葛继勇教授主持的国家社科基金重大招标项目"中日合作版《中日文化交流史》"、郑州大学双一流建设重大项目"亚洲文明互鉴与区域关系建构"阶段性成果。

二、丛书名称为"亚洲文明交流互鉴研究丛书",由"亚洲文明交流互鉴研究论丛"与"亚洲文明交流互鉴研究译丛"两种丛书组成,此为"论丛"第一辑其中一册。各册体例大抵统一,先总序、凡例,后正文即"论述篇""译注篇"。

三、"论述篇"系对该册所选文献的综合介绍与个案研究,包括文献的形成背景、作者生平、时代特性等,主要考察参加编纂人员的活动轨迹,探究蕴含于文献中的政治意图和国际意识。

四、"译注篇"包括校勘、翻译、注释,具体遵循以下原则:

(1) 各写本内容原为日语,翻译务求忠实原文。译文中保留的日语词汇,均在注释中加以解释。

(2) 每条问答前的"○"表示一条之意,为笔者添加。各写本中有的用"一"表示,有的空两字之格或不空格、单独成段。

(3) 翻译时基本按照底本原文分段。原文中的双行夹注,翻译时改为单行,并用"()"标示。

(4) 底本原文出现明显错、讹、漏、衍处时,对原文进行更改,并在注释中加以说明。

(5) 新旧字形不一者,概改为新字形;异体字、俗字、生造字等改为规范简体字,如"煖帽"改为"暖帽","满州"改为"满洲";手写体中的"扌"与"木"、"衤"与"礻"、"艹"与"竹"等偏旁混用时,一般根据文意判定;原文中存在较多错误之处,有的被抄写者用朱笔或墨笔订正为正确的日语,翻译时参考抄写者订正后的日语,为便于与其他写本比较,加注说明原本写作何字。

(6) 注释采用页下注形式,序号以①②③……标示,每页重新编序号。

(7) 注释以文中出现的人名、地名、书名、地理、职官、生僻字词为主,与文中相关的历史背景等需要加以介绍时,再出详注。

(8) 注释以搜集到的各写本内容记载的差异为主,其中仅标注与底本内容不同的写本是如何记载的,未提及的写本则默认为与底本相同。若各写本原文句子存在个别字词上的差异,但译文意思相同,则不再加注。

(9) 注释字词时,若其他写本与底本记载不同,则先说明其他写本作何字词,再解释字词意思。举例仅限1—2例,避免烦琐。

目　　录

总序　　　　　　　　　　　　　　　　　　　　　　　葛继勇　1
序　　　　　　　　　　　　　　　　　　　　　　　　　松浦章　1
凡例　　　　　　　　　　　　　　　　　　　　　　　　　　　1

论　述　篇

第一章　《清俗纪闻》的编纂与"华夷变态"思想　　　　　　　　3
第二章　《清俗纪闻》中的海关商照插绘与康乾时期中日铜贸易　14
第三章　关帝信仰的形成、东传日本及其影响　　　　　　　　　29
第四章　《清俗纪闻》诸写本及收藏情况　　　　　　　　　　　41
第五章　《清俗纪闻》写本与稿本《续清朝探事》　　　　　　　52

译　注　篇

序　　　　　　　　　　　　　　　　　　　　　　　　　　　75
附言　　　　　　　　　　　　　　　　　　　　　　　　　　79
总目　　　　　　　　　　　　　　　　　　　　　　　　　　80

1

卷之一	年中行事	81
卷之二	居家	104
卷之三	冠服	149
卷之四	饮食制法	161
卷之五	闾学	173
卷之六	生诞	186
卷之七	冠礼	192
卷之八	婚礼	196
卷之九	宾客	212
卷之十	羁旅行李	226
卷之十一	丧礼	240
卷之十二	祭礼	251
卷之十三	僧徒	263

跋	280
后记	281

论述篇

第一章 《清俗纪闻》的编纂与"华夷变态"思想

1640年代,长崎港成为日本唯一的对外贸易窗口,仅接待来自中国和荷兰的贸易商船。《清俗纪闻》是担任长崎奉行的中川忠英(1753—1830)组织近藤守重(1771—1829)等人向赴长崎贸易的江浙闽清商询问中国风情习俗并记录汇编而成的,是了解当时中国江南民情的重要资料。

《清俗纪闻》在日本多次版刻印刷,深受日本学者关注。而中国学界对此关注较晚,进入21世纪,国内学界对《清俗纪闻》开始重视,先后出版了影印本和中译本。近期,我们研读《清俗纪闻》相关研究,深感对其编纂的时代背景和主流思想有进一步深入研究的必要,谨以此文求教于方家。

一、《清俗纪闻》的编纂背景

日本元龟元年(1570),长崎港对外开放,翌年葡萄牙商船随即到达长崎。天正十年(1582),长崎大名组织"遣欧少年使团"远赴罗马,加强与欧洲的交流往来。天正十五年,丰臣秀吉(1537—1598)统治九州岛,派遣代理官员(史称"代官")赴长崎管理当地事务。

庆长三年(1603),德川家康(1543—1616)正式设置"长崎奉行"一职,管理长崎当地行政司法、对外贸易,并监视外国动静,防备外敌入侵。翌年,设置汉语翻译"通事"一职,由时在长崎居住的明人冯六担任,协助长崎奉行管理中日通商贸易事务。

宽永十年(1633),幕府认为基督教危及幕府统治体制,故实施禁教令,对赴长崎的外国贸易船只进行严格管理,宽永十六年(1639)始杜绝葡萄牙船赴日通商,两年后将位于平户的荷兰东印度公司开设的商馆移置于长崎新建的出岛,并把荷兰商人的活动限定于此岛。至此,江户幕府的锁国体制最终确立,对外贸易窗口仅限定于长崎一处。同时,幕府对赴日清商的活动也进行限制,并最终于元禄元年(1688)建造唐人坊("唐人屋敷",即唐馆),强制赴长崎贸易的清人居住于此,禁止擅自外出。

长崎奉行初设时定员1人,仅在葡萄牙船贸易频繁的时期(每年六月至十月左右)自江户赴长崎。后因长期驻扎长崎所需,增至2—4人。正德五年(1715)颁布新令,限制中国、荷兰赴日商船数量和贸易额度,并对清商实施信牌制度,由此长崎奉行遂定员2人(分别称为江户在府奉行、长崎在勤奉行),每隔一年轮流在长崎值勤。

《清俗纪闻》编者中川忠英,字子信,号骏台。宽政七年(1795)二月就任长崎奉行,宽政九年(1797)二月被任命为"勘定奉行",兼任"关东郡代官";文化三年(1806)升任"大目付"(大名目付),负责监察幕府高官及大名的言行;翌年被派往东北虾夷之地(北海道)测量绘制当地地图;文化八年(1811)负责接待朝鲜通信使。其在长崎展现了出色的行政监察、外交管理能力,为其日后的活跃奠定了坚实基础。

在中川忠英之前,平贺贞爱(1759—1817)于宽政四年(1792)三月就任长崎奉行,宽政九年十一月转任"普请奉行"。因此,平贺贞爱为中川忠英在任长崎奉行期间的同僚。二人曾围绕"浦上一番教徒事件"通力合作,平息诬告,深得幕府好评。若按照上述隔年轮流值勤的规定,则中川忠英在长崎值勤的时间应在宽政七年二月至九年(1797)二月之间的其中一年。据《清俗纪闻》所收录的《附言》载"答问仅一年,且公务繁忙,无暇顾及,故遗漏之处颇多",可知《清俗纪闻》是中川忠英在长崎值勤的一年期间搜集编纂而成。

中川忠英在任长崎奉行期间,曾与宽政七年(1795)担任长崎奉行"手附出役"(事务助理)的近藤守重推动在中国已散佚的《群书治要》回传中国[①]。近藤守重在《右文故事》卷五《御本日记续录》卷中记载:

---

① 金光一:《群书治要回传考》,《理论界》2011年第9期,第125—127页。

宽政八年，守重长崎祗役时，以此书西土亡佚之故，大纳言殿令送此书五部至西土。守重言谋于时尹中川忠英，其一部置长崎圣堂，一部置诹访社，三部与唐馆。（中略）特将该书三部发与尔等，两局船主，每局各一部，尚存一部，欲交府学官库存贮，尔等候其回棹之日一并带回，必须斟酌料理。（中略）两局唐商是费肇阳、顾凤楷。①

其中的"两局船主"，是滞留长崎的清商费肇阳和顾凤楷②。近藤守重与中川忠英商议，把尾张藩大纳言德川宗睦赠送的翻刻本《群书治要》交给费肇阳、顾凤楷二人，令其携往中国。此外，宽政八年（1796）三月，近藤守重曾为在长崎的清商所进呈的《乾隆帝江南苏州府游幸街道图》作序③。结合近藤守重于宽政七年（1795）六月赴长崎就任可知，中川忠英在长崎值勤的时间，也即《清俗纪闻》初稿的编纂时间，应在宽政八年（1796）二月至翌年二月之间。

按照幕府规定，中川忠英在长崎值勤时，主要管辖长崎行政司法，严控九州岛地区基督教复兴，管理与中国、荷兰开展的对外贸易，同时负责监管唐人坊和出岛，向赴长崎通商的清人、荷兰人了解国际形势，并向幕府汇报。因此，中川忠英在关注清人习俗的同时，也关注荷兰人风情。

现存《阿兰陀纪事》写本一册卷末载："宽政八年辰十月，今村大十郎明则谨识。"今村大十郎为长崎的阿兰陀通词（荷兰语翻译），《阿兰陀纪事》的内容为历代长崎奉行通过阿兰陀通词询问出岛的荷兰商馆人员获得的各种情报，尤以享保至天明年间最多。从时间上来看，《阿兰陀纪事》应是今村大十郎奉长崎奉行中川忠英之命编集而成。

事实上，宽政年间，英国与荷兰开战，东南亚地区的荷兰殖民地被英国东印度舰队攻击，曾独占长崎南蛮贸易的荷兰船难以顺利赴日。宽政七年（1795）进入长崎港的清商船十艘，荷兰船只有一艘；宽政八年进入长崎港的清商船十艘，荷兰船竟无一艘。可知，当时往返长崎的外国商船，只有中国商船。因此，长崎

---

① 近藤守重：《御本日记续录》卷中（《右文故事》卷5），载《近藤正斋全集》第2册，国书刊行会1906年版，第214页。
② 金光一：《群书治要回传考》，《理论界》2011年第9期，第125—127页。
③ 王振忠：《18世纪东亚海域国际交流中的风俗记录》，《安徽大学学报（哲学社会科学版）》2010年第4期，第1—16页。

奉行中川忠英无法通过荷兰商船询问荷兰风俗,故命令今村大十郎等搜集遗留下的荷兰商船信息编成《阿兰陀纪事》。从书名非"纪闻"来看,《阿兰陀纪事》不是当面询问荷兰人后编纂的。而《清俗纪闻》则是中川忠英在长崎值勤的宽政八年(1796)二月至翌年二月之间,命令近藤守重等通过唐通事向来航长崎的清人询问中国风俗,整理而成,是"鲜活"的第一手资料。

二、《清俗纪闻》的编纂

中川忠英在《清俗纪闻》刊刻之际所撰跋文记载:

> 向者,余之在崎阳也。听政之暇,使官属近藤守重、林贞裕问清商其国之俗习,辄随笔焉,又随图焉,终成一书。其起稿之始,余偶罹疾而百事皆废。及愈,瓜期已迫,故未脱稿,赍还江户。尔后,剧职不暇翻阅。因命臣津田永郁校订,分为十三卷,示诸林祭酒,请序其端,且请名书。祭酒名以《清俗纪闻》,且序而还之,或劝上木,公诸同好。遂命剞劂,不日而刻成矣。泽正甫、中伯毅亦序其端。呜呼!虽编辑之名在余,彼官属等力,实为多矣,岂可虚其功哉?因备记与此役者姓名于卷末云。宽政己未冬十月,中川忠英跋。

由此可知,中川忠英在崎阳(长崎)值勤期间,授命下属近藤守重、林贞裕询问清商中国之习俗,记录翻译后又添加绘图,终成一书。但因患病及长崎任期(瓜期)已满,故未脱稿而携至江户。后命津田永郁校订整理为十三卷,请时任大学头(祭酒)的林述斋(1768—1841)作序并赐予书名,遂定为《清俗纪闻》。

受命询问清商的近藤守重,字子厚,号正斋、升天真人,是以调查虾夷之地著称的探险家,也是后来任书物奉行的文献专家,撰有《安南纪略稿》《正斋书籍考》《右文故事》等多种著作。作为长崎奉行手附出役的近藤守重于宽政八年(1796)协助长崎奉行中川忠英向赴日清商调查清朝习俗。上述《御本日记续录》卷中的"两局船主"费肇阳和顾凤楷受近藤守重委托把中国已散佚的《群书治要》送往中国,表明近藤守重与二人较为熟知。

第一章 《清俗纪闻》的编纂与"华夷变态"思想

宽政九年(1797)返回江户后,近藤守重转任负责鉴定商业经营债务的要职"支払勘定方",翌年作为幕府特使,赴虾夷之地调查。或因此,近藤守重未能进一步校订整理《清俗纪闻》,中川忠英才命津田永郁负责校订整理。

中川忠英《跋》文末,附有通事和画工(画师、绘工)之名,具体如下:

　　大通事:高尾维贞、彭城斐、清河壁、平野佑英
　　小通事:彭城明矩、神代文凤、颖川良友、彭城昌尊、吉岛潜、神代干贵、阳忠廉、平井惟德、颖川惟贤、中山保高、彭城以贞、游龙贤
　　画　工:石崎融思、安田素教

据此可知,除了上述近藤守重、林贞裕二人之外,负责记录、翻译的唐通事有16人。与担任荷兰商人的翻译称为"阿兰陀通词"不同,担任中国商人的翻译则沿袭遣隋唐使时代的称谓"通事",称为"唐通事"。"唐通事"是专职翻译,且多为世袭,大都为明末清初赴日的中国海商或明朝遗民的后裔。比如平野佑英是首任唐通事冯六之后裔、高尾维贞为伴随朱舜水赴日的翻译奕瑞环之后裔。此外,著名的通事世家还有颖川家(陈姓福建人后裔)、彭城家(刘姓江苏人后裔)、林家(林姓福建人后裔)等。

作为画工之一的石崎融思(1768—1846),长崎人,字士齐,为江户后期著名画家。自幼学习中国画、西洋画,后开创兼容二者的画法。宽政初年,被任命为负责鉴赏中国绘画的要职"唐绘目利",后转任负责绘制中国风俗图绘的"唐方俗式绘图认挂"一职。石崎融思现存画作《唐馆图兰馆图绘卷》(收藏于长崎县立美术博物馆)生动地描绘了中国商船靠近出岛港口的景象。其曾于1841年创作并出版《长崎古今集览名胜图绘》一书。安田素教为长崎出身的画家,其也应与石崎融思一样,被任命为"唐方俗式绘图认挂"一职,参与《清俗纪闻》的绘画制作。

此外,在此之后,还列有赴日清人7名:

　　清国苏州:孟世焘、蒋恒、顾镇
　　　湖州:费肇阳
　　　杭州:王恩溥、周恒祥

7

嘉兴：任瑞

村松一弥、曲彦斌均认为，孟世焘等七人为来自"清国"的商人，画工仅有日本人石崎融思、安田素教二人①。李宁从语言学的角度考证，也指出上述七人是接受调查的清朝商人，而非画工②。徐晓光则认为，孟世焘等七人为中国画工③。

其中，苏州人孟世焘，字涵九，浙江乍浦人，曾在唐馆学习日语假名，临摹书写和歌。《长崎名胜图绘》卷二下、南边之部"唐馆"条收录有其用日语假名书写和歌的扇面绘图。因此，其应为擅长绘画之人。苏州人顾镇不详④，或为上述清商顾凤楷，即顾镇又名顾凤楷。此外，湖州人费肇阳，又名晴湖，字得天，自幼癖好山水画，凡名家墨迹，过目必仿。尤好米氏云山，兼糅董源、米芾、黄公望、董其昌诸家之法。乾隆四十年(1775)东渡日本，曾指导山川墨湖、伊豆原麻谷等日本画家，对江户末期日本画影响颇深。费肇阳与江大来、伊孚九、张秋谷并称"渡日四大画家"。

值得一提的是，书写发放唐人信牌的名簿《割符留帐》中，虽然宽政六年(1794)至九年(1797)的部分缺失，但宽政五年(1793)的部分尚存。其中记载，费肇阳(晴湖)曾于同年七月二十一日进入长崎港⑤。因此，考虑到唐船在日本逗留的天数最少为四个月、最长超过一年，费肇阳应于宽政六年返回中国，则其很可能于宽政六年底或宽政七年再次以船主的身份携带信牌赴长崎。也就是说，宽政八年(1796)费肇阳应该居住于长崎。此外，费肇阳曾作为宁波船主于宽政二年十一月进入长崎港。

《清俗纪闻》记载了今江苏、浙江和福建一带的风俗，被询问的清人应该有出身于今福建的清人。因此，笔者赞同江浙两地的孟世焘等七人身份为中国画工，

---

① 中川忠英著、孙伯醇・村松一弥编：《清俗纪闻》，平凡社1966年版，第155—156页。曲彦斌：《〈清俗纪闻〉说略》，《辞书研究》2004年第6期，第109—116页。
② 李宁：《〈清俗纪闻〉中的清代汉语与清代民俗》，《文化遗产》2017年第2期，第129—136页。
③ 徐晓光：《〈清俗纪闻〉探赜》，《沧桑》2013年第4期，第63—65页。
④ 名为顾镇的苏州人中，有号虞东，字备九者，乾隆年间进士，先后主讲于金台、游文、白鹿、钟山书院。著作颇丰，主要有《虞东学诗》《三礼札记》《虞东先生文录》《支溪小志》等。但显然与上述《清俗纪闻》跋文中出现的顾镇非同一人。
⑤ 大庭修编著：《唐船進港回棹録・島原本唐人風説書・割符留帳》，关西大学东西学术研究所1974年版，第7页。

8

他们与石崎融思、安田素教二人,一同参加了《清俗纪闻》的图画绘制工作。不过,费肇阳(晴湖)等人因多次往返于中国和长崎之间,应该也是被询问的清商之一。

三、《清俗纪闻》的书名与出版意图

《清俗纪闻》收录中井曾弘(字伯毅)的序文载:

> 中川使君之奉职于长崎也,布政视事,勤且劳矣。偶有暇日,则差舌人、绘工数名,就清客于馆,咨询其民间动作、礼节、名物、象数,随而记之,又随而图之。一周岁而数十百反,使君手亲选择取舍,叙次编之,分十有三部,合成一书。(中略)宽政戊午七月朔,蕉园处士津国中井曾弘序于江都锦林客舍。

文中载作序时间为"宽政戊午七月朔"。因此可知,校订整理的工作,至宽政戊午十年(1798)六月已经完成。从序中未见书名《清俗纪闻》来看,当时可能尚未确定书名。从其中"一周岁而数十百反,使君手亲选择取舍,叙次编之"的表述来看,中川忠英整理校对书稿所需的一年时间应为宽政九年六月至宽政十年六月前后。

《清俗纪闻》收录黑泽雪堂(字惟直)的序文载:

> 中君子信之尹琼浦,敷化之暇,命译吏就清商于馆,问彼民俗吉凶之仪节及其名称度数,即使侍史国字记之,又命画师一一图之,编次成书,名曰《清俗纪闻》。为卷六,分部十三。(中略)顷剞劂,氏请而公诸世,君俾予题其首。宽政己未秋九月,雪堂黑泽惟直撰。

可知,在宽政十一年九月即将刊刻之际,中川忠英又请黑泽雪堂(字惟直)作序,时已确定书名为《清俗纪闻》。

《清俗纪闻》收录林述斋的序文中载:

《清俗纪闻》研究

> 曩者,飞驒守中川君子信在任于崎也,厘务之眼,命译人询彼土风俗尚,探讨搜究,而丛为《清俗纪闻》,手自点定。(中略)宽政十有一年秋八月,述斋林衡撰。

可知,林述斋作序于宽政十一年八月。上述中川忠英《跋》载:"示诸林祭酒,请序其端,且请名书。祭酒名以《清俗纪闻》,且序而还之,或劝上木,公诸同好。"可知,在此前夕,林述斋建议定书名为《清俗纪闻》。林述斋时任幕府学问教育机构的最高长官大学头,相当于中国的国子监祭酒,故被称为"林祭酒"。

在此之前的享保年间,荻生北溪、深见有邻受幕府将军德川吉宗之命,向赴日清人朱佩章询问清朝诸事,搜集中国情报,整理成一书,名为《清朝探事》(又名《大清朝野问答》《享保笔话》《清人答问录》)。从时间上看,《清俗纪闻》是作为《清朝探事》的续篇而编纂的[①]。

不过,与《清朝探事》是将军德川吉宗专门派遣荻生北溪、深见有邻等询问长崎清商而撰成不同,《清俗纪闻》的编纂并非源于幕府的直接命令。且与《清朝探事》涉及清朝皇宫事务、皇帝及官员传闻、法律、经济、军事地理、风俗、物产等不同,《清俗纪闻》记录的内容都是风情习俗,并未涉及军事地理等情报。宽政改革失败后,幕府财政拮据。而同时,清朝正由乾隆晚期迈入嘉庆初期,政治稳定,闭关锁国,日本已完全没有防御监视清朝的必要。因此,对当时的江户幕府来说,最为迫切的是推进对清通商贸易,增加财政收入。

当然,如林述斋序文所言:"是故,承斯任者,非知彼土风俗尚,以洞晓利害情伪之所在,则亦无以宣我之政,而服彼之心焉。"在职长崎奉行的中川忠英确实有知"彼(清)"宣"我(日)"而"服彼"之意图。中井曾弘在序文中也明言,中川忠英编纂《清俗纪闻》目的有二:一是为"非审其风俗,明其好恶,察其情伪,不可得而治也。斯书而成,后之奉职者长官小吏,咸将知所向焉"。可知,编纂《清俗纪闻》的首要目的,是为了更有效地把握清人的生活习俗,强化管理,进一步推进与清商的通商贸易。二是为"诵法圣贤,究博致远,细大弗遗者,民俗、名物固不可以不参诸后世,而草野琐屑罔有详载,不亦阙事乎。斯书而成,后之学者其或掊什

[①] 中川忠英编著:《清俗纪闻》,方克·孙玄龄译,中华书局2006年版,第6页。

一于千百焉"。可知,之前江户日本对中国民俗收集整理不甚齐备,希望《清俗纪闻》成书后,对此大有改观。因此,与《清朝探事》仅存在写本、未被刊刻不同,《清俗纪闻》被刊刻并大行于世。故《清俗纪闻》的刊行实乃将清朝风俗广而告之。

中井曾弘《序》中指出:"夫清客通于我,居址不一,而闽浙之民实什之九,则吏者之用,闽浙而足矣。民俗名物可以参于经传者,要在于唐宋,则书生之需,亦闽浙而足矣。"可见,由于当时往返于长崎的通商者,百分之九十为"闽浙之民",对于需要有效地把握赴日清商生活习俗的长崎官吏来说,《清俗纪闻》的内容已经足够。由于记载"民俗名物"的"经传"多在唐宋时代编纂,对于需要学习中国"民俗名物"的书生来说,"闽浙之民"携至日本的"经传"也足够了。

四、《清俗纪闻》的序文与"华夷变态"思想

《清俗纪闻·附言》载:"今至崎阳之清人多来自江南、浙江,故宜知此书所录多为江南、浙江之风俗。"其中的"江南"为今江苏、安徽的统称。中井曾弘《序》也记载:"初清客之受问,私舌人曰:'臣等小人,生长闽浙,其所能诵特闽浙之俗耳,名物、象数亦唯闽浙矣。(中略)北京、盛京之间,民俗名物,其为满也纯矣。西南方或大满而小汉矣。其小满而大汉,可以观唐宋遗风者,独有闽浙而已。'"可知,《清俗纪闻》所记载的内容为今江苏、安徽和福建、浙江一带的风俗。了解这些风俗,"可以观唐宋遗风"。

但是,黑泽雪堂《序》中指出:

> 而今斯编所载清国风俗,以夏变于夷者,十居二三,则似不足以贵重。然三代圣王之流风,余泽延及于汉唐宋明者,亦未可谓荡然扫地也。又清商之来琼浦者,多系三吴之人,则其所说,亦多系三吴之风俗,乃六朝以来故家遗俗确守不变者,就斯编亦可以见其仿佛也。我东方古昔盛时,聘唐之舶留学之员传乎彼而存乎此者,乃皆三代圣王之礼乐。则今日民间通行礼俗,有不与彼变于夷者,同也。有志于讲礼正俗者,彼此相质而折其衷,则中君之此举,未必无补于世教也。

可知,黑泽雪堂把满清视为夷狄,认为三吴(江南一带)之风俗为"六朝以来故家遗俗确守不变者",通过《清俗纪闻》可以窥见中华风俗之"仿佛";这些没有"变于夷者"的礼俗与遣唐使留学人员传播至日本并保存下来的风俗均为"三代圣王之礼乐",应该珍重之;并认为中川忠英编纂《清俗纪闻》有助于"讲礼正俗""补于世教"。

此外,林述斋《序》载:"今也,先王礼文冠裳之风,悉就扫荡;辫发腥膻之俗,已极沦溺。则彼之土风俗尚,实之不问可也。"可知,林述斋认为,满清入主中原后,满族习俗("辫发腥膻之俗")遍及全国;而传统汉族汉文化("先王礼文冠裳之风")几近荡然无存,被遗弃不问。同时,林述斋《序》中也指出:

  余观今之右族达官贵游子弟,或轻佻豪侈是习,而远物珍玩是贵。即一物之巧,寄赏吴舶;一事之奇,拟模清人,而自诧以为雅尚韵事,莫此过焉。吁亦可慨矣。窃恐是书一出,或致好奇之癖滋甚,轻佻之弊益长,则大非子信之志也。

可知,当时日本达官贵族子弟,对来自中国的物品极为喜好,"一物之巧,寄赏吴舶;一事之奇,拟模清人",并自以为"雅尚韵事"。林述斋担心《清俗纪闻》出版后,"或致好奇之癖滋甚,轻佻之弊益长"。由此可见,林述斋对满清易代,"满夷"风俗浸淫的现象极为痛恨。中井曾弘《序》中也载:"纯满大满,我于何有?夫如斯,使君今日之求果不他及也,客之不能他及,亦复奚伤。"明确指出,对于纯正的满族风俗,日本没有了解的必要。

事实上,对于明清王朝易代,江户幕府称之为"华夷变态",视满清为"夷狄",始终拒绝与清朝开展正式的国家交往。"三藩之乱"爆发后,幕府官员更是发出"若夫有为夷变于华之态,则纵异方域,不亦快乎"的感叹,期待中国"华""夷"复归本位。江户幕府贱视清朝,始终不能接受清朝坐居天下共主之位[①]。作为掌管全国学问教育机构的最高长官大学头,林述斋响应幕府实施的"宽政异学之禁",推进昌平黌官学化,振兴正统的朱子学,是当时代表日本官方思想的水户学

---

① 仲光亮:《江户幕府时期日本对华观的矛盾现象——以日本对清朝的军事情报活动为中心》,《文史哲》2014年第2期,第88—96页。

派核心人物。中井曾弘与黑泽雪堂也是当时著名的儒学者,均深受儒家华夷观的影响。他们视清廷为夷人政权,更对满俗嗤之以鼻,尊崇三代而标榜汉唐为中华文明之正朔。事实上,这种"华夷变态"思想在东亚诸国较为盛行。比如,朝鲜在清代不断派遣燕行使来北京朝贡,这些使者撰写的日记,也总是对满清的衣冠礼俗做出种种质疑讥刺,乃至明显的偏见扭曲[①]。

结　　语

《清俗纪闻》刊行后,在谷文晁、大田南亩等江户文人间广泛流播。大田南亩《三十辐(续集)》卷六收录有《宾客礼俗式》和《闾学礼俗式》[②]。文末记载:"闾学礼俗式一卷,借钞于白山义学,宽政九年丁巳九月尽,杏花园。右二礼俗式,今收在于《清俗纪闻》中,可并见。是及其未刻而所借钞也。文化戊辰中秋雨中,杏花园又识,时岁六十。"其中,杏花园为大田南亩别号。据此可知,在《清俗纪闻》刊刻的2年前即宽政九年(1797)九月,大田南亩已索求抄写;文化戊辰(1808),大田南亩仍随身携带《清俗纪闻》。其实,不仅是文化戊辰,文化元年(1804)九月作为长崎奉行"众手付出役"赴长崎任职时,大田南亩也随身携带已刊刻的《清俗纪闻》。记录大田南亩在长崎停留期间活动的日记《百舌之草茎》收录文化元年十月二十四日写给自江户赴长崎求教清医的幕府医官小川文庵的书信中提到,因为访问长崎唐馆提前准备相关知识的需要,大田南亩请求小川文庵返还《清俗纪闻》[③]。由此来看,《清俗纪闻》是大田南亩、小川文庵等在长崎任职期间,随身携带并时时参考的重要工具书。《清俗纪闻》被多次刊刻发行说明,江户文人对中华文化依然深切喜爱和热烈憧憬。

---

① 舒芜:《清俗纪闻》,《万象》2007年第4期。后收录于舒芜:《舒芜晚年随想录》,人民文学出版社2013年版。
② 大田南亩编:《三十辐》第2卷,国书刊行会1917年版。
③ 德田武:《大田南畝、島田翰と清朝文人》,日本大樟树出版社2019年版,第58—59页。

第二章 《清俗纪闻》中的海关商照插绘与康乾时期中日铜贸易

《清俗纪闻》是日本长崎地方长官中川忠英通过唐通事（汉语翻译）向赴长崎的中国江浙闽清商询问中国风俗习惯、记录翻译后编纂并添加绘图的珍贵记录。其中所描绘的内容主要根据那些旅居长崎的江浙闽客商的实际活动场景，以及通过翻译访谈而得的民俗情况；赴日清商未能提供实物时，则是先由画师描绘出来，再请清商进行确认修改。可以说，尽管《清俗纪闻》由日本人编纂完成，但依据的是当时最为"鲜活"的资料。[①]

关于《清俗纪闻》的内容构成，学界已有多篇文章进行了介绍，但对其中的插绘却关注不多[②]。如下，对其中收录的各种出海许可证明进行梳理，考察康乾时期中日铜贸易之一斑。

一、《清俗纪闻》的内容构成

关于《清俗纪闻》的内容，林述斋《序》明确为"土风俗尚""自节序之仪、凶吉之礼、舆服之制、簧舍之法，以至居室、饮馔、器财、玩具、日用、人事之微，旁逮缁黄之俗，部分胪列，猎采罔遗，洵称综该矣"。黑泽惟直《序》中载"民俗吉凶之仪节及其名称度数"，中井曾弘《序》载"民间动作、礼节、名物、象数"。可知，《清俗纪闻》的内容涉及节日时令、礼仪风俗、饮食习惯、宗教信仰等日常家庭生活和社会生活的方方面面。

[①] 曲彦斌：《〈清俗纪闻〉说略》，《辞书研究》2004年第6期，第109—116页。
[②] 目前仅见松浦章《清代海外贸易史研究》（李小林译，天津人民出版社2016年版）、朱勤滨《清代前期帆船出海管理研究》（厦门大学博士毕业论文，2018年）等引用部分插绘，对清代中日贸易进行研究。

第二章 《清俗纪闻》中的海关商照插绘与康乾时期中日铜贸易

关于《清俗纪闻》的内容构成，中川忠英《跋》明确为"十三卷"，中井曾弘《序》中作"分有十三部"，而黑泽惟直《序》载"卷六，分部十三"。现存《清俗纪闻》均为六册十三卷，六册采用六艺之名。其中，第一册为礼帙，收录有序言三篇、附言、目录以及卷一"年中行事"；第二册为乐帙，收录卷二"居家"；第三册为射帙，收录卷三"冠服"、卷四"饮食制法"、卷五"闾学"；第四册为御帙，收录卷六"生诞"、卷七"冠礼"、卷八"婚礼"；第五册为书帙，收录卷九"宾客"、卷十"羁旅行李"、卷十一"丧礼"；第六册为数帙，收录卷十二"祭礼"、卷十三"僧徒"。

从内容上看，该书记述全面细致，绘图精美生动。其中，所描绘的节日婚丧祭祀礼俗，相比中国民俗古籍的记载更为详尽，印象更为直观。所展现的建筑、服饰、日常器物等，与今所见古迹、古文物以及现实用具几无二致，其中江南的"五进楼房""平方铺面""居斋""县学"等插图都是珍贵的古建筑图样。所详述的拜师、宴宾、婚礼等礼俗，读之如临其境。如卷五《闾学》卷中拜师的礼法、见面的套语、跪拜的姿势，功课的顺序，均一一细致描绘。其中，提到习字的要求极为详细：

> 习字之初，先教"上大人、孔乙己、化三千、七十士、尔小生、八九子、佳作仁、可知礼也"。此为固定之格式。先生用红笔书写，学生需用墨汁填写。毛笔握法是用大拇指、中指、食指握住笔管中部，使握笔之手掌内呈空状才好。称此为"把笔"。研墨不能反着研，需按顺时针转着圈来研，称此为"磨墨"。"清书"之法是将同样之字写三遍或四遍。比如，将"上"字写三遍时，第一遍为填写，剩下两遍由自己书写，此为"清书"之法。如此这样，每天清书，再请先生修改，最后才让其练习千字文或古人字帖等。学习字帖时，先将油纸盖在上面，透过油纸描写下来。

其中，习字之初，先教"上大人、孔乙己、化三千、七十士、尔小生、八九子、佳作仁、可知礼也"等字。其实，这些字虽然笔画简单，却蕴含我国文字之基本笔法，学童习字描红常用，旨在熟稔运笔与文字结构。宋元以来文献载籍多有述及，敦煌文书中即有大量童蒙习字"上大人"之卷子。据此可知，唐代已经流行广泛、并远播西域。南宋陈郁《藏一话腴》有言：

孩提之童才入学,使之徐就规矩,亦必有方,发于书学是也。故'上大人,丘乙己。化三千,七十士。尔小生,八九子。佳作仁,可知礼也',殊有妙理。予解之曰:大人者,圣人之通称也。在上有大底人,孔子是也。丘是孔子之名,以一个身己教化三千徒弟,其中有七十二贤士。但言七十者,举成数也。尔是小小学生、八岁九岁底儿子,古人八岁始入小学也。佳者,好也。作者,为也。当好为仁者之人。可者,肯也。又当肯如此知礼节,不知礼无以立也。若能为人知礼,便做孔子也做得。凡此一段也,二十五字,而尔字君其中。上截是孔子之圣也,下截是教小儿学做孔子。其字画从省者,欲易于书写。其语言叶韵者,欲顺口好读。己、士、子、礼四字是音韵相叶。也之一字乃助语以结上文耳。言虽不文,欲使理到,使小儿易通晓也。

此外,明代叶盛《水东日记》称此习字方法为"描朱",曰:"上大人、丘乙己、化三千、七十士、尔小生、八九子、佳作仁、可知礼也。尚仕由山水,中人坐竹林。王生自有性,平子本留心。王子去求仙,丹成入九天。山中方七日,世上已千年。已上数语,凡乡学小童,临仿字书,皆昉于此,谓之描朱。"

再如卷八《婚礼》,从"说亲""订婚"到"回门""回娘家"等一系列过程,均有仪式及器物的细节绘图。① 还如卷六《生诞》,描绘了婴儿诞生时的一应事务和器物。如接生时的产屋、草纸、胎衣器,育婴用的褓褓、肚带、衣服、肚兜、袜子、鞋子,产妇分娩之后食用的汤饼、鸡蛋等食品,小儿周岁时的拿周图等。此外,还有云髻、簪笄、包头、缠脚布等属于卷七《冠礼》的内容误入此类。

二、《清俗纪闻》卷十《羁旅行李》的海关商照插绘

全书绘图有近 600 幅,犹如一幅鲜活的清朝民间生活画卷。其绘图描画之

---

① 王凌:《〈清俗纪闻〉——日人眼中的清代民俗》,《中国新闻出版报》2006 年 11 月 23 日第 3 版。此外,曲彦斌:《〈清俗纪闻〉说略》(《辞书研究》2004 年第 6 期,第 109—116 页)、徐晓光:《〈清俗纪闻〉探赜》(《沧桑》2013 年第 4 期,第 63—65 页)也都有详细介绍,请一并参考。

第二章 《清俗纪闻》中的海关商照插绘与康乾时期中日铜贸易

准确,层次之细致,令人称叹。笔者认为,最为珍贵的是卷十《羁旅行李》中绘制的图像和抄录的照中内容:(1)"平湖县印照"图、照中内容;(2)"粘县牌挂号之图"、"附笺"内容、"联单"内容;(3)"浙海关商船照"图、照中内容;(4)"宪照"图、照中内容。图中均清晰可见签押图章等内容,并录载照中文字。

"平湖县印照"乃浙江嘉庆府平湖知县颁发船户的出海证明。图2-1中央的"护"字和"○"符用朱笔书写,俗称护照。左侧的官印为平湖县印,呈四方形。官印下的"廿九""行"以及"满"均为朱笔书写。

图 2-1　平湖县印照

其中,"平湖县印照"的内容如下:

> 浙江嘉兴府平湖县为请严造船给照之法等事,蒙本府信牌,蒙布政司宪牌,奉总督福浙部院、巡抚都察院宪牌,内开准平部咨覆本部院衙门会陈条议前事等因,题覆奉旨允准,钦遵通饬奉行到县,刊刻木榜,竖立城市通衢、沿海口岸晓示。又奉单开稽核各条目,又发尺式著书大张告示通谕等因,奉此业经刊刻榜示并大书告示,通晓在案。今据本县船户范三锡呈报前来,除

17

将该船量烙并讯取船户、舵、水、澳甲、里族、邻佑、保家各供结外,合行给照。为此照给该船户,即便赍执,依例驾赴挂验,前往贸易。如敢私行顶替及夹带违禁硝磺、樟板、钉铁、大舵、大桅、香檀、鹿茸、桐油、黄麻、棕片、农器等物,为非作歹情弊,各口汛防暨巡司捕员五将该船户、舵、水一并挐送,以凭严究,解究治罪,毋违。须至护照者。

计开:平字第十七号船,梁头一丈八尺〇寸〇分,配船户、舵工、水手共二十八名。又奉宪行,会同关部额颁尺式,就船头梁木量确一丈八尺〇寸〇分,系归输课。

船只　　右照给船户,准此。

乾隆六十年九月　　日给

县　定限对年对月　日缴换。

文中登载违禁物品、县照缴换时间、违规的处罚规定以及船户、舵工、水手等各项信息。据此可知,此县照是乾隆六十年(1795)九月平湖县发给赴日船户范三锡的印照。从文中多次出现"〇"的字样来看,上述县照为清代平湖县政府颁发的出海执照的一般格式,具有较高的史料价值。另外,从船户范三锡的呈报内容可以看出,当时平湖县政府对前往长崎贸易的商船的主要管理措施,包括测量出海船只体量("量烙");要求船户、舵工、水手所属的澳甲、里族、邻佑、保家等出具担保;船户依例前往衙门挂验,办理出海手续。另外,出海时不能私自顶替、夹带违禁物品[①]。

"粘县牌挂号之图"是粘贴在上述县照上方的附笺。"粘县牌挂号之图"附有"联单",即浙江嘉兴府海防总捕分府颁发各警备屯所的通告;下图右侧为浙江嘉协右营检查内容的"附笺",上押有"关防"等字的纵长官印;左侧为浙江嘉兴府海防总捕分府检查内容的"附笺"。右侧"附笺"的内容为:"该船于六十年九月二十一日到口,十月二十五日(将药材等)出口往东洋,带食米一百石。船户范三锡、乍浦汛挂号记官商钱继善承办洋铜。"左侧"附笺"的内容为:"查验船户范三锡于乾隆六十年九月二十一日装载红铜进口。于本年十月二十五日装糖、药材等货

[①] 王振忠:《清代前期对江南海外贸易中海商水手的管理——以日本长崎唐通事相关文献为中心》,《海洋史研究》2012年第4辑,第219—220页。

第二章 《清俗纪闻》中的海关商照插绘与康乾时期中日铜贸易

物出口,带食米一百石往东洋。"其中提及航海中所需的食米。根据康熙四十七年(1708)、五十六年的定例,商船储存的食粮与海路的远近、人数的多少也有严格的规定,一般为一人一日食米一升(100升为1石)。

首页　　　　　　　　联单　　　　　　　　附笺

图 2-2 "粘县牌挂号之图"首页、联单及附笺

其中,"联单"的内容如下:

> 浙江嘉兴府海防总捕分府再饬汛口等事,案奉宪行,出海船只设立联单,填明船商、舵、水姓名、货物、经由处所,便汛稽查等因,遵奉在案。今据牙人谢顺兴具报:平湖县船户范三锡、舵、水共二十八名,装商费晴兴糖、药材等货,前往东洋处贸易。经过汛口,验明放行,毋违须单。
>
> 乾隆六十年十月　　　日给。
> 海防分府　　限　　日缴。

此为乾隆六十年(1795)十月浙江嘉兴海防总捕分府颁发的"联单"。从"联单"内容可知,申请"联单"时必须向官府提供船户姓名、船员人数、货物种类、贸易地点等信息。牙人为居于买卖双方之间从中撮合以获取佣金者。关于"牙人谢顺兴",江户时代的外交史料《通航一览》卷一三六记载:"(宽政九年),(抵达乍浦的漂流民)在被送回日本前,由船宿谢顺兴提供食宿。"松浦章指出,"牙人谢顺兴"与"船宿谢顺兴"很可能为同一人,若推论成立的话,那么日本漂流民所说的

19

"船宿"即中国人所说的"牙人"。[①] 此外,从"装商费晴兴糖、药材等货"来看,当时中国货主不必亲自前往长崎贸易,可将其货交给船主,由船主代卖。关于"费晴兴",下文亦有提及,但记载为"费顺兴",恐与上述费晴湖为同族兄弟。

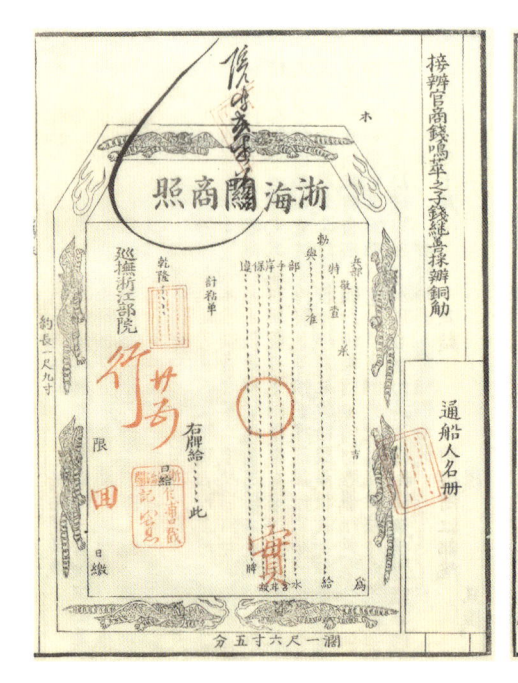

图 2-3 浙海关商照

上图的"浙海关商照"乃乾隆六十年十月浙江巡抚颁发给清商钱继善的出海证明。图中巡抚浙江部院右侧之印为巡抚使用的长方形官印即关防印。其下有"浙江海关""乍浦戳记"的官印。内容如下:

> 接办官商钱鸣萃之子钱继善采办铜斤　浙海关商照
> 　兵部侍郎、兼都察院右副都御史、巡抚浙江等处地方管理粮饷、兼理全省营务、世袭散秩大臣、骑都尉觉罗吉为敬陈专一等事,照得本部院恭承特简兼理海关伏查,敕谕开载,凡海口出入船载如有夹带禁物,照例拿究。商民情愿从浙省出海贸易,登记人数、姓名,取具保结,给与印票,以便出入。

---

① 松浦章:《清代海外贸易史研究(上册)》,李小林译,天津人民出版社2016年版,第97—99页。

钦此。又准部文内开船户揽载开放时,令海关监督,将船只丈尺亲验明白,取具舵水连环互结,客商必带有资本、货物,水手必查有家口来历,方许在船。验明之后,即将船只丈尺、客商姓名、人数,并载货往某处情由及开行日期填明船单,令口岸文武官照单严查等因,遵奉在案。今据该商册报人数,并载糖、药等货往东洋贸易等情,并据商总、牙行、船户、商伴各具甘保,各结前来,合行照数给牌。为此牌给该商收执,凡经过各海口、岩汛处所,验牌查照人数,即便放行,毋得留难羁阻、需索分文。如敢故违,官参吏处。回浙到关,船户立刻先投,岩汛营县候点人数明确,方许登岸,以凭申报本部院存案,仍将原牌缴销,毋得违错。须牌。

计粘单　右牌给商人费顺兴,准此。

乾隆六十年十月　日给。巡抚浙江部院

限　日缴。

据此可知,此"浙海关商照"原本应该颁发给接受政府之命赴日购买铜斤的官商钱鸣萃之子钱继善。但钱继善本人并未乘船赴日,而是委派清商费顺兴代为赴日购买。觉罗吉,即觉罗吉庆,满洲正白旗人,乾隆五十八年(1793)至嘉庆元年(1796)六月任浙江巡抚。另外,上文除提及清商出海时的手续,还明确了清商贸易结束回到浙江后,必须要等候点人数明确,才能登岸。

另一份"浙海关商船照"是颁发给船户范三锡的出航证明。内容如下:

浙海关商船照:兵部侍郎、兼都察院右副都御史、巡抚浙江等处地方管理粮饷、兼理全省营务、世袭散秩大臣、骑都尉觉罗吉为钦奉上谕事,案准部文,嗣后一切出海船只初造时,即令报明海关监督。及揽载开放时,令海关监督将原报船只丈尺亲验明白等因,遵行在案。今据嘉兴府平湖县平字十七号船户范三锡梁头一丈八尺〇廿〇分,合即给照。为此照给该船户,执持出入,贸捕防口员役验明放行。如敢藉端需索,分别参处。该船务将此牌按期缴销,如过期不缴,该船户解关究治,均毋违错。致干查究,须至照者。

舵工、水手人数照县牌。

右照给船户范三锡,准此。

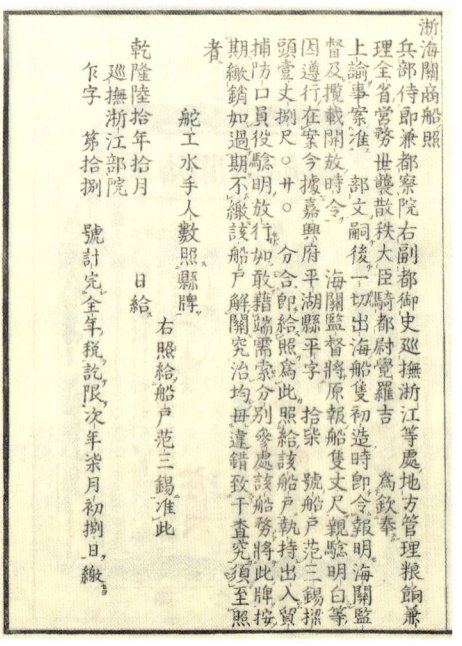

图 2-4 浙海关商船照

乾隆六十年十月　日给。

巡抚浙江部院

乍字第十八号,计完全年税讫,限次年七月初八日缴。

文中提到船照字号(巡抚浙江部院乍字第十八号)、船户(范三锡)、舵工与水手人数(依照县牌)、梁头丈尺分(一丈八尺二十分)、给照日期(乾隆六十年十月日)、缴销日期[次年即嘉庆元年(1796)七月八日]等信息。其中,梁头丈尺是海关征收税饷的重要依据。乾隆元年规定"梁头七尺以下者归县,七尺以上者归关",由于范三锡船"梁头一丈八尺二十分",故非平湖县而由浙江巡抚颁发,并加盖"浙江海关"的印戳。

"宪照"乃布政使司(俗称"藩台""藩司")颁发的贸易许可证。布政使司使用四方形的朱印。宪照的左侧"藩字第九十号"为布政使司发行的文书编号。内容如下:

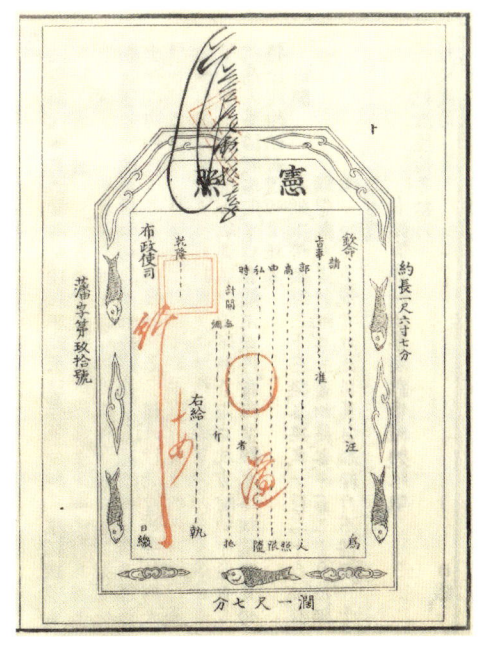

图 2-5 宪照

钦命浙江等处承宣布政使司布政使、随带军功加三级纪录十五次汪为请旨事，案照官商承办各省官铜例，应免税放行。奉准部咨，嗣后铜船出洋，按船给与承办官商印照，以杜影射等因。今据嘉防同知详，官商钱继善家人高升具呈，升主运例出洋，采办铜斤。今雇有平湖县船户范三锡，倩行商费顺兴执例大发，各依照由乍出口等情，请给印照前来，合行须发。为此，仰该行商即使收执领赍，往洋采办。该商不得逾限，私越禁洋以及夹带违禁货物有干严例。倘铜船遇风收泊闽浙各海口地方，验明印照，督令行商人等随时拨回乍口各关汛，毋得稽阻留难，有误报铸回日，仍将原照缴销，毋违。须至照者。

计开：每船准带绸缎三十三卷，每卷重一百二十斤。如有愿带丝斤者，许配二三蚕粗丝，每一百二十斤抵绸缎一卷。其多带者，以此抵算，每船丝斤不得过一千二百斤。

右给官商钱继善、商伙费顺兴收执。

乾隆六十年十月　日缴。

布政使司。

据此可知，接受政府之命赴日购买铜斤的官商钱继善委派仆人高升、清商费顺兴代为赴日购买。其中提到赴日商船获准携带绸缎三十三卷（每卷重一百二十斤）赴日贸易，并对丝斤的出口数量进行了限制。

从上述分析可知，出海贸易需要四种证明。关于这一点，《清俗纪闻》卷十《羁旅行李》"船照"条中亦有证明，其中载：

> 民商至外国通商时，如为海路，则需向当地知县申请领取船牌。此船牌共四张，来自抚院的称为"部照"，来自布政司的称为"司照"，来自知县的称为"县照"，来自海防厅的称为"厅照"。民商持上述四张牌照至渡口的坝汛，申请货物装卸及检查牌照。此时由塘汛将盖有当地政府印章的纸张粘在县牌上，此称为"挂号"。

可知，出海航行必须持有四种证明：抚院颁发的部照、布政司颁发的司照、知县颁发的县照和海防厅颁发的厅照。

上述"船照"插绘，虽然只是乾隆六十年（1795）十月颁发给官商钱鸣萃之子钱继善、船户范三锡的出海证明，但这无疑是研究清代前期帆船出海管理的生动资料。同时，也由此可以推测，卷十《羁旅行李》的信息或源自费顺兴、范三锡等赴日清人的回答。

三、康乾时期日本铜贸易与信牌

上述"粘县牌挂号之图"的附笺提到"乍浦汛挂号记官商钱继善承办洋铜""船户范三锡于乾隆六十年九月二十一日装载红铜进口。于本年十月二十五日装糖、药材等货物出口"。据此可知，当时出口至日本的货物为"糖、药材等货物"，而自日本进口的是红铜。

事实上，由于清初国内产铜不足，铜币铸造面临着诸多压力，故主要依赖进口洋铜。清初采办的洋铜来源有三处，即东洋、西洋、南洋。其中又以东洋日本铜为主，这不仅源于日本与海外诸国相比，在地域上与中国最为相近且产铜较多，也与自明朝起日本已供中国采办铜斤有不可分割的联系①。

为获得足数铜以铸铜币，清政府费尽心思，不断完善着采办洋铜体系。顺治元年(1644)由官差办铜，康熙三十八年(1699)由内务府商人办铜，康熙五十五年(1716)又调整为"八省分办"(江苏、安徽、浙江、江西、福建、湖北、湖南及广东)，康熙六十一年(1722)改为赴日船只进出的集中地——江浙两省总办，将每年所需铜划分定额，由两省责任官员发帑给购铜清商领办。

而能够驱使诸多商人，甚至官员积极参与其中、竞相争取采买铜斤资格，必然是诱人的巨大经济利益。康熙帝时期创立实施了推及全国的"生息银两"制度，给某些商人或兼充商人的官吏贷放大笔"生息银两"，以支持他们完成运交铜斤的任务。但是这些商人需自负盈亏，必须履行承担定期定额缴交利息的义务。官商们虽然明白承运铜斤存在巨大风险压力，仍旧展开激烈竞争以期获得此承运差使。较之官商，许多普通商人亦极力钻营以取得一定的运额。其或许不仅为追求运铜带来的利润，亦可借由取得采办洋铜的任务而获得清廷颁发的准许对外贸易的海关商照，进而携带更多商品赴日贸易，赚取更大的利益。上述"乍浦汛挂号记官商钱继善"之所以"承办洋铜"即源于此。

上述"浙海关商照"原本应该颁发给接受政府之命赴日购买铜斤的官商钱鸣萃之子钱继善。自乾隆三年(1738)派遣范氏以来，由清政府指定、负责从长崎输入日本铜的商人称为承办洋铜官商。乾隆五十三年(1788)开始的九年间，由钱鸣萃一族担当此任。据《乾隆朝实录》卷九〇二、乾隆三十七年二月癸酉条如下记载：

> 谕军机大臣等、户部奏：据原任山东平度州知州钱鸣萃呈控苏州额商杨裕和之子杨宏孚等构伙欺隐洋铜，数逾百余万斤，请敕交江苏查办一折。该商等每年按额发船办铜，官买所余，听其自售，后即减去二船，而交官仍依定额斤数。此系积年遵行之事。该商等计图赢余，原属情所必有。但何至每年增办九十余万及一百余万斤之多。阅钱鸣萃呈内，称铜铅皆收浙省乍浦海口，均有报案可凭。该商如果欺隐多，铜进口时自不能掩饰。该口各年并有簿籍可稽，

---

① 冯佐哲、王晓秋：《从〈吾妻镜补〉谈到清代中日贸易》，《文史》1982年第15辑。

一经提取核对，其真伪无难立辨。所有此案情节，已有旨交高晋、萨载，会同富勒浑查办。着再传谕该督抚等即行秉公确核，彻底清查明确，具折覆奏。①

可知，钱鸣萃曾任山东平度州知州，在乾隆三十七年(1772)二月之前既已涉及办铜之事。

然而，清王朝巨大的洋铜需求，致使日本铜大量外流。与此同时，日本自身的产铜量却逐渐下降，一时难以支撑清王朝如此巨大的需求量，故日本政府不得不于正德五年(1715)颁布《正德新令》，更改对外贸易政策，对清商赴日贸易予以限制：

> 长崎译司特传宪谕，与唐商为约事，今般改定各港通商一年船数并每船载来货物银额，使遂生理等因，着该译司将新例条款示谕唐商知悉。其欲确守条款毋违者，今自译司发给执照，俟其船再到之日，验其从违。果能始终确守毋违者，官给照船公牌，复循旧时之例，而使之安插街坊者，必有日矣。倘或谓新例不便，而不领执照者，永革来贩。……以上所约九款，尔等客商各宜知悉。正德五年三月初五日行。

其中，有关赴日贸易需要携带"执照"即信牌的条款有三条，内容如下：

> 一、领其执照往来本地身桿，当由所定五岛以南之海驶为针路，不当妄驾定路以外。若遇风不便，漂到意外之地，自有制度在当其来也。故违定路者，不许生理；通船之人，永革来贩。及其归也，风实不顺，难涉定路，即当驾回本港，以报缘由，容待风顺而启棹。或无故港内多日耽搁，或驾出定路之外者，至再来之日，不许生理，永革来贩。
>
> 一、领执照者，届于其期，因缘事故不能亲赴，将其执照转与同伙，而使之到长崎者之日，验核所载货物，果系其地物产，估其货价果符定额，其执照无诈冒者，许令贸易，再给下次执照。
>
> 一、纵带执照而来者，其所带货物与前不同，亦非其地物产，或低货、赝

---

① 《清高宗纯皇帝实录》卷902，中华书局1986年版，第41—42页。

第二章 《清俗纪闻》中的海关商照插绘与康乾时期中日铜贸易

假等货带来者,不许生理,通船人众,永革来贩。

由此可知,日本开始推行严格的信牌制度。清商需持照方能赴日进行贸易,且不论丢失等原因,不持信牌者皆载原货返回。信牌可转让,但其所载货物需符合定额。若所带货物与先前商定不同,即使持有信牌,仍不能贸易。

因此,中日长崎贸易发生了巨大变化,即由清商仅携带清政府海关商照贸易转变为持中国地方官府颁发的"船照"、日本长崎译司颁发的"信牌"才能进行贸易。

结　　语

此外,现藏于日本国立国会图书馆的《满汉纪闻》(索书号:184-340)也收录有康熙年间的"宪牌"即"江南海关照"的模板,内容如下:

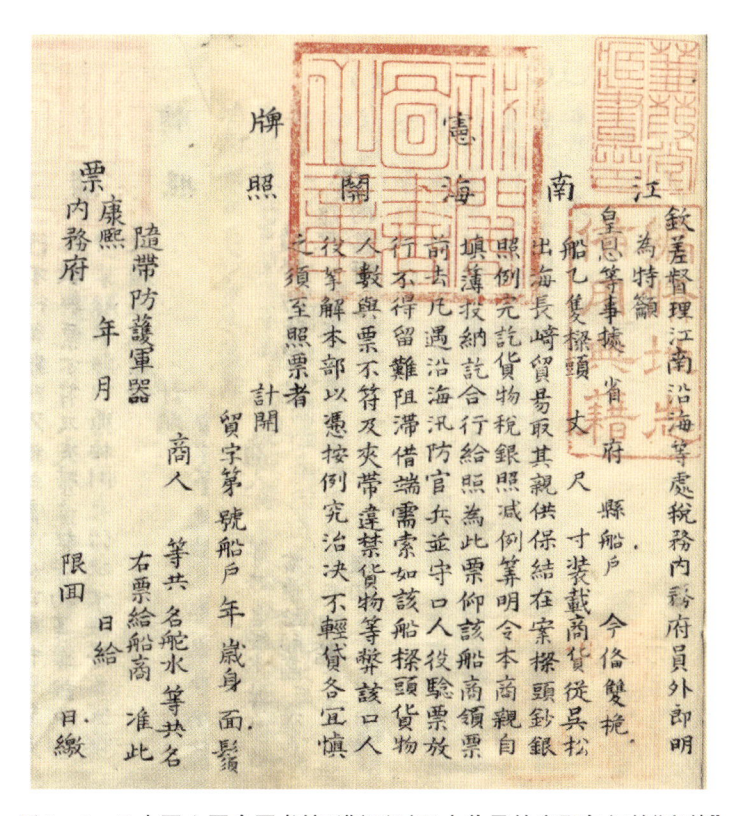

图 2-6　日本国立国会图书馆《满汉纪闻》中收录的康熙年间的"宪牌"

　　　　钦差督理江南沿海等处税务、内务府员外郎明为特吁皇恩等事,据○省○府○县船户,今备双桅船一只梁头　○丈○尺○寸装载商货从吴松(淞)出海长崎贸易,取其亲供、保结在案,梁头钞银照例完讫,货物税银照减例算。明令本商亲自填簿投纳讫,合行给照,为此票仰该船商领票前去。凡遇沿海汛防,官兵并守口人役验票放行,不得留难阻滞、借端需索。如该船梁头、货物、人数与票不符及夹带违禁货物等弊,该口人役拿解本部以凭,按例究治,决不轻贷,各宜慎之,须至照票者。

　　　　计开：贸字第○号船户○年○岁身○面须。商人○○○等共○名舵、水○等共○名。

　　　　随带防护军器　　　　　　　　　　右票给船商　准此
　　　　票　康熙○○年○月○日给
　　　　内务府　　　　　　　　限回○○○○日缴。

其中,内容不仅涉及商船的尺寸、货物、人数等,还严禁"夹带异禁货物",甚至记载了船户即船主的年龄、面相等情况。同时要求"凡遇沿海汛防,官兵并守口人役验票放行,不得留难阻滞、借端需索",且要去返回后限日缴纳,与目前的公务护照要求大致相同。

上述《满汉纪闻》收录的康熙年间"宪牌"即"江南海关照",尚未见有学者提及。此插绘与上述《清俗纪闻》收录的"船照"插绘等相结合,为了解康熙时期的清代赴日商船出海贸易凭证提供了可能。

综上可知,《清俗纪闻》不仅是当年日本人了解中国风土民情的重要参考工具书[①],也为我们研究中国清代商船赴日贸易提供了第一手素材。《清俗纪闻》作为研究江户时期中日贸易制度衍变以及中国江南民情的重要参考资料,应该受到重视。

---

① 曲彦斌:《〈清俗纪闻〉说略》,《辞书研究》2004 年第 6 期,第 109—116 页。

第三章　关帝信仰的形成、东传日本及其影响

中国的神祇千般百样,但所受的崇奉却并不一致。"某一尊神明是否受到民众的隆情盛礼,只要看看庙宇的普及程度、档次以及香火的盛衰,就可以有大致的了解。依此可以断定:关帝庙及其香火不是位居榜首,最起码也在前三名"。①幼时,笔者爱听脍炙人口的评书《三国演义》,对"玉泉山关公显圣"深有感触;数年前,曾见某杂志报道海外华人的生活与信仰诸习俗,其中就提到关公在域外华人中的影响;绚丽辉煌的关帝庙赫然出现于日本新偶像电视剧《正义必胜》中。关羽这一红脸美髯的大汉,竟然超越时空,远涉重洋,历经唐宋元明清而进入21世纪,在高耸的摩天大楼与立体影视的异国"安身立命",不能不牵动人们的神思。

据笔者管见所及,专以研究关帝信仰在日本传播的论著,仅有童家洲《试论关帝信仰传播日本及其演变》②一文,该文以日本横滨、神户两地为中心阐述了关帝信仰在日本华侨社区的演变过程,分析翔实,着力甚勤,可谓开山之作。然作者认为,关帝信仰存在的缘由是旅日华侨"为寻求精神上的寄托,出于心理上的共同需要"、日本的关帝信仰"在17世纪20年代由中国商人携入"等论点,颇有可商榷之处;且该文仅论及长崎、横滨和神户等华侨社会中的关帝信仰,涉及面不宽,也有进一步研究的必要。鉴于此,笔者试从关帝信仰的形成和发展出发,阐述关帝信仰的演变及其在日本的流播,并围绕关帝信仰的传播时间、途径及对华侨社区以外的日本民间信仰的影响等问题作深入探讨。

---

① 乔继堂:《中国岁时礼俗》,天津人民出版社1991年版,第195页。
② 童家洲:《试论关帝信仰传播日本及其演变》,《海交史研究》1993年第1期,第24—31页。

《清俗纪闻》研究

一、关帝信仰的形成和发展

  关羽,字云长,后世尊称为关公、关帝,河东解州(今山东西临猗县)人,三国蜀汉大将,219年被东吴擒杀。自三国两晋六朝以迄隋唐,其灵异无多,除了在荆州等个别地区之外,影响甚小。唐时或有记载,民间称之为关三郎,视其为与鬼神有联系的凶神。宋元时代的《说三分》《三国志平话》及一些与"三国"有关的杂剧中,关羽的形象有所改变,由一个令人敬畏的凶神成为社会大众广为接受的正面人物,其地位也有所上升①。后依仗罗贯中《三国演义》,关羽又成为脍炙人口、妇孺皆知、名震儒释道三界的英雄人物。被重塑的关羽形象深入人心,关羽拜祀不仅在官方祀典中地位上升,而且普及至一般民众。清王侃《江州笔谈》载:"《三国演义》可以通之妇孺,令天下莫不知有关忠义者。《演义》之功也。"关羽喜好《左传》,讽诵上口,言行合乎儒家经义,被尊为与孔子"文庙"相映且分庭抗礼的"武庙"主神;关羽"尽忠孝节义等事方于人道无愧"的封建人生观,深为道教所标榜,《关帝觉世真经》《关帝明圣经》等通俗劝善文极为盛行;佛教徒则于常见的十八罗汉旁塑关羽像供奉②,《佛祖统纪·智者传》更记载了关羽显身,从智者大师受五戒的故事。关帝信仰既有道教的属性,又有佛教、儒教的属性,它体现了儒、道、佛三教混合信仰的宗教观。关羽从历史上的真实英雄崇拜,转而为儒、佛、道并尊,并在历史发展形式驱动下逐渐被造就为神的最高主宰,这从一个侧面反映了中华传统思想中人神关系的文化底蕴,给人以深刻的启示③。

  深受其益的后主刘禅不过追谥关羽为"壮缪侯";而内忧外患的宋朝封其为"忠惠公""义勇武安王";至蒙元更加封"显灵义勇武安英济王";明清之际,似乎感到公、王皆不足以资号召,明加封"三界伏魔大帝、神威远震天尊关圣帝君",满

---

  ① 李祖基:《论〈三国演义〉与关帝信仰的形成》,《厦门大学学报(哲社版)》1998年第4期,第43—47页。
  ② 唐高宗仪凤元年(676),朝廷赐号"伽蓝神"作为关羽敕封,于常见的十八罗汉旁塑关羽像供奉。至《佛祖统纪》成书的南宋咸淳五年(1269),关公已受天人共戴,儒佛道并尊。此外,杭州灵隐寺十八罗汉旁塑有关羽像奉祀。参见任继愈主编:《宗教词典》,上海辞书出版社1981年版,第458页。
  ③ 朱大渭:《武将群中独一人》,载卢晓衡主编:《关羽、关公和关胜》,社会科学文献出版社2002年版,第49页。

清敕封"忠义神武关圣大帝",且每年致祭,备加尊崇。《清俗纪闻》卷十二《祭礼》载:"雍正年间台湾贼徒暴动时,曾有灵验,因迅速平靖,故加封为'灵佑大帝',敕令春秋祭祀。"

在民间,关帝被誉为"万能之神"——司福禄、佑科举、治病消灾、驱邪辟恶、诛叛伐逆乃至招财进宝、庇佑商贾,深受民众信奉。明刘侗、于奕《帝京景物略》曰:"关庙自古今遍华夷。"至清,由于历代皇帝信奉关帝,关帝的信仰遂流播于今东北(满洲)各地。清至民国,北京城里专祀关帝和祭祀关帝为主的庙宇竟有116座,台湾岛有160座。李乔《中国行业神崇拜》列出关帝所保护的行业达22个,甚至涉及皮革业、盐业、屠宰业、典当业及教育业等。明清祀典规定五月十三日(传说关帝诞辰日)祭祀关帝,《续文献通考·郡祀考三》云:"岁五月十三日,祭(关帝)以太平果品五帛。遣太常寺官致祭。国有大事则告。"潘荣陛《帝京岁时纪胜》云:"(五月)十三为单刀会,是日多雨,谓天赐磨刀水云。"《大同县志》还载有五月十三日抬着关帝像,随"架戏"游行。民间求雨、械斗无不求助于关公,门画、甚至连婴儿摇篮上的辟邪牌也是关羽画像。

关公与曹操之间体现的"买卖不成仁义在"的商业准则,也深受城镇的行会团体尊崇。或以出生地的同乡组成中心,或以同一地段开设店铺组成邻保体制而形成的同业行会,多选择关帝作为一种共同的信仰、联合的纽带,在行会的事务所祭祀关帝。经过历代的传承,这种意识积淀为手工业者和商人稳固的文化心理。海外华人的关帝信仰正缘于此。以马来西亚的吉隆坡为例,称为积善堂的关帝庙成了华人行会的事务所,灵活地将同乡和祭神结合起来。台湾地区和香港特别行政区的居民也保留着对关帝的浓厚信仰。如17世纪兴建的台南关帝庙、颇负盛名的台北行天宫、规模宏伟的日月潭文武庙以及新竹市近郊建造的高达数十公尺的关帝像等。甚至连选举事务所的神坛、警察的制服都饰有关帝神像,信奉关帝的不仅是成年人,为升学考试来许愿的少男少女也大有人在[①]。关帝已不只是武神、护国神、寺庙的守护神,也是使商人发财致富的财神和保佑学子升学的学问神!关帝信仰也跨越时空,流播域外,影响近邻的周边国家。蒙古乌兰巴托、越南河内、韩国汉城、缅甸猛拱、澳大利亚墨尔本等地都曾发现有关

---

① 窪德忠:《道教史》,萧坤华译,上海译文出版社1987年版,第7页。

帝庙,在美国夏威夷的华人社会里也盛行关帝信仰。关帝庙从朝到野、从国内到海外,传布甚广。但关帝庙中的关公,既非演义亦非正史中的关羽,而是按照后世人们的心理需求和理念重新塑造和组合的关公。它已超越国界,作为中华民族的一种信仰、一种文化,流播域外。此另类的关公,承载着现实人们的希望和寄托,传承中华传统文化,成为华人维系圈内社会联系和亲情认证以及公共生活的精神纽带。

近代的新文化运动对道教和民间信仰以很大的打击,关帝信仰自然也难逃"厄运"。鲁迅曾说过,"信仰关帝、瘟将军(瘟神)毫无意义";钱玄同也指出,"关帝、吕祖、九天玄女与道教有关的一切信仰全是骗人的"。① 虽然中华民国政府于1928年公布神祠存废标准时保留关帝神祠,但随着解放后破除迷信诸政策的实施,平日繁盛的诸神信仰渐失往昔风采。然而关帝信仰仍具活力,河南洛阳②、湖北荆州③、浙江平湖等地至今仍存有关羽祠庙。坐落于浙江平湖市中心的关羽祠,修建于明崇祯十五年(1642),曰"彰人之扶伦忠义之精神"。平湖乍浦之地乃明清之际中外(特别是中日)通商贸易的重要港口,当地的渔民、航海商人极为信奉关公。笔者曾于平湖关羽祠抄录诗一首,诗曰:"衔胆长存义,终身思报国。威风齐日月,名誉震乾坤。忠勇高三国,神谋陷七屯。至今千古下,军旅拜英魂。"宣扬关羽为人尽忠扬义、有勇有谋,教人为善、为真、为美。河南开封大相国寺也供奉有关帝塑像。对此,曹锦清意味深长地指出:"讲'春秋大义'的关羽不知何时被中国佛教徒请到他们的众神殿内的,且中国的道教也把这位儒圣请入他们的神殿。三国纷争,人才辈出,独关羽由将而王,由王而帝,由帝而神,且成为儒、佛、道三教共同供奉的神灵。我不知谁研究过这一'关羽现象'。在这里,我以为可以了解到我们民族心理与文化的许多重要信息。"④

---

① 窪德忠:《道教史》,萧坤华译,上海译文出版社1987年版,第284页。
② 全国十大商品交易市场之一的河南洛阳"关林市场",系由关帝庙会发展而成。前述《关羽目录》辑有洛阳关林大门上的楹联。
③ 唐·范据《云溪友议》载荆州有玉泉祠,祭祀关三郎(即关羽);《佛祖统纪》卷六《智者传》所载的关羽显身受戒在当阳玉泉山,今属湖北荆州,当地人奉关公为"伽蓝神",玉泉山关帝祠庙为中国最早建造。
④ 曹锦清《黄河边的中国》,上海文艺出版社2000年版,第12页。

二、关帝信仰的东传日本

据日本学者的调查及有关报道,日本的长崎、横滨、大阪、神户、函馆等地建有许多的关帝庙或关帝堂,其中以横滨、神户、函馆的关帝庙规模最为壮观,影响也最大。日本华侨社区的关帝信仰不仅比东南亚地区早,且其在华侨中的影响也比东南亚地区大①。1692年,《三国演义》日文全译本由江户文人湖南文山完成,对改时代的日本文学产生了巨大的影响②。那么,关帝信仰究竟何时,又是以何种途径传入日本的呢?

"行船走马三分命",在航海技术尚不发达的古代,为了乞求航行平安,人们常把象征力量权威的神祇(如关帝)、仁义救助的神祇(如妈祖)作为航船的保护神,常常称这些保护神为"船菩萨"。舟山及东南沿海一带直至台湾、香港的渔船上,至今还设有专供船菩萨神龛的圣堂舱。长期以来,通过大陆移民的移居、贸易商人和使节的往来以及文书的流通等传播渠道,中国的民间信仰不断流播日本。以下笔者拟从萨摩、长崎等地的关帝信仰着手,对关帝信仰的东传日本展开论述。

(一) 萨摩等地的中国贸易与关帝信仰的初传

据明郑若曾《日本图纂》五岛图中的"关王祠"的注释可知,当时被王直等人占据的五岛列岛已存在关帝信仰。事实上,位于日本列岛南端的萨摩,从8世纪起就与中国保持往来关系。足利幕府时期,为了与明进行勘合贸易,萨摩藩对遣明船加以保护,民间的走私贸易多经萨摩辗转赴日。萨摩藩对赴日的中国人极为优待且不断引诱,或被虏或通商或避难的中国人多居留萨摩。被倭寇俘虏至日的朝鲜人姜沆作《看羊录》载:"岛津义弘据萨摩、大隅、日向等地,近大唐及琉球、吕宋等国,唐船、蛮船往来不绝。来往天朝地方及蛮南者,路必由此。唐货、蛮货充牣市肆。唐人、蛮人列尘比屋。"著名"唐通事"深见玄岱(即高玄岱)的祖父高寿觉曾"航海寓于萨摩"(《长崎先民传》卷上)。伴随着如此之多的"唐人"

---

① 童家洲《试论关帝信仰传播日本及其演变》,《海交史研究》1993年第1期,第24—31页。
② 沙梦:《中国传统文学在亚洲》,颜保译,载中外关系史学会编:《中外关系史译丛》,上海译文出版社1986年版,第116页。

(当时日本对中国人的称呼)居住萨摩,中国的信仰习俗也随之而来。《三国名胜图绘》卷十三"高城郡京泊津"条载:"宫内村有祭祀八王明神的神社,相传为唐人所建。"八王神社的性质虽然难以明确,但它为唐人建造,应祭祀唐人信仰的神灵。即使是中国船被限制在长崎后,来往于中日之间的商人至日或归航时多去此神社参拜。

日本《平凡社大百科事典》指出,关帝深受日本人崇敬始于足利尊氏(1305—1358)。据说足利尊氏得梦告向元求军神,把获取的关羽像置于京都左京区真如町灵芝山大兴寺进行祭祀,关帝信仰始传日本[1]。宋元之际,大量的中国僧人和商人往返于中日之间,并对幕府执政者产生了巨大影响。如1246年,镰仓幕府将军源实朝曾听从宋商陈和卿劝告,建造大船欲朝拜明州阿育王山(《吾镜妻》建保四年、五年条);文永、弘安之役时,执政北条时宗就接受过中国僧人无学祖元的劝慰"血书大经",决心抵抗蒙军(《元亨释书》卷八"祖元"条)。自平清盛执政(1159—1181)后,积极推动对外通交贸易,往来于东中国海上的商船除了宋商船外,日人商船也大大增加,《开庆四明续志》载:"倭人冒鲸波之险,舳舻相衔,以其物来售。"足利尊氏于1338年建立室町幕府后,即派遣半官方性质的贸易商船与元朝进行贸易(即所谓的"天龙寺船贸易")。在获取高额利润的同时,大量摄取中华文化。1339年,足利尊氏曾为雕版印刷的《大般若经》撰写跋文附在卷后。而此时的中国,唐、宋、元各朝代的封建帝王均对关羽礼拜有加,不断赐号加冠,儒释道三界乃至民间百姓、商人皆拜祀关公,关帝遂作为武神、扶魔神、财神和结社、会馆的守护神而被神格化。因此,14世纪中叶,关帝作为武神信仰,随着商人和僧侣的东渡传播日本,并受到足利尊氏等武士阶层的信奉,是完全有可能的。足利尊氏把关帝尊奉为军神进行祭祀的目的,无非是为了利用关羽的勇武忠义训导武士们忠君重义——"忠君重义"正是日本武士道的核心。

(二) 长崎"唐寺"与华人社会中的关帝信仰

山胁悌二郎对现存于世的绘卷"唐船菩萨移居唐寺"——唐人捧着唐船菩萨神体的小道具登陆时的情景——作了如下说明:"货物卸载完毕,唐人把航海中也不断祭祀的唐船菩萨'移居'唐寺。宿町唐人事务所的会头和职员们也尾随相

---

[1] 李献璋:《媽祖信仰の研究》,泰山文物社1979年版,第527页。

伴。这称之为菩萨安置，这种热闹场面只有在长崎才能见到。唐船菩萨中，常见的有天后圣母、关帝、关平、周仓等……关帝是《三国志》中桃园三结义之一，被视为护国救民的武神和财神、民族神，在唐人中广泛地被尊崇，关平是关羽的儿子，周仓是关羽的旗手。"[1]中村质也指出，赴日的唐人在货物卸载完毕后，在长崎奉行所职员、佣人和唐年行司等的簇拥相伴下，把船菩萨安置到唐寺。盛大节日举行的祭祀活动由唐寺延请僧人操持，特别隆重。在日唐人的住宅楼房的最高层设有妈祖堂和关帝堂、观音堂[2]。显然，在此场合下，关帝不仅是武神、护国神，而且还是保佑航运顺利的守护神、使商人发财致富的财神甚至还是维系共同信仰的民族神。

据《宫中档雍正朝奏折》(第 15 辑)载，日本长崎"建有关庙、天后两处庙宇，皆内地商人所造，供奉中国正神"[3]。长崎最早祭祀关帝的场所为兴福寺，由居留长崎的华人集团"三江帮"于 1623 年创建，于寺内的妈祖堂左旁祭关帝。1628 年，长崎华人"泉漳帮"创建福济寺，于寺内的青莲堂左旁祀关帝。1629 年，华人"福州帮"创建崇福寺[4]，寺内的护法堂祭祀关帝和观音。1678 年，长崎华侨"广东帮"创建圣福寺，于寺内的观音堂祭祀关帝、妈祖和观音。其中，关帝在圣福寺的地位最高，每年农历五月十三日的关帝诞祭日，祭祀仪式极为隆重。自 1784 年起，圣福寺的关帝诞祭日每年增为两次，即在农历正月十三再举行一次。据《丰利船备查日记》所载，1852 年农历五月十三日，浙江籍"丰利"号商船驻留长崎期间，副财副陈吉人(《丰利船备查日记》的作者)等人曾"先在馆内关帝圣殿拈香毕，至公堂同两在留总管往梅崎下船，到圣福寺拈香。乃年例关帝诞也"[5]。对于流寓长崎的中国人来说，赋予忠、勇、义兼备且在民间和上层社会都享有很高威望的关羽以中华道义和秩序的权威，可借此为精神支柱，增强凝聚力，维系同胞内部的自治团结。

---

[1]　山脇悌二郎：《長崎の唐人貿易》，吉川弘文館 1995 年版，第 29—30 页。
[2]　中村質：《近世長崎貿易史の研究》，吉川弘文館 1994 版，第 311—313 页。
[3]　转引自郭松义：《论明清时期的关羽崇拜》，《中国史研究》1990 年第 3 期，第 127—139 页。
[4]　即非禅师在 1657—1668 年任该寺住持时，曾特地为护法堂亲笔题写了"威德庄严"和"临下有赫"的匾额。
[5]　松浦章：《中国商船的航海日志》，冯左哲译，载杜文凯编：《清代西人见闻录》，中国人民大学出版社 1985 年版，第 262 页。

(三) 横滨、神户、函馆等地的关帝信仰

把关帝信仰传播到东日本地区的,是中国僧人心越禅师。心越赴日前夕居住在杭州永福禅院,当时杭州一带对关帝尤为信奉。心越禅师俗兄的夫人乃关氏后裔,心越赴日时曾携去《关帝夫子经》。心越禅师曾于 1677 年在日本印刷《关圣帝君觉世真经》,并使之流播。据日本祇园寺所藏《初祖杂赞集》可知,1690 年 4 月对关帝进行祭祀后,还把妈祖置于天德寺的关帝堂加以祭祀。《初祖杂赞集》载有"关夫子赞,庚子(误,应为庚午)四月末旬作"的诗句。水户藩主德川光国(1628—1700)敬重心越禅师,遂信奉关帝,曾献小宝塔秘藏于寿昌山春德寺。关于春德寺关帝堂,《常陆国名胜图志二·茨城》载:"关羽庙在寿昌山祇园禅寺内,有关羽像板,押金印施众。"据春德寺所藏的《关帝金印由来记》可知,此金印为关寿亭侯印七组之一,可禳灾生福。据《地中全图》可知,春德寺下的东禅院、传灯院境内建有关帝堂和秒迹堂等具有中国式样的建筑①。

1873 年横滨华人成立中华会馆时,就建造了关帝庙,作为华侨社区共同信仰的中心。《横滨市史》也载有"奉祀关帝,此地华商悉得保护而无恙"的内容。神户关帝庙建于 1888 年,之后每年农历八月中旬在此举行隆重的盂兰盆会。另据《神户开港三十年史》可知,1893 年 1 月,侨居神户之清人集资建造中华会馆(俗称南京俱乐部),馆内也设有关帝庙,其构造悉按华夏规模。北海道的石狩弁天社保存有"关羽正装图",函馆的中华会馆落成于 1910 年 12 月,位于北海道函馆市中心富冈町。该会馆的建筑外形为关帝庙的造型,图案在宁波和上海设计,工匠及建筑材料也来自中国,还精心地把道教的"劝善文"——《关圣帝君觉世真经》,全文雕刻在中华会馆内关帝祭坛背后的木板屏风上。日本侨胞俗称函馆中华会馆为关帝庙,关帝庙遂成为函馆中华会馆的代名词。关帝圣诞与清明节、盂兰盆节一起成为函馆华人的三大节日。关帝圣诞时的祭祀活动,需要由中华振兴商会函馆支部的全体会员参加讨论决定②。关帝除了被尊奉为商业神、财神外,还被尊为象征中华道义和秩序的权威,成为代表整个北海道华侨自治团体——中华会馆的精神支柱。

---

① 李献璋:《妈祖信仰の研究》,泰山文物社 1979 年版,第 571—572 页。
② 許淑真:《函館における福清帮》,载飯島渉编:《華僑·華人史研究の現在》,汲古書院 1999 年版,第 37 页。

三、关帝信仰的演变及其影响

民间信仰作为一种传统文化,它不仅蕴涵着人们的精神面貌和生活面貌,从中还可以看到一个民族历史文化的过去和延续。人们对一个或某一群神灵的崇拜祭祀,既是一种信仰、一种精神寄托,又是一种欣赏、一种对美的追求。一般说来,外来文化——无论是宗教的、民俗的或是别的文化现象——传入某地或外国,必须经过某种程度的改变,以符合其固有文化。关帝信仰在东传的过程中,也不断地发生嬗变。关帝不仅是武神、守护神、商业神,而且被华人奉为中华传统道德秩序的象征,成为华人自治团体——中华会馆的精神支柱;关帝庙遂成为中华会馆的一个重要组成部分,并逐渐融入日本本土的信仰习俗之中,成为日本列岛所信奉的"渡来神",对日本民间信仰产生了不可忽视的作用。

(一) 关帝信仰的演变及其实质

清商赴日后,不准自由散宿,在缺乏娱乐的唐人馆内,与祭祀先祖和祈祷航海安全相同,祭祀关帝也是出于心理上的共同需要。对躲避战乱而寄居异邦的文人、士大夫以及明末遗臣来说,为了消除彷徨苦闷,寻求精神依托,被誉为"护国神""民族英雄"的关公比其他神祇更值得信奉,可以此为精神支柱,去强化神权,强化共同的文化信仰,有助于维系中华会馆内部的自治团结。关公能在高耸的摩天大楼与立体影视的异国"安身立命",且被尊为象征中华道义和秩序的权威,主要是由于关帝信仰根深蒂固于华人故土,伴随着华人迁徙、定居、繁衍而不泯灭,并经历代的传承和衍变,积淀为华人后裔稳固的文化心理,即使在 21 世纪的今天,仍然没有摆脱这种民族信仰的基本框架。

纵观关帝信仰在日本的流播,我们可以发现,关帝信仰东传最初是作为往来于中日之间的中国商船的保护神——"船菩萨"而零星出现的,主要局限在赴日的中国商人中;此后不久,伴随着中国商人频繁进出长崎等贸易港口,大陆移民(包括僧人)的移居和日本统治者的推崇,逐渐扎根于当地的佛教寺院和华人会馆,祭祀仪式也越来越隆重;最后伴随着华人足迹遍布日本各地,并在一般市民中逐渐流播开来,为后人所敬仰祭祀。明治以前,关帝在长崎唐三寺中处于偏殿中的陪神、旁祀的地位,明治以后,关帝成为华侨社会中华会馆——关帝庙的"主神",天后妈祖、观音则被降至陪神、旁祀的地位。关帝的神性也由守护神、财神以及"反清复明"意识的象征演变为商业神,甚至升华为"象征着中华道义和秩序的""至高无上"的神。引起上述变化的主要原因在于明治以后日本"重商主义"潮流的影响,以及旅日华侨的思想观念和经济、政治地位发生了变化而深受"现世利益"的制约影响①。

实际上,只有获得现世利益,才能成为信仰的支柱和基础②。日本的民间祭祀信仰也是如此,天满天神、海神(如住吉神、宗像神、绵津见神)等,都能在民间找到它的受众。在信奉灵物和恪守禁忌的背后,蕴含着中日两国人民的社会功利价值观念。综观关帝信仰的形成、发展及其演变的历程,可以发现,各个阶层、各行各业都会按照自己的要求塑造、改变神的形象,以利己用,这也是民间信仰的一个重要侧面。民俗(民间信仰)的本质,无论与神有什么密切联系,不外乎是人间的状态③。正因为是"人间的状态",趋利避害的生存意识才成为民间信仰的价值基础,各种拜神、求神、媚神、娱神、赛神的仪式活动,才有了广泛的社会基础。

(二) 关帝信仰对日本民间信仰的影响

关帝信仰的东传主要是作为"船菩萨"流入日本,当然,船载而入的还有中国其他的岁时习俗。随着中日贸易的发展,中国的岁时礼俗在一般市民中逐渐流播开来,并波及全日本,日本各地至今还有关帝庙及其遗迹等的存在。事实上,关帝信仰东传日本后,并不只是在当地的华侨、华人社会中深受信奉,也逐渐融入日本本土的信仰习俗之中。足利尊氏曾在大兴寺祭祀关帝,五岛和长崎等地也建有关帝祠庙,宇治兴福寺、水户春德寺等也有关帝堂。另据日本东北大学教授、研究关帝信仰在东北亚流播的专家山田胜芳考证,北海道的石狩弁天社里目前还保存有"关羽正装图",日本的关帝信仰在华人来此地以前就已存在。日本冲绳县也相当明显地保存着关帝信仰,而且根深蒂固④。1966 年、1967 年,白鸟

---

① 童家洲:《试论关帝信仰传播日本及其演变》,《海交史研究》1993 年第 1 期,第 24—31 页。
② 渡边欣雄指出:"汉人社会的民俗宗教,可以说是'现世利益'的宗教,构成'中元节'的各种礼仪,都是这类宗教活动的延伸,它们必然伴随着对于人的'福利',把'现世利益'在目前就加以实现,这正是华人文化的特征。"渡边欣雄:《汉族的民族宗教》,周星译,天津人民出版社 1998 年版,第 20 页。
③ 白川静:《中国古代民俗》,王巍译,春风文艺出版社 1991 年版,第 206 页。
④ 窪德忠:《道教史》,萧坤华译,上海译文出版社 1987 年版,第 305 页。

芳郎教授进行久米村家谱调查时,访问了阮氏家居,发现其家中客厅祭坛的图像中央为关羽绘像,左为先祖牌位,右设神坛,祭祀观音、妈祖等神①。关帝神像位居中央,可见关帝信仰在当地日本民众心中的崇高地位。

关帝祠庙林立于长崎、横滨、神户等地,热闹的关帝祭(关帝圣诞)也深受日本人注目。据《长崎图志》载:"又有关帝祠,五方五帝之像,制极精奇,祷祝甚验。"《长崎市史》"风俗篇"特地把圣福寺关帝祭列为专章,详细介绍。明末东渡长崎的福清籍文人俞惟和的孙子、曾担任大通事的俞直俊(1681—1731)刊行的《关帝君遗训》(内容类似道教经典《关圣帝君觉世真经》)原稿,至今仍完好收藏在长崎县立图书馆中,它是当年关帝圣诞祭祀时必须诵读的经文,也是关帝被供奉为儒教和道教神祇、在长崎华人中信奉的实物证据。《清俗纪闻》卷十二《祭礼》"关帝"条,不仅绘制关帝庙图,还画有"关圣帝像",即是明证。

山下青海1979年在横滨中华街实地调查时发现,横滨华人信奉的主要是商业神关帝,各家店内均设有神龛供奉关帝,当地华人虔诚地笃信中华街有今日的繁荣是依赖关帝的庇护②。函馆中华会馆是目前现存的唯一纯中国庙宇式样的中华会馆,是当地著名的旅游观光景点。在日本新偶像电视剧《正义必胜》中,男女主角(身份为律师)在谈论诉讼案件时,背景是一座雄伟壮丽的关帝庙,不时有人出入拜祭;庙旁小店林立,门庭若市。横滨关帝庙屡遭战火,多次重建,在1990年8月庆祝关帝庙落成时,神奈川县知事、横滨市市长等地方政要也前来祝贺。《年中行事辞典》(东京堂再版40余次)等辞书都专门列"关帝祭"条,作为日本比较流行的祭祀活动予以介绍。

宋元之际,关帝作为武神的信仰随着商人和僧侣的往来东传日本,并受到足利尊氏等武士阶层的尊奉,足利尊氏奉关帝为军神,无疑是为了利用关羽的勇武忠义之精神向武士们灌输忠君思想。清顺治帝曾敕封关羽为"忠义神武关圣大帝",而且每年致祭,备加尊崇,以引导汉人模仿关羽,忠于大清皇朝。由此可见,足利尊氏与顺治帝提倡信奉关帝具有异曲同工之处。水户藩主德川光国的关帝信仰,则受到朱舜水、心越等具有大义名分思想的赴日儒家学者和僧侣的影响。朱舜水曾向关帝庙题联"许难兴、沛难兴、荆益难兴,止思明万古之君臣",抒发忠

---

① 李献璋:《媽祖信仰の研究》,泰山文物社1979年版,第487页。
② 童家洲:《试论关帝信仰传播日本及其演变》,《海交史研究》1993年第1期,第24—31页。

于明朝的不二之心。如果说,足利尊氏崇敬关帝,看重的是关帝武神的神性一面,水户藩主德川光国信奉关帝,注重的是关公忠君重义的大义名分思想,那么绚丽辉煌的关帝庙赫然出现于日本新偶像电视剧《正义必胜》中则表明,关帝不仅作为忠义之神,而且还作为"正义之神"而受日本民众的信奉,其已跨越时空,成为日本大众信仰文化中独具特色的"异域之神"。

结　语

关帝信仰的域外流播,使人看到中国民俗文化、民间信仰所具有的旺盛生命力、深远影响力和国际辐射力。然而目前,在中国大陆地区,即使在农村也很少能见到祭祀关帝等诸神的场所,它们有逐渐消失的迹象。究其原因,除了思想认识上把关帝等民间信仰斥为封建迷信加以扫除之外,还由于这些信仰"各自为政",没有形成强有力的祭祀中心。而日本的民间信仰如天满天神信仰等都有一个祭祀本殿,并附属有许多神社(神宫),有固定的信徒和捐赠收入。在思想意识上,日本人不但不视此为迷信活动,而且还认为崇拜、祭祀神灵是一种精神寄托,是一种对美的追求。他们看重的是关帝信仰净化人心、教化社会的功用。

中日两国由于彼此地理接近和长期历史交往等原因,文化上的亲缘关系是相当广泛而深远的。探讨中日两国的民间信仰、民俗之间的交流融合,不也是从事中日文化交流的研究者的一种"对美的追求"吗?

追记:本文原刊于《浙江大学学报》2004年第5期。近年来,相关研究不断刊出,请读者一并参阅。赵国权《日本关帝文化的嬗变及其价值取向》(《日本研究》2011年第2期)、文静《日本人与关帝信仰——以江户时代为中心》(《史志学刊》2016年第5期)、施錡《17世纪关帝图像东传日本研究》(《艺术探索》2022年第2期)、严立君《日本戏剧中的关羽形象研究》(北京外国语大学博士学位论文,2023年)。

第四章 《清俗纪闻》诸写本及收藏情况

《清俗纪闻》的现存诸本,主要有五类:写本、刻本(彩刻本、墨刻本)、影印本、注释本和中译本。其中,彩刻本、墨刻本均为六册十三卷,对应的纸张、页码内的章节内容、字数完全一致;虽然尺寸有26厘米、27厘米等不同,但内匡郭均为21.2厘米×15.6厘米。也就是说,彩刻本与墨刻本为同一木刻版印刷而成。

一、写　　本

日本东京大学图书馆所藏《清俗纪闻》写本(索书号:G30:792)一册(共48叶),封面写有"清俗纪闻　全"五字,但内容是按照《年中行事》《宾客》《丧礼》《羁旅》《闾学》《居家》《饮食》《生诞》《冠礼》《婚礼》卷的顺序抄录的,未抄录《祭礼》《僧徒》两卷内容,且缺少诸多插图,也存在漏抄的内容。从《羁旅》卷开头注明"羁旅行李　卷之十"来看,该写本的底本与刻本《清俗纪闻》相同,《羁旅》为第十卷;抄写者也应知晓并非按照原来的顺序抄录。该写本前有"宽政十有一年秋八月述斋林衡撰"的《序文》,但缺少黑泽惟直序、中井曾弘序。

需要注意的是封二的纸背写有如下内容:

> 物徂徕尝教初学以译文法而日尝以朱氏之文。余浅劣亦可之,虽不亲待,函文可观者犹存焉。去今六七十年亦复,不可以为憾。乃为一小册,以余间从事于其教,遂列次如左。文化十二乙亥六月上旬之吉保敬之书。

由此可知,上述内容于文化十二年(1815)六月上旬书写。由于一般不会使用16年前的纸张作为衬页粘贴,故此写本应在宽政十一年(1799)八月刻本印刷

41

后抄写的,时间在文化十二年六月前后不久。

此写本卷首钤有两印"岛田氏双桂楼收藏""南葵文库"。其中,"岛田氏双桂楼收藏"为著名汉学家、儒学者岛田篁村(1841—1898)的藏书印。其曾任昌平簧助教、东京帝国大学(今东京大学)教授,字敬甫,号篁邨,书室名为双桂楼,平生嗜好读书,常节衣缩食购书,所藏图书近 2 万册,其中 10 237 册为南葵文库购得。"南葵文库"为 1902 年纪州德川家主德川赖伦于东京府麻布区的自宅内设立的图书馆,大正十三年(1924)所藏图书寄赠给东京帝国大学附属图书馆。

书衣 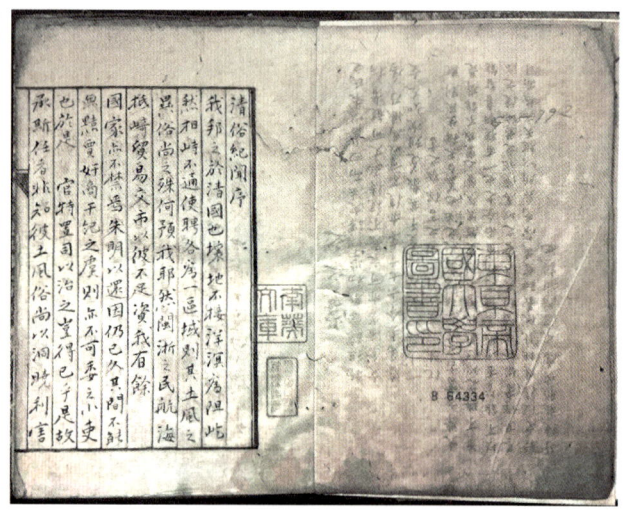　　　　　　　　　卷首、封二

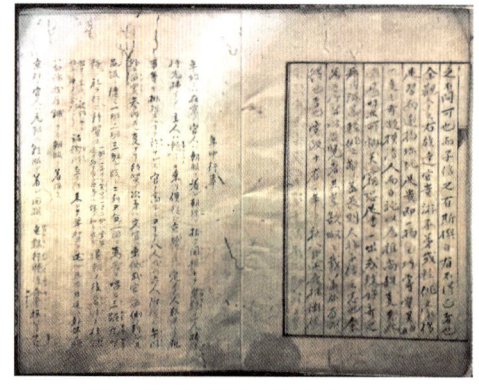

《年中行事》开头、序文末尾　　　　封三、《婚礼》末尾

图 4-1　东京大学图书馆藏《清俗纪闻》写本书衣,卷首、封二,《年中行事》开头、序文末尾,封三、《婚礼》末尾

第四章 《清俗纪闻》诸写本及收藏情况

二、彩 刻 本

目前,彩刻本仅存一种,现藏日本国立公文书馆,索书号为 184-0327。每册扉页均加盖"大学藏书""日本政府图书""浅草文库"三个印章。第六册的跋文末,未记载制版刊刻的时间、机构以及销售机构(个人)。

元禄四年(1691),将军德川纲吉将位于江户上野忍冈的圣堂以及林家的私塾迁至汤岛,命名为昌平簧,由江户幕府直接管辖。后更名为昌平坂学问所,为教授幕臣、藩士等江户朱子学的教育机构。明治元年(1907),昌平坂学问所(昌平簧)改名为昌平学校,翌年 6 月改称为大学校,12 月改称大学。因此,"大学藏书"意为昌平簧旧藏的图书。"浅草文库"为明治八年(1875)在浅草藏前设立的官方公开图书馆。原幕府的官学机构昌平坂学问所、和学讲谈所等藏书约 11 万册收纳入藏"浅草文库",其大部分图书现藏于国立公文书馆。

从彩绘着色等情况来看,这一彩刻本是在墨刻本上直接着色的。使用的底本应该是首次刻版印刷的墨刻本。且从第六册跋文末未记载制版刊刻的时间、机构以及销售机构(个人)来看,彩刻本应是为呈进给幕府将军而特意制作的。另从"大学藏书"印章来看,应是之后入藏至大学(昌平簧)并移至浅草文库的。

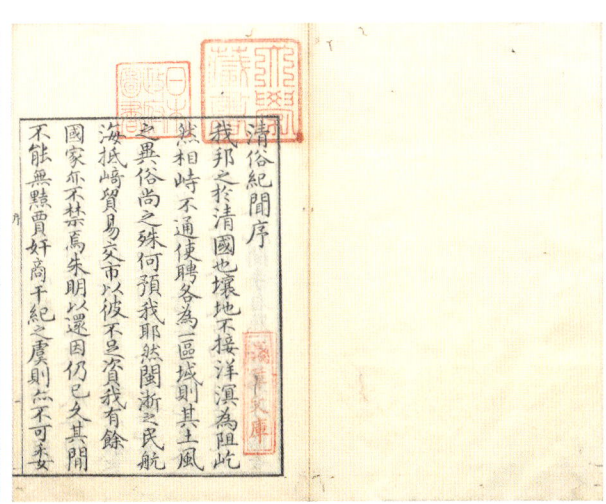

第一册(卷一)封面　　　　　　卷首序文、封二

第六册（卷十三）末尾 　　　　真容图（彩刻本） 　　　真容图（墨刻本）

图 4-2　国立公文书馆藏《清俗纪闻》彩刻本第一册（卷一）封面、卷首序文、
封二、第六册（卷十三）末尾、真容图（彩刻本）、真容图（墨刻本）

本书的译注篇所用的底本即此本。

三、墨　刻　本

墨刻本在日本、中国等存世多种，但从相对应的章节内容、字体字数以及内匡郭尺寸皆相同来看，应均为窃恩馆所藏的刻版印刷或据此刻板进行"改头换面"补刻而成。根据印刷发行的机构和时间，分别说明如下：

（一）东都书肆尚古堂发行本（宽政十一年己未新镌）

第一册封二载："宽政己未年新镌/窃恩馆藏版/清俗纪闻全部十三卷/东都书肆尚古堂发行。"第六册末尾载："宽政十一年己未八月新镌/东都书林/芝神明前/冈田屋嘉七。"可知，宽政十一年（1799）八月新镌，由位于江户（今东京）芝神明前的东都书林冈田屋嘉七销售。

（1）国立公文书馆藏本：索书号为 184-0324。每册扉页均加盖"内务府图书记""农商务省图书""太政官文库"三个印章。尺寸为 26.2 厘米×18.2 厘米。日本农商务省于 1881 年设置、1925 年废置，分为农林省（农林水产省）和商工省。而内务省于 1873 年设置、1947 年废置，统辖警察、地方行政、土木等内务行政。因此，该藏本很可能出版后入藏内务府，后又被日本农商务省图书室收入。太政官文库设立于 1873 年，1885 年改为内阁文库即国立公文书馆。可知，该刻本入藏太政官文库的时间在 1873 年至 1875 年之间。

图 4-3　东都书肆尚古堂发行本《清俗纪闻》国立公文书馆藏本

（2）早稻田大学图书馆藏本：索书号为文库 31-E1268。现存五册，缺第二册。尺寸为 26.2 厘米×18.2 厘米。未钤有藏书印章。

图 4-4　东都书肆尚古堂发行本《清俗纪闻》早稻田大学图书馆藏本

（3）东京大学图书馆藏本①：索书号为 222:2:1。每册扉页均加盖"内务府图书记""农商务省图书"两个印章。尺寸为 26 厘米。

（4）东京大学图书馆藏本②：索书号为仓石:919:46。每册扉页均加盖"松平确堂藏书""仓石武四郎博士旧藏"两个印章。尺寸为 26.2 厘米×18.1 厘米。松平确堂（1814—1891），名银之助，号确堂，第十一代将军德川家齐之子，津山藩主松平家第八代家主。仓石武四郎是日本中国语学文学研究专家，1939 年获得文学博士学位，1949 年任东京大学教授，1975 年 11 月去世。

(5) 东京大学图书馆藏本③：索书号为 G30:563。每册扉页均加盖"纪伊德川/南葵文库"印章。另有"文政天保年间"印章。尺寸为 26 厘米。南葵文库为 1902 年纪州德川家主德川赖伦于东京府麻布区的自宅内设立的图书馆，大正十三年(1924)，所藏图书寄赠给东京帝国大学(今东京大学)附属图书馆。关于印章上的"文政天保年间(1819—1844)"，东京大学图书馆的官网认为是出版刊行之年，笔者认为应是纪州德川家入手此书的时间。

(二) 东都书肆翫月堂发兑本(宽政十一年己未新镌)

第一册封二载："宽政己未年新镌/窃恩馆藏版/清俗纪闻全部十三卷/东都书肆翫月堂发兑。"钤有"江都本石町四丁目大横町西侧书林堀野屋仁兵卫制本之印"以及魁星印。第六册末尾载："宽政十一年己未八月新镌/东都书林/本石町四丁目大横町/堀野屋仁兵卫。"可知，宽政十一年(1799)八月新镌，由位于江户(今东京)本石町四丁目大横町的东都书林堀野屋仁兵卫销售。

(1) 早稻田大学图书馆藏本①：索书号为ヲ7-3316。宽政十一年己未八月新镌。每册扉页均加盖"早稻田大学图书""合松藏"印章。尺寸为 27 厘米。每册封皮均为浅色。

(2) 早稻田大学图书馆藏本②：索书号为ヲ7-3522。每册扉页均加盖"早稻田大学图书"印章。尺寸为 27 厘米。每册封皮均为深色。

(3) 东京大学图书馆藏本①：索书号为史;地理:杂记:34。每册扉页均加盖"东方文化学院图书印""茶山菅氏图书"等藏书印。尺寸为 26.9 厘米×18.6 厘

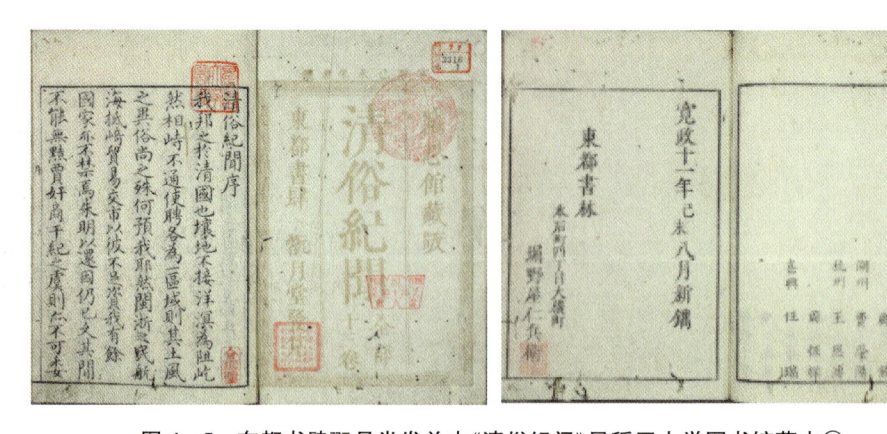

图 4-5 东都书肆翫月堂发兑本《清俗纪闻》早稻田大学图书馆藏本①

图 4-6　东都书肆瓺月堂发兑本《清俗纪闻》早稻田大学图书馆藏本②

米。"茶山菅氏",东京大学图书馆的官网录为"男山菅氏",当讹。菅茶山(1748—1827)为福山藩儒官、藩校弘道馆教授、藩校诚之馆教授。可知,初为菅茶山收藏,后流入东方文化学院。

(4) 东京大学图书馆藏本②:索书号为 222:N.2-1a。每册扉页均加盖"东大教养学部图书印"藏书印。尺寸为 27.3 厘米×18.7 厘米。

(三) 东都书肆金兰堂发兑本(宽政十一年己未新镌)

第一册封二载:"宽政己未年新镌/窃恩馆藏版/清俗纪闻全部十三卷/东都书肆金兰堂发兑。"并钤有魁星印。第六册末尾载:"宽政十一年己未八月新镌/东都书林/本石町四丁目/西宫太助。"可知,宽政十一年己未八月,由位于江户(今东京)本石町四丁目的东都书林西宫太助新刻。

(1) 东京大学图书馆藏本:索书号为 史;地理:杂记:34。尺寸为 27 厘米。

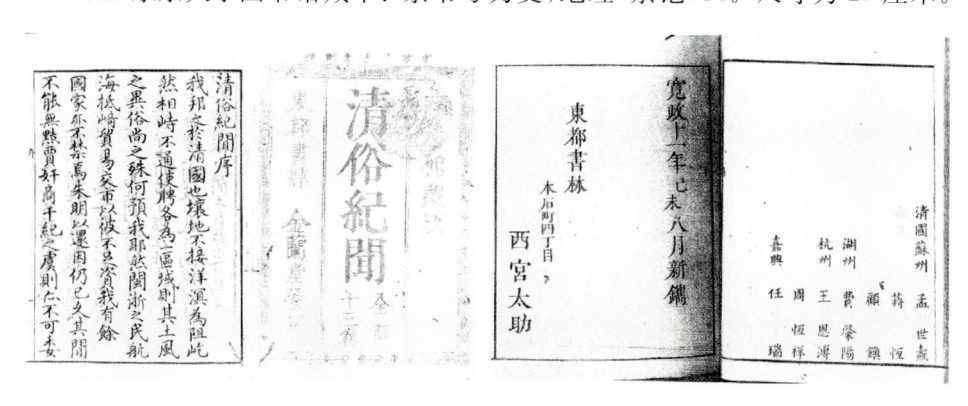

图 4-7　东都书肆金兰堂发兑本《清俗纪闻》中国私人藏本

每册扉页均加盖"参谋本部海军部图书之印""海军图书之印"以及"柴井町稻荷里三河屋""泉常""田中"等印章。

(2) 中国私人藏本：未有藏书印章。

(四) 发行(兑)机构不明(宽政十一年己未新镌)

第一册封二载："宽政己未年新镌/窃恩馆藏版/清俗纪闻全部十三卷。"第六册末尾载："宽政十一年己未八月新镌。"可知，宽政十一年己未八月新镌。发行机构、销售机构不明。缺林述斋的序文，开篇为黑泽雪堂(字惟直)的序文。

(1) 国立国会图书馆藏本①：索书号为W996-N131。每册扉页均加盖"喜好庵东园""保□氏文库""□庵""陆军文库"等印章。尺寸为27厘米。卷九第七丁缺失。国立国会图书馆的官网录为"窃思馆藏版"，当讹。"窃思馆"应为"窃恩馆"。内附墨书："天保八丁酉年十二月ヨリ求之/省斋之代。"其中的"省斋"为平山省斋(1815—1890)，名敬忠，字安民，号省斋。曾作为德川庆喜的近臣，担任外国总奉行、若年寄等要职。此书乃平山省斋于天保八年(1837)年十二月求得，后入藏陆军文库。据《陆军文库图书目录(和汉书之部)》第十五门"军事杂书"记载："五二六　清俗纪闻(宽政十一年、中川忠英编辑)。"

(2) 国立国会图书馆藏本②：索书号为W335-N2。每册扉页均加盖"青柳馆文库""教育博物馆印"等印章。尺寸为27厘米。国立国会图书馆的官网录为"窃思馆藏版"，当讹。"窃思馆"应为"窃恩馆"。内附墨书："明治十三年七月二十一日购求，东京图书馆藏。"可知，青柳馆文库于明治十三年(1880)七月购得。青柳馆文库，也称青柳文库。是仙台藩人青柳文藏于1831年设立于仙台藩医学

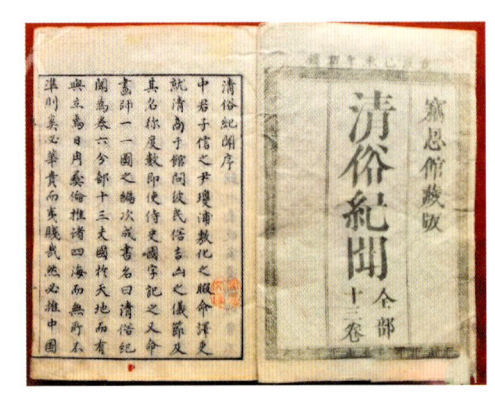

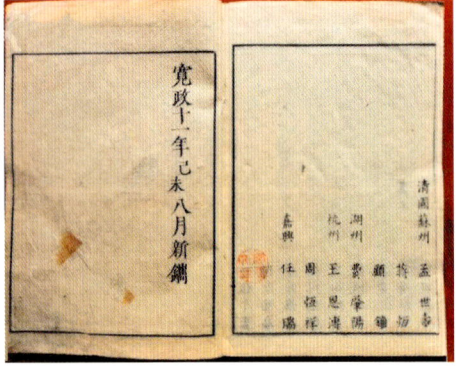

图4-8　发行(兑)机构不明的《清俗纪闻》中国私人藏本

校内的图书馆。其藏书后分藏于宫城县图书馆、宫城教育大学附属图书馆以及国立国会图书馆(原东京图书馆)等。

(3) 东京大学图书馆藏本：索书号为甲：2：2758。每册扉页均加盖"斋藤藏书""林忠正印"藏书印。尺寸为 27 厘米。最后一册跋文前一页载有"每部有图章，需认印信为真"。

(4) 中国私人藏本(孔夫子旧书网出售)：钤有"宫带文库"印章。宫带文库位于京都市上京区，为 2006 年设立的专门收藏日本古籍的图书馆。

(五) 万青堂求刻本(明治九年补刻)

第一册封二载："明治九丙子补刻/中川忠英辑/清俗纪闻全部五册/东都书肆万青堂求版。"虽然录文为"清俗纪闻全部五册"，但实际上共六册。第六册末尾载"宽政十一年己未八月新镌"，可知，明治九年丙子(1876)，据万青堂求得的宽政十一年八月新镌刻本进行补刻而成。

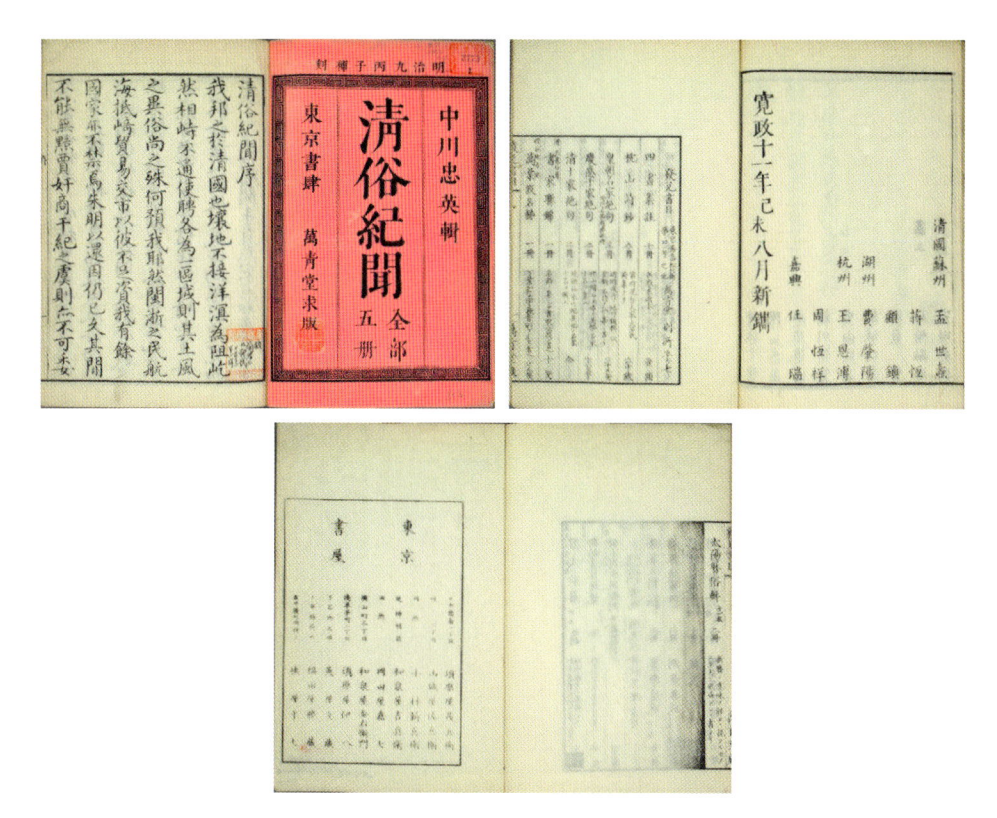

图 4-9　万青堂求刻本《清俗纪闻》早稻田大学图书馆藏本

(1) 早稻田大学图书馆藏本：索书号为ヲ7-2773。每册扉页均加盖"纪念图书　早稻田大学图书馆"印章。尺寸为26厘米。

(2) 东京大学图书馆藏本，索书号为三:は:77。尺寸为26厘米。

(六) 博文堂刻本(明治二十七年翻刻)

明治二十七年(1894)十月十二日翻刻印刷、同月十五日发行。发行兼印刷者为大桥新太郎，发行书店为位于日本桥区本町三丁目的东京书林博文堂。

(1) 国立国会图书馆藏本：索书号为112-113(黑色胶卷)。每册扉页均加盖"东京图书馆藏"印章。尺寸为27厘米。最后一册跋文前一页有"每部有图章，需认印信为真"，与上述东京大学图书馆藏本(索书号为甲:2:2758)相同。

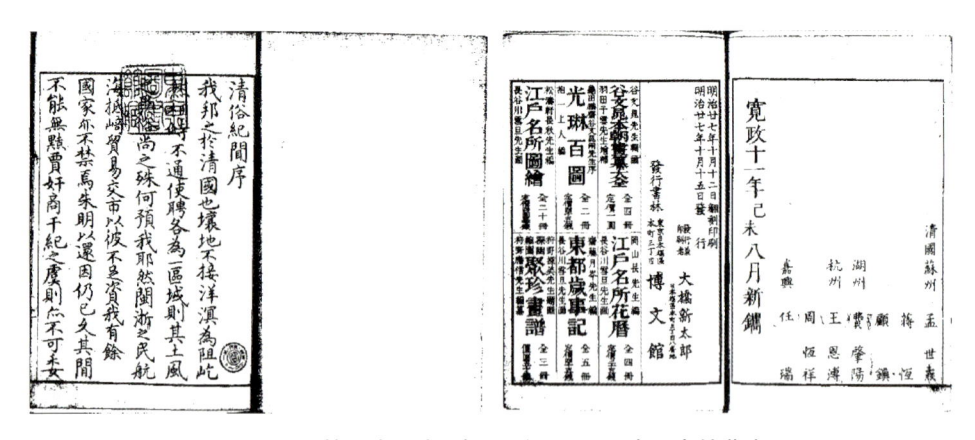

图4-10　博文堂刻本《清俗纪闻》国立国会图书馆藏本

(2) 早稻田大学图书馆藏本，索书号为"ヲ7-2774"。

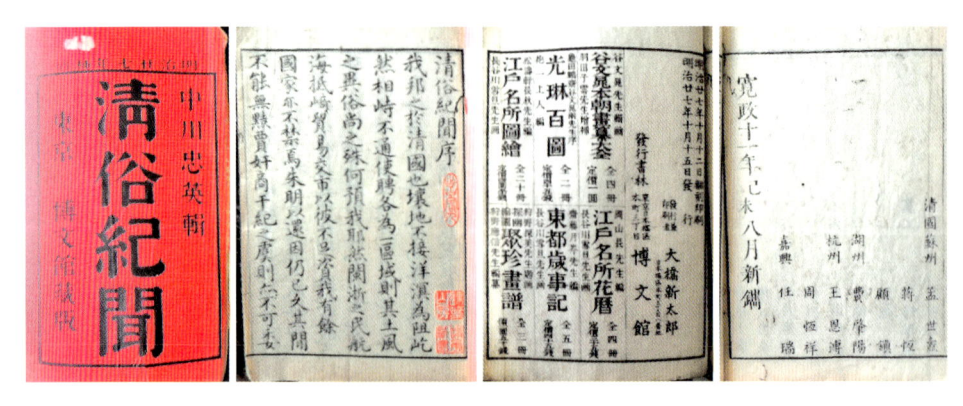

图4-11　博文堂刻本《清俗纪闻》中国私人藏本

（3）东京大学图书馆藏本，索书号为"G30:16"。原为青洲文库收藏，尺寸为26厘米。

（4）中国私人藏本（孔夫子旧书网出售）：盖有"归叶山房""赵勇藏书"印章。

四、影 印 本

（1）台北·大立出版社影印本（1982年初版）：台北大立出版社于1982年10月初版，16开本1册，共583页。注记："景日本宽正十年刊本。"其中的"宽正"，为宽政之讹。

（2）台北·大立出版社影印本（1983年再版）：台北大立出版社于1983年5月再版，16开本1册，共583页。

（3）北京·文物出版社影印本（2020年版）：作为《海上丝绸之路稀见文献丛刊》之一，文物出版社于2020年出版16开精装全二册。

五、注 释 本

（1）平凡社东洋文库本（1966年初版）：孙伯醇、村松一弥编，分为2册，作为东洋文库第62、70，日本平凡社分别于1966年3、7月初版。中井曾弘等人的三篇序文作为解说内容，置于第1册末尾。图版分别置于卷前。第1册收录前三卷和村松一弥撰写的《解说》，第2册收录后十卷。

六、中 译 本

（1）中华书局本（2006年初版）：方克、孙玄龄译，中华书局于2006年出版，16开本1册，共568页。前有《译者前言》，插图有8张，其中7张源自彩刻本。

第五章 《清俗纪闻》写本与稿本《续清朝探事》

一部书籍从编辑撰写到版刻刊行，要经过多道工序。不仅中途书名会发生变化，甚至还因为插图内容位置而更迭版面，衍生出诸多阶段性文本。国史所载，稗编所述，也多是些灿若星辰的"主旋律"式最终成品，而阶段性文本虽如流星而逝，但有些毕竟绽放出过光芒，点亮过求知者心灵的灯光，重塑过读书人的精神世界，理应是研究典籍文明交流互鉴的不可忽视的素材。

《清朝探事》是日本享保年间（1716—1735）江户幕府儒官荻生北溪奉将军德川吉宗之命，通过居留长崎的深见有邻向清人朱佩章询问清朝之事、唐通事彭城藤治右卫门协助翻译而作成的问答书。① 虽存在多种传抄本，但终未雕版刊行。《清俗纪闻》是日本宽政年间（1789—1800）担任长崎奉行的中川忠英组织近藤守重、林贞裕等人向赴日清商询问中国风情习俗并记录汇编而成，后经津田永郁校订，宽政十一年（1799）刊刻于世。② 但其刊刻前的写本流通情况因缺乏存世文本，一直成谜。

关于《清俗纪闻》与《清朝探事》之间的关系，学界多推测《清俗纪闻》是作为《清朝探事》的续篇而编纂的，但未列举依据③。近年来，日本国立国会图书馆收藏的《续清朝探事》写本，引起学界关注。西田元子在对其内容进行绵密地分析后指出，该《续清朝探事》是《清俗纪闻》的草稿本，是作为《清朝探事》的续

---

① 葛继勇、许浩：《〈清朝探事〉研究》，上海社会科学院出版社2024年版。
② 李雪花：《江户时代〈清俗纪闻〉的编纂及相关问题研究》，《郑州大学学报（哲学社会科学版）》2021年第5期。
③ 中川忠英编：《清俗纪闻》，方克、孙玄龄译，中华书局2006年版，第6页。

第五章 《清俗纪闻》写本与稿本《续清朝探事》

篇而编纂的①。此外,日本东京大学图书馆收藏有《清俗纪闻》写本,却未有学者关注。

本文在先行研究的基础上,梳理《清俗纪闻》写本与刻本的异同,探讨写本的抄写年代;进一步考察《续清朝探事》写本的现状,究明《清俗纪闻》诸写本的渊源关系。

一、东京大学图书馆藏写本《清俗纪闻》

关于日本东京大学图书馆藏《清俗纪闻》写本(索书号:G30:792),该图书馆网站介绍如下:

> 出版者:书写地不明、书写者不明
> 出版年:江户后期
> 简　介:写本,据序首可知书名,序末有"宽政十有一年秋八月述斋林衡撰",内容有年中行事、宾客、丧礼、居家、生诞、冠礼、婚礼等。印记有岛田氏双桂楼收藏、南葵文库。

据此可知,该写本的内容包含《年中行事》《宾客》《丧礼》《居家》《生诞》《冠礼》《婚礼》等卷,为江户后期抄写。此外,还有《羁旅行李》一卷。虽然该写本封面写有"清俗纪闻　全"5字,但是根据《清俗纪闻》刻本收录的《年中行事》《宾客》《丧礼》《羁旅行李》《居家》《生诞》《冠礼》《婚礼》等卷篇幅来看,现存48叶(线装书的页张,1张纸为1叶,折叠成2页书写文字)、长25厘米的分量是不能抄写《年中行事》等八卷的所有内容。与《清俗纪闻》刻本相比,发现该写本不仅漏抄了部分条目内容,也缺少了诸多插图(参见"附表")。具体说明如下:

(1)《年中行事》卷中缺少诸多插图,且也存在条目内容漏抄、插图缺失等现象;插图仅有"全名帖""单名帖""封筒/请帖""招牌""忌辰牌""琴筝/见踢""封银

---

① 西田元子:《続清朝探事について——寛政年間における清国文物への関心——》,《参考書誌研究》1988年第34号。

锭包法/封袋/九条龙亭"等图。

(2) 后续抄录的是《宾客》卷,但其中不仅缺少"附录"等相关内容,也存在条目内容漏抄和插图缺失等现象;插图仅有"请帖""封筒正面式""书函略式""回答覆"等 4 幅。

(3)《宾客》卷后抄录了《丧礼》卷内容,其中缺失诸多插图,且漏抄诸多条目;仅有"斩衰前后/衾""棺材/提水盆/浴盆""七星板/盖/棺材架""大金纸"等插图。

(4)《丧礼》卷后抄录了《羁旅行李》卷的内容,但仅仅有"铺递、牙行、驿站"等词汇、"起马牌式"插图中的文字,以及"火牌""小差""散差""旅店""送别酒宴"条等 5 条内容。末尾抄写有"附旅行卷"的内容,但无插图。后续抄写的是"功课单"插图中的文字,属于《间学》卷的内容。

(5)"功课单"之后抄写的是《居家》卷的内容,但大都是"仪门""剪刀""包袱"等词汇,漏抄了诸条目内容,且仅有"篱笆""水盂""墨床""端砚""云锣/拨子/唢呐""小拨""象棋/琴"等插图。

(6)"包袱"之后抄写的是《饮食制》卷的内容,但大都是"茶""香萝卜""雪粉糕"等词汇,不仅漏抄了诸多条目内容,也无插图。

(7)"雪粉糕"之后抄写的是《间学》卷的内容,上述的"功课单"插图内容再次出现,此外还抄写了"放学""钦差""及第"等词汇,但漏抄了诸多条目内容,仅有"功课单""戒方""竹片""贽仪束修法""单帖""开馆票"的插图。

(8)"及第"之后抄写的是《生诞》卷内容,但仅有"肥瘦""肚带""稳婆""按摩""草纸"5 个词汇。之后的"糯米粳米"条等属于《饮食制》卷的内容,但仅抄写"熊掌""山查(楂)糕""茶"等词汇,漏抄了诸多条目内容,也无插图。

(9)"山查(楂)糕""茶"后写有《间学》卷首语"所谓间学,即在一乡中设馆,教授同乡子弟之场所"。之后抄写的是"教导""戒方""打手心"等词汇,但仅有"格纸"插图,属于《间学》卷的内容。"打手心"后续写有"襁褓""缠脚布""乳女""备办"等词汇,属于《生诞》卷的内容。但仅有"缠脚布"插图。

(10)"备办"后续抄写《冠礼》卷的内容,不仅漏抄了部分条目内容,也无插图;最后续抄写《婚礼》卷的内容,但无插图,且漏抄了部分内容。

第五章 《清俗纪闻》写本与稿本《续清朝探事》

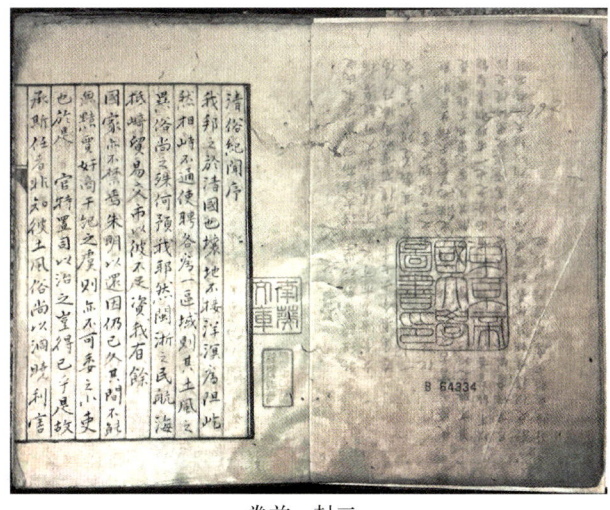

书衣

卷首、封二

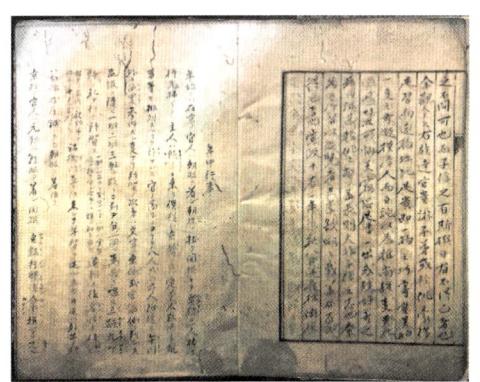

《年中行事》开头、序文末尾

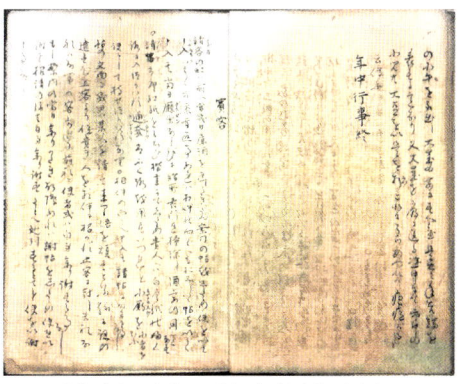

《宾客》开头、《年中行事》末尾

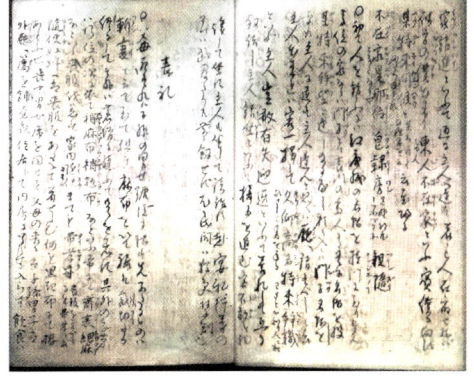

《丧礼》开头、《宾客》末尾

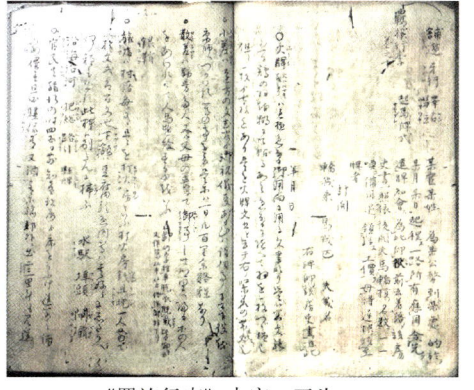

《羁旅行李》内容、开头

55

《居家》开头、"功课单"、《羁旅行李》末尾 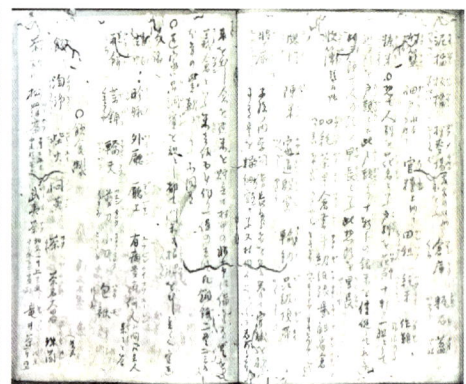　　《饮食制》开头、《居家》末尾

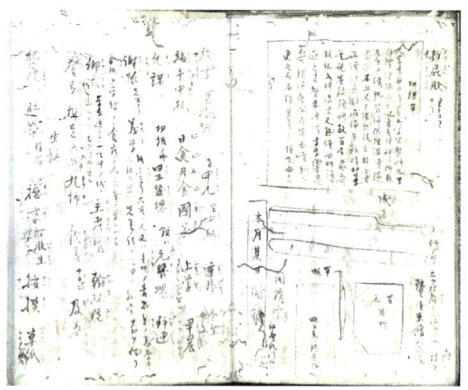

《生诞》开头、"功课单"等内容 　　《闾学》开头、《生诞》末尾

《冠礼》开头、《生诞》末尾 　　《婚礼》开头、《冠礼》末尾

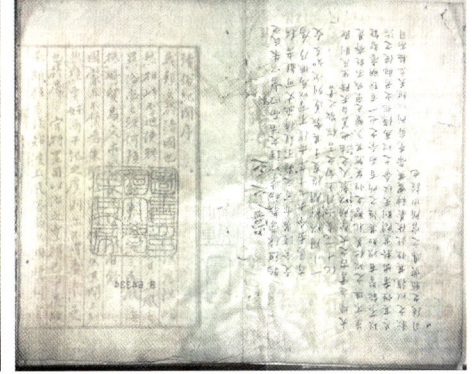

第五章 《清俗纪闻》写本与稿本《续清朝探事》

封三、《婚礼》末尾　　　　　　林述斋《序文》开头、封二背面

图 5-1　东京大学图书馆藏写本《清俗纪闻》

此外，需要注意以下几处：

(1) 此写本卷首钤有"岛田氏双桂楼收藏""南葵文库"两枚印章。其中，"岛田氏双桂楼收藏"为著名汉学家、儒学者岛田篁村(1841—1898)的藏书印。其曾任昌平簧助教、东京帝国大学教授，书室名为双桂楼，平生嗜好读书，所藏图书近2万册，其中10 237册为南葵文库购得。"南葵文库"为1902年纪州德川家主德川赖伦于东京府麻布区的自宅内设立的图书馆，大正十三年(1924)，所藏图书寄赠给东京帝国大学附属图书馆。

(2) 从《羁旅行李》卷的开头注明"羁旅行李　卷之十"来看，该写本的底本与刻本《清俗纪闻》相同，排列顺序为第十卷。另从《宾客》卷末尾注明"附旅行卷"来看，《羁旅行李》卷的内容排列在《宾客》卷之后。这与《清俗纪闻》刻本中《宾客》为第九卷是相符合的。

(3) 封二的背面书写有如下内容：

物徂徕尝教初学以译文法而曰尝以朱氏之文。余浅劣亦可之，虽不亲待，函文可观者犹存焉。去今六七十年亦复，不可以为憾。乃为一小册，以余间从事于其教，遂列次如左。文化十二乙亥六月上旬之吉保敬之书。

可知，封二的背面内容于文化十二年(1815)六月上旬书写。遗憾的是书写者具体情况不详。

57

从此写本抄录有"宽政十有一年秋八月"林述斋撰的序文以及《清俗纪闻》刻本最早被镌刻于同年八月来看,此写本的抄写时间在宽政十一年(1799)八月后。又因不会使用 16 年前的纸张粘贴在封面的背面,故很可能在文化十二年六月前后不久抄写的,底本或为《清俗纪闻》刻本。《清俗纪闻》刻本之前的写本,管见所及只有下述的日本国立国会图书馆藏《续清朝探事》。

二、国立国会图书馆藏《续清朝探事》写本

日本国立国会图书馆藏《续清朝探事》写本(索书号:わ382-5)的情况,国立国会图书馆网站介绍如下:

题目:续清朝探事
卷次·部编号:卷1—7,9—11,13
印章:中川家藏书印、帝国图书馆藏

据此可知,现存 11 册,缺卷八、卷十二。不过,西田元子指出,卷十二的首叶缺失,前半误缀入卷十三的卷末,后半误缀入卷七的卷末。

笔者核查第七册(卷七)、第十一册(卷十三),确认了卷十二的首叶缺失,前半误缀入卷十三的卷末,后半(缺最后一条内容)误缀入卷七的卷末。而后半的最后一条内容("孔庙")误缀入第十一册(卷十三)的卷末。因此可知,日本国立国会图书馆藏《续清朝探事》仅欠缺了第八卷,第十二卷被误装订入卷十三、卷七的卷末,导致现存写本只有十一册。

日本江户时代的著名文人画家谷文晁(1763—1841)《过眼录》"宽政九年三月"条载有"清朝俗间式十二册(中川飞弹守著,三月二十一日来)"[①]。"清朝俗间式"是《续清朝探事》的别名。其中多出的 1 册,很可能是第八册卷八。若如此,则可推测,在宽政九年(1797)三月,卷十二的前后两部分已分别被误装入此写本卷十三、卷七的卷末。

---

① 森铣三:《谷文晁伝の研究》,载野间光辰等编《森铣三著作集》(第 3 卷),中央公论社 1988 年版。

第五章 《清俗纪闻》写本与稿本《续清朝探事》

第七册书衣后的扉页墨书"续清朝探事 七",被认为是原本的形态。此写本的书衣为绀色,当为日本"帝国图书馆"工作人员改装时添加。因此,第十一册书衣的题签"续清朝探事 十一 止",也应是改装时工作人员书写的。从"第十一册前半部虫损严重"[1]的现状来看,此写本入藏日本"帝国图书馆"之后,工作人员在制作书写第十一册书衣的题签的同时,也对其纸张进行了修补。

现存十册(除第七册)的每卷首页均钤有"中川家藏书印",西田元子据此断定此写本为中川忠英的旧藏书。若如此,则此写本应是交给中川忠英审阅、保存的。不过,令人费解的是,书衣题签保持原本形态的第七册的首页未钤"中川家藏书印",而且卷十二的前后两部分分别被误装订入卷十三、卷七的卷末。

除上述卷十二被误缀之外,卷六也可能存在误缀的现象。一般来说,分娩准备和举行仪式等,应该从怀孕、分娩,再到一周岁的前后顺序排列,但此写本的排列顺序是一周岁、三十日、百日、三日。

此写本使用的是竖格纸,半叶10行,每行26—29字,注释为小字双行。首行楷书,字体略大。表示清朝事物的汉字,右侧用朱笔以片假名标注汉语语音,左侧以汉字和片假名标注日语含义。内容长的条目作为一个独立的词条编写,内容短的条目则多个词条写成一段。正文间有描绘在白纸(无边界竖格)上的插图,当白纸的另一半叶无插图时,则保持空白。同样,书写正文内容的竖格纸,当另1叶的内容虽仅抄写1—2行文字或者没有抄写文字时,也保持原有空格。故可以推测,在白纸绘图,与在竖格纸上抄写绘图对应的内容文字是分开进行的。插图的说明文字与正文字体不同,应该是绘图者书写的。

此外,在插图和正文中各有三处和一处附笺,对文字进行修改或位置进行更正。插图的三处附笺为:卷一"岁暮"条的插图附笺写有"年糕"二字,指示应该补充"年糕";卷五"功课单"条的插图附笺写有"功课单ノ三字図ノ前へ出ベシ/図中書入此文削ヘシ/図中 此文/別ヘシ(/为换行符。汉译:功课单三字应置于图前,删除图中写入的此文,图中此文置他处)"等内容,对图中的说明文字进行修改;卷九"宴席进行之顺序・催请"条的附笺写有"拿周ノ図此条かく(拿周之图写于此条)"等内容,从内容上看,此附笺应在卷六"周岁拿周"条的插图旁;

---

[1] 西田元子:《統清朝探事について——寛政年間における清国文物への関心——》,《参考書誌研究》1988年第34号。以下引用西田元子的观点皆来自此论文,不再一一标示。

正文中的一处附笺,即卷十三"道士"条的"清"与"节(西田元子把此字录为'带')"二字之间写有"にて"(指示应该插入"にて"二字)。

此写本卷一首页所钤之印"帝国图书馆藏"为1897年4月设置的日本国家图书馆"帝国图书馆"的藏书印,1947年12月改称"国立图书馆"。1948年6月日本国立国会图书馆开馆后,原"帝国图书馆"的大部分藏书由日本国立国会图书馆接管。根据卷一首页所钤"明治45.5.22购求"的印章来看,此写本入藏日本"帝国图书馆"的时间为明治四十五年(1912)五月二十二日。

遗憾的是,此写本前无序文、无附言、无总目,后无跋文。具体抄写时间等信息不明。

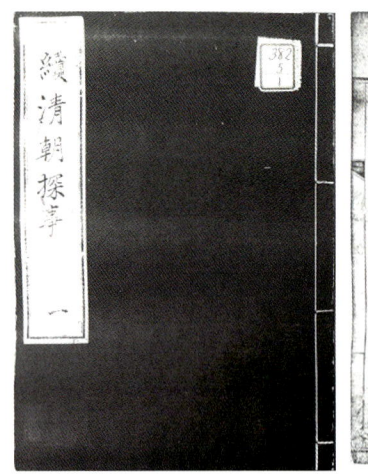

第一册(卷一)书衣 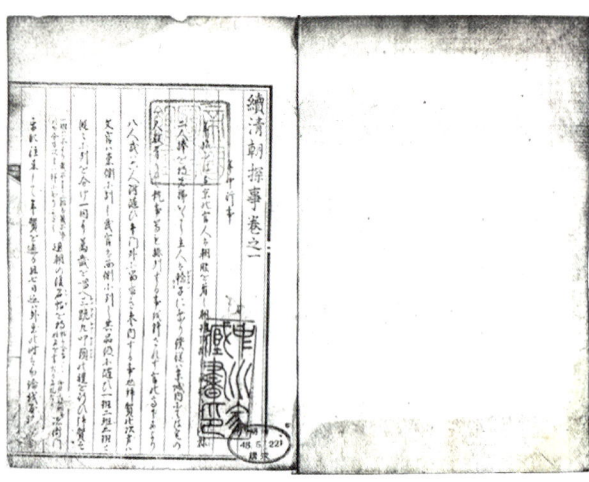　　　　　　第一册(卷一)首页、封二

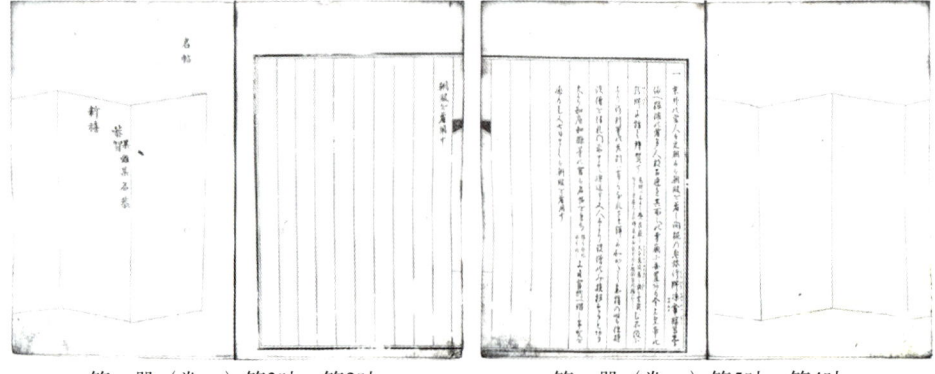

第一册(卷一)第3叶、第2叶　　第一册(卷一)第5叶、第4叶

第五章 《清俗纪闻》写本与稿本《续清朝探事》

第七册（卷七）书衣 　　第七册（卷七）原书衣 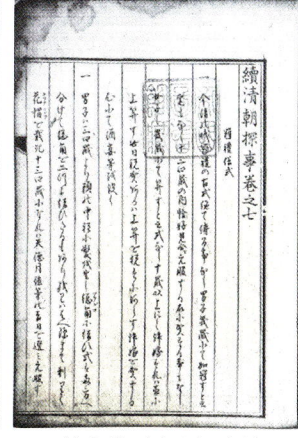　　第七册（卷七）卷首

第七册（卷七）《辫子、花帽、总角之图》（右半叶）

第七册（卷七）《辫子、花帽、总角之图》（左半叶）、《云髻、绣花、包搭之图》（右半叶）

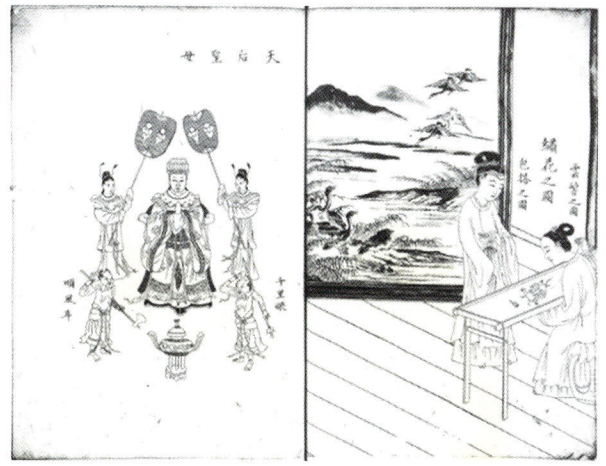

第七册（卷七）《云髻、绣花、包搭之图》（左半叶）
后误缀的卷十二《天后圣母》（左右写有"千里眼""顺风耳"）

《清俗纪闻》研究

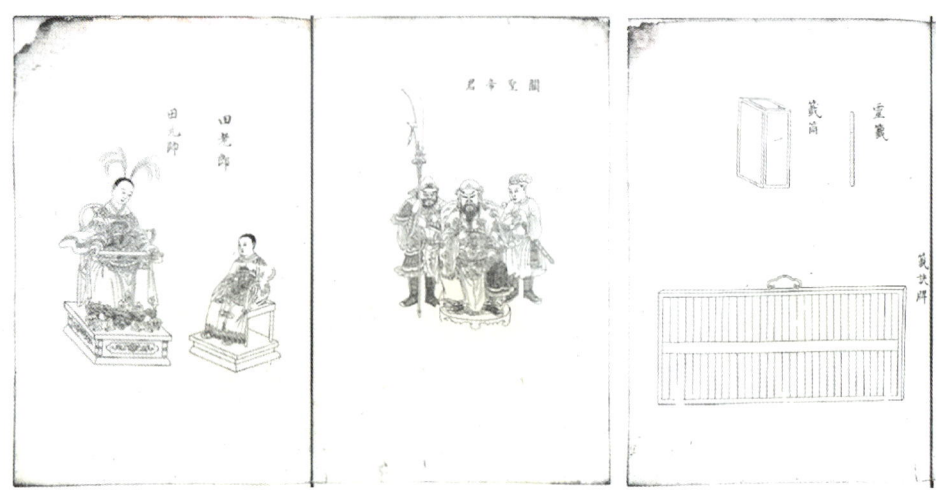

第七册（卷七）误缀的卷十二《田老郎、田元帅》《关圣帝君》《灵签 签筒 签诀牌》

第十一册（卷十三）书衣　第十一册（卷十三）首页　第十一册（卷十三）第3叶前半、第2叶后半

第十一册（卷十三）卷末误缀的卷十二
"祭祀先祖"条后半部分

第七册（卷七）误缀的卷十二
《家庙祭祀之图》（右半叶）

第十一册(卷十三)末尾误缀的卷十二最后一条"孔庙"

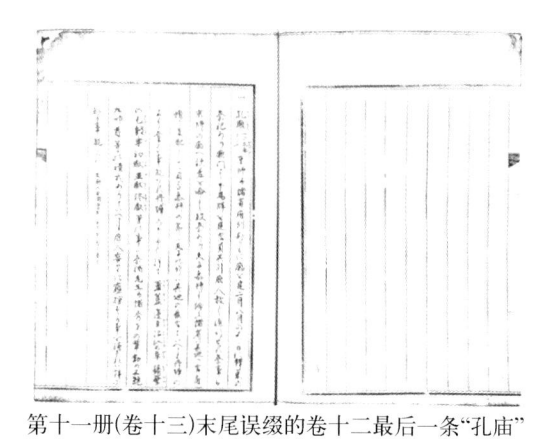

图 5-2 《续清朝探事》写本

三、《续清朝探事》的稿本——大田南亩抄写本

西田元子对比《续清朝探事》与《清俗纪闻》的内容,指出两者卷名的文字书写虽有异同,但内容几乎一样,插图也极为相似;插图中的三处附笺和正文的一处附笺指示修改的内容,都在《清俗纪闻》中得到修改,故将《续清朝探事》视为《清俗纪闻》的稿本。

《续清朝探事》写本缺序文三篇、附言、总目和跋。《清俗纪闻》收录的中川忠英《跋》载:"示诸林祭酒,请序其端,且请名书。祭酒名以《清俗纪闻》,且序而还之。"可知,林述斋建议更改书名为《清俗纪闻》。林述斋的序文载:"曩者,飞骅守中川君子信在任于崎也,厘务之暇,命译人询彼土风俗尚,探讨搜究,而丛为《清俗纪闻》,手自点定。(中略)宽政十有一年秋八月,述斋林衡撰。"另从中井曾弘于"宽政戊午七月朔"所做的序文未见书名《清俗纪闻》来看,书名从《续清朝探事》更改为《清俗纪闻》的时间当在宽政十年(戊午)七月至宽政十一年(己未)八月之间。也就是说,现存《续清朝探事》的抄写时间应该在宽政九年(1797)二月中川忠英离职长崎奉行返回江户之后、宽政十年(戊午)七月之前①。

---

① 李雪花:《江户时代〈清俗纪闻〉的编纂及相关问题研究》,《郑州大学学报(哲学社会科学版)》2021年第5期。

谷文晁《过眼录》"宽政九年三月"条载有"清朝俗间式十二册（中川飞弹守著，三月二十一日来）"。学者们多认为，此"清朝俗间式十二册"就是《清俗纪闻》[①]。宽政九年三月，谷文晁一直在江户探访古籍书画[②]。但从时间上来看，"清朝俗间式十二册"应该是中川忠英自长崎携归的稿本，或许当时还没有命名为《续清朝探事》而被称为"清朝俗间式"。从"来"字刻推测，在《续清朝探事》的前期编纂阶段，中川忠英送来稿本、请谷文晁对其中的画像进行指导。谷文晁、藤原光长《年中行事绘卷》（现藏日本国立国会图书馆）或许参考了"清朝俗间式十二册"。

谷文晁从小酷爱中国文化，学习汉文、汉诗，能熟练地掌握中国画的设色、泼墨技法，是江户文人画家的代表人物。宽政十年秋，儒学者中井曾弘返回大阪时，谷文晁曾参加送别宴会，并赠送画作"莲池蜻蜓图"[③]。中井曾弘、谷文晁与中川忠英三人应该相互熟知。

在谷文晁之后，著名文人大田南亩（1749—1823）也关注到《续清朝探事》，并抄录了相关内容。大田南亩于文化元年（1804）曾作为长崎奉行"众手付出役"（辅助官）赴长崎任职。作为狂歌师、剧作者、汉诗人，大田南亩的风格洒脱，作品多讽刺时事，与龟田鹏斋、酒井抱一、谷文晁、大洼诗佛等文人齐名。

大田南亩《续三十辐》卷六收录有《宾客礼俗式》和《间学礼俗式》。其中，《宾客礼俗式》末尾载："宾客礼俗式一卷，借钞于白山义学，宽政九年丁巳八月念六，杏花园。"[④]《间学礼俗式》末尾载："间学礼俗式一卷，借钞于白山义学，宽政九年丁巳九月尽，杏花园。右二礼俗式，今收在于《清俗纪闻》中，可并见。是及其未刻而所借钞也。文化戊辰中秋雨中，杏花园又识，时岁六十。"[⑤]其中，杏花园为大田南亩的号。

据此可知，大田南亩于宽政九年（1797）八、九月分别抄写了《宾客礼俗式》和《间学礼俗式》，抄写时间晚于谷文晁六个月。地点为位于江户的白山义学（今东

[①] 森铣三：《谷文晁伝の研究》，载野间光辰等编：《森铣三著作集》（第3卷），中央公论社1988年版、矶部康彦：《宽政年间の谷文晁》，载《人间発達文化学類研究紀要》2017年第25号。
[②] 矶部康彦：《宽政年间の谷文晁》，《人间発達文化学類研究紀要》2017年第25号。
[③] 同上。
[④] 大田南畝：《三十辐第二》，国书刊行会1917年版，第109页。
[⑤] 同上书，第117页。

京文京区)。《宾客礼俗式》和《间学礼俗式》,对应的内容分别为《续清朝探事》卷五、卷九。也就是说,《续清朝探事》携至江户后备受瞩目,被大田南亩等文人广为传抄。大田南亩于文化元年(1804)赴长崎任职后,频繁出入清商居住的唐馆,参观唐馆内举行的各种演艺、祭祀活动,并把亲身经历与《清俗纪闻》记载的内容进行比较。记录其在长崎停留期间活动的随笔《琼浦杂谈》(《大田南亩全集》第八卷所收)"文化二年二月二日"条所载观赏"双贵图剧"后,有如下记载:

> 按《清俗纪闻》:"土地宫(土神)称福德正神,即土地之守护神,乡里村落到处皆有土地神祠。大户人家则在自家建土神祠安置。庙宇按地面大小而有所不同。二月二日为土神圣诞日,需进行祭祀(神体为何名不详)。向庙内供奉三牲等供品,点香烛,由祠官奠酒祭祀。众人前来参拜,男女群集。云云。"

引文内容源于《清俗纪闻》卷十二《祭礼》"土地宫"条。德田武指出,《清俗纪闻》"是大田南亩滞留长崎期间的必携书籍,需要时参照。此处应该是其返回住宅后,从《清俗纪闻》中查询其访问场所的由来后,立即记录的"。[①]

《国立国会图书馆月报》第 232 号(1980 年 7 月发行)载:"大田南亩于宽政九年拜访近藤正斋,故得以抄写《宾客礼俗式》和《间学礼俗式》。"近藤正斋(守重)于宽政七年(1795)六月出任长崎奉行"手附出役",翌年协助长崎奉行中川忠英向赴日的清商调查清朝习俗;于宽政九年四月返回江户后,转任负责鉴定商业经营债务的要职"支払勘定方",翌年被任命为幕府特使,赴虾夷之地调查。因此可推测,宽政九年返回江户的近藤正斋,自长崎携归了《续清朝探事》稿本。

值得一提的是,明治三十八年(1905),松尾元长编《近藤守重事迹考》列举近藤正斋的著书中,名列第一的就是《清俗纪闻》;并指出:"守重博闻强识,爱读书,器实极高。初出长崎役中,著《清俗纪闻》。"[②]不过,近藤守重也交代是受长崎奉行中川忠英之命询问唐人所著:"长崎在勤之时,中川飞骅守差吾向唐人寻问唐

[①] 德田武:《大田南畝、島田翰と清朝文人》,日本大樟树出版社 2019 年版,第 14—15 页。
[②] 松尾元长编:《近藤守重事蹟考》,载《近藤正斋全集》第 1 册,国书刊行会 1906 年版,第 10、15 页。

土之风俗,绘图译书共八册,取题号为《清俗纪闻》,飞弹守开版雕刻刊行。"①

四、《续清朝探事》与《清俗纪闻》刻本、大田南亩本的内容比较

(一)《续清朝探事》与《清俗纪闻》刻本的内容比较

除每卷卷名外,《续清朝探事》与《清俗纪闻》在正文内容方面,也存在诸多差异。主要表现为:

(1) 在用纸方面,《续清朝探事》半叶 10 行,每行 26—29 字,正文内容抄写在竖格纸上,插图描绘在白纸上;而《清俗纪闻》半叶 11 行,每行 26—28 字,正文内容、插图均在有边界的纸内。

(2) 在用语方面,《清俗纪闻》更加平易化、简略化,接近当时的口语表达,并对《续清朝探事》中的误字、脱字现象进行了修改、增补(请参照译注篇的脚注)。

(3) 在用字法方面,尤其是变体假名、假名用法等方面,二者皆使用混乱,即使是《清俗纪闻》也未做到全部统一。

(4) 在书写字体方面,二者笔迹类似,抄写者或为同一人;在字体组合方面,如双行小字注释部分也基本一致。

(5) 在插图方面,二者均较为精致,但插图的说明文字存在差异,如《续清朝探事》卷一的插图"名帖"用 1 叶纸描绘,《清俗纪闻》卷一修改为"全名帖",且描绘在半叶纸上,并删除了原插图中部分字、调整了书写位置;另除了《续清朝探事》卷十二插图"田老郎·田元帅"被《清俗纪闻》简略之外,其余插图均见于两者,不过顺序、尺寸大小有所差异。

(6)《续清朝探事》五处附笺指示需要修改的内容,在《清俗纪闻》刻本中均得到了修正。

其中,据(5)可知,《续清朝探事》与《清俗纪闻》虽然大同小异,但从小异之处可以看出,《续清朝探事》与《清俗纪闻》刻本的原底本(写本)并非同本,应该是《清俗纪闻》原底本的稿本。

---

① 松尾元长编:《近藤守重事迹考》,载《近藤正斋全集》第 1 册,国书刊行会 1906 年版,第 6 页。

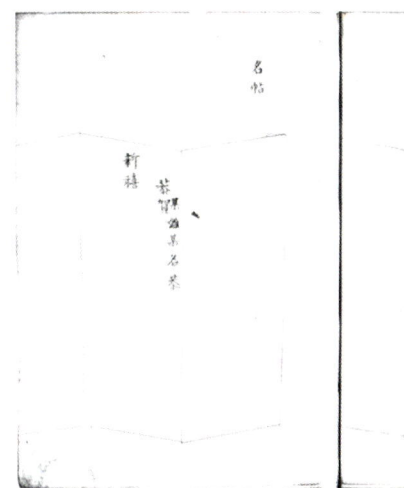

第五章 《清俗纪闻》写本与稿本《续清朝探事》

《续清朝探事》卷一的插图"名帖" 　　《清俗纪闻》卷一的插图"全名帖"

《续清朝探事》卷一的插图"封筒·请帖"

《清俗纪闻》卷一的插图"请帖·封筒"

图 5-3 《续清朝探事》与《清俗纪闻》在卷一插图方面的对比

67

（二）《续清朝探事》与大田南亩本《宾客礼俗式》《间学礼俗式》的内容比较

将《续清朝探事》与大田南亩《续三十辐》卷六收录的《宾客礼俗式》和《间学礼俗式》进行对照，可发现如下几点：

（1）大田南亩本《宾客礼俗式》未有插图，但在相关内容之后，书写有"诸帖式图（原书诸本缺图）""蜂猴图、卓帏图（原书诸本均缺图）"等相应的插图名称。从均写有"原书诸本均缺图"来看，底本没有插图。大田南亩本《间学礼俗式》也未有插图，但在"关约之式""功课单""开馆票"三处书写有相关文字说明。

（2）在用语、用字方面，与《清俗纪闻》卷五、卷九相比，大田南亩本《宾客礼俗式》和《间学礼俗式》更接近《续清朝探事》卷五、卷九；变体假名等使用方面与《续清朝探事》卷五、卷九几乎完全一致。但大田南亩本《间学礼俗式》正文中朱笔施加的唐音、和解与《续清朝探事》卷五存在差异。

（3）在卷名、正文内容方面，大田南亩本《宾客礼俗式》和《间学礼俗式》与《续清朝探事》卷五、卷九极为接近。但大田南亩本《间学礼俗式》正文有两项内容不见于《续清朝探事》和《清俗纪闻》卷五。

（4）《续清朝探事》卷五、卷九的两处附笺指示需要修改的内容，在《清俗纪闻》卷五、卷九中得到体现（进行了修正），但在大田南亩本《宾客礼俗式》和《间学礼俗式》仍保持原样（没有修正）。

（5）大田南亩本《间学礼俗式》末尾载有"凡例"两则，内容为："① 供奉于学馆的圣像使用土制作并着色，这是在苏州府虎丘制作并出售的。其他地方的学馆也供奉有此圣像，并有出售圣像之所。② 书生入门之日携带和气汤，多为江南地方之事。其他地方因人也有此事。"但在《续清朝探事》《清俗纪闻》中未见。

此外，大田南亩《续三十辐》卷六首页目录载"《宾客礼俗式》，长崎译司""《间学礼俗式》，同前"，但在《续清朝探事》《清俗纪闻》中未见"长崎译司"的表述。

西田元子指出，大田南亩本《宾客礼俗式》和《间学礼俗式》是早于《续清朝探事》的稿本，经过校订后正式抄写，其中一本就是日本国立国会图书馆藏本《续清朝探事》。笔者赞同西田元子的观点，仅补充一点。即，根据上述（5）写明编纂者"长崎译司"、（6）末尾载有"凡例"可知，大田南亩本《宾客礼俗式》和《间学礼俗式》所依据的底本应该是单独编纂成册的。

第五章 《清俗纪闻》写本与稿本《续清朝探事》

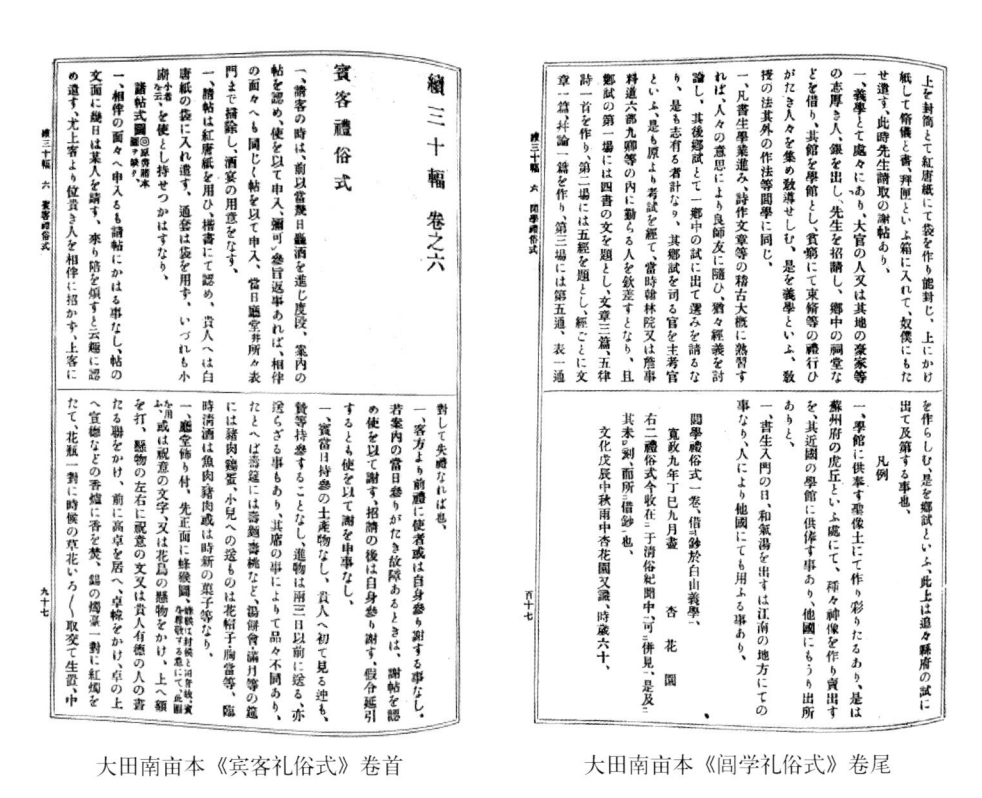

大田南畝本《宾客礼俗式》卷首　　　大田南畝本《间学礼俗式》卷尾

图 5-4　大田南畝本《宾客礼俗式》卷首与大田南畝本《间学礼俗式》卷尾

结　　语

综上可知，日本国立国会图书馆藏《续清朝探事》是《清俗纪闻》现存刻本的稿本，东京大学图书馆藏《清俗纪闻》写本的底本是《清俗纪闻》刻本。大田南畝本《宾客礼俗式》《间学礼俗式》又是《续清朝探事》的稿本。而谷文晁"过眼"的"清朝俗间式十二册"，应该是中川忠英自长崎携归的原始稿本（或其抄本）。它们之间的关系如下所示：

《清朝俗间式》（十二册，谷文晁"过眼"本）→大田南畝本《宾客礼俗式》《间学礼俗式》（近藤正斋携本的抄本）→《续清朝探事》（日本国立国会图书馆藏本）→《清俗纪闻》刻本的底本（写本）→《清俗纪闻》刻本（彩刻本、墨刻

69

本)→《清俗纪闻》现存写本(东京大学图书馆藏本)

上述多种阶段性文本以及传抄流播情况,表明《清俗纪闻》在编撰版刻的过程中备受世人关注。这些阶段性文本,对当时首屈一指的文人谷文晁、大田南亩等产生过深刻影响,是研究中国民俗流播日本乃至中日文化交流的绝佳案例。

今后有必要追踪《清俗纪闻》刻本的原写本,梳理其与《续清朝探事》的差异,究明还原《清俗纪闻》编纂的具体过程以及阶段性文本。

附表: 《清俗纪闻》刻本与《清俗纪闻》写本、《续清朝探事》比较

	《清俗纪闻》刻本	《清俗纪闻》写本	《续清朝探事》写本
林述斋序	有	有	缺
黑泽惟直序	有	缺	缺
中井曾弘序	有	缺	缺
附　　言	有	缺	缺
总　　目	有	缺	缺
卷　　一	年中行事	年中行事(缺少部分插图)	年中行事("金银锭·年糕"插图有附笺)
卷　　二	居家	居家(缺少部分插图、条目)	居家俗式
卷　　三	冠服	冠服(缺少部分插图、条目)	(缺卷题名)
卷　　四	饮食制(总目为"饮食")	饮食制(缺少部分插图、条目)	饮食制
卷　　五	闾学	闾学(缺少部分插图、条目)	闾学俗礼式("功课单""开馆票"插图有附笺)[＝大田南亩本《闾学礼俗式》]
卷　　六	生诞	生诞(缺少部分插图、条目)	生诞俗式(页码误缀)
卷　　七	冠礼	冠礼(缺少部分插图、条目)	冠礼俗式(卷末误缀卷十二后半部分)
卷　　八	婚礼	婚礼(缺少部分插图、条目)	(卷题名缺)("道士"条正文有附笺)

第五章 《清俗纪闻》写本与稿本《续清朝探事》

续 表

	《清俗纪闻》刻本	《清俗纪闻》写本	《续清朝探事》写本
卷 九	宾客	宾客(缺少部分插图、条目)	宾客礼俗式[＝大田南亩本《宾客礼俗式》]
卷 十	羁旅行李(总目为"羁旅")	羁旅行李(缺少部分插图、条目)	羁旅行李
卷十一	丧礼	丧礼(缺少部分插图、条目)	丧礼俗式
卷十二	祭礼	缺	缺卷题名、首页,其他部分误缀入卷十三与卷七末尾
卷十三	僧徒	缺	僧徒礼俗式(卷末误缀卷十二前半部分。正文有墨书添加的内容,多处受虫害破损)
跋	有	缺	缺

71

译注篇

序

序一

  我邦之于清国也,壤地不接,洋溟为阻,屹然相峙,不通使聘,各为一区域。则其土风之异,俗尚之殊,何预我耶。然闽浙之民,航海抵崎,贸易交市,以彼不足,资我有余,国家亦不禁焉。朱明以还,因仍已久,其间不能无黠贾奸商干纪①之虞,则亦不可委之小吏也。于是,官特置司以治之,岂得已乎。是故,承斯任者,非知彼土风俗尚,以洞晓利害情伪之所在,则亦无以宣我之政,而服彼之心焉。此则其所当留意也。曩者,飞驒守中川君子信在任于崎也,厘务之暇,命译人询彼土风俗尚,探讨搜究,而丛为《清俗纪闻》,手自点定。自节序之仪、吉凶之礼、舆服之制、黉舍之法,以至居室、饮馔、器财、玩具、日用、人事之微,旁逮缁黄之俗,部分胪列,猎采罔遗,洵称综该矣。后之官于崎者,留意是书,则可以免彼此枘凿②之患,而所为皆中窾矣,岂曰小补乎哉。子信,余忘年交也。天资高朗,夙耽③坟籍,其才之学之优,将大有所为。顾此等编纂琐琐末事,原无须揄扬,但其一任不苟,必期拔本塞源,如此则佗④所注措可知也。宜乎政绩烜赫,物望归焉,才踰两载,累被擢迁也。抑夫海西之国,唐虞三代亡论也,降为汉、为唐,其制度文为之隆尚,有所超轶乎万国,而四方取则焉。今也,先王礼文冠裳之风,悉就

---

① 干纪:违犯法纪。语出《左传·襄公十二年》:"干国之纪,犯门斩关。"
② 枘凿:《楚辞·九辩》:"圜枘而方凿兮,吾固知其龃龉而难入。"《史记·孟子荀卿列传》:"持方枘欲入圜凿,其能入乎?"枘、凿,榫头与卯眼。枘圆凿方,或枘方凿圆,难相容合。后因以"枘凿"比喻事物的杆格不入或相互矛盾。
③ 耽:中川忠英编著《清俗纪闻》(方克、孙玄龄译,中华书局2006年版,以下简称中译本)作"枕"(zhěn),错讹。参见中译本第1页。耽(dān),爱好;专心于。
④ 佗:中译本作"他",参见中译本第1页。此处,"佗(tuō)"与"他"同义。

扫荡；辫发腥膻之俗,已极沦溺。则彼之土风俗尚,寘之不问可也。而子信之有斯撰,自有不得已者也。余观今之右族达官贵游子弟,或轻佻豪侈是习,而远物珍玩是贵。即一物之巧,寄赏吴舶；一事之奇,拟模清人,而自訑①以为雅尚韵事,莫此过焉。吁亦可慨矣。窃恐是书一出,或致好奇之癖滋甚,轻佻之弊益长,则大非子信之志也。余为之序并以告览者,其②岂欲呶呶哉,盖亦有不得已者也。宽政十有一年秋八月,述斋林衡③撰。

吉田直躬书④

序二

中君⑤子信之尹琼浦⑥,敷化之暇,命译史就清商于馆,问彼民俗吉凶之仪节及其名称度数,即使侍史国字记之,又命画师一一图之,编次成书,名曰《清俗纪闻》。为卷六,分部十三。夫国于天地而有与立焉,日月彝伦⑦推诸四海而无所不准,则奚⑧必华贵而夷贱哉。然必推中国而华之以贵之者,以其三代圣⑨王之所国,而礼乐文章非万国所能及也。而今斯编所载清国风俗,以夏变于夷者,十居二三,则似不足以贵重。然三代圣王之流风,余泽延及于汉唐宋明者,亦未可谓荡然扫地也。又清商之来琼浦者,多系三吴之人,则其所说,亦多系三吴之风俗,乃六朝以来故家遗俗确守不变者,就斯编亦可以⑩见其仿佛也。我东方古昔盛时,聘唐之舶留学之员传乎彼而存乎此者,乃皆三代圣王之礼乐。则今日民间

---

① 訑(tuó)：中译本作"诧"(chà)。参见中译本第2页。訑,期谩。
② 其：中译本无"其",参见中译本第2页。
③ 述斋林衡：江户后期儒学者。名衡,字德诠,号蕉轩。美浓岩村藩主松平乘蕴之子。奉幕府之命,为继承血统断绝的林家,成为林信敬的养子,后任大学头。一生致力于幕府教育事业。
④ 吉田直躬书：此五字,中译本、东京大学图书馆藏写本未见。参见中译本第2页。吉田直躬,江户时代著名书法家,1794年春,曾在大学头林述斋率领下参与抄写足利学校收藏的《礼仪正义》献给幕府。近有学者张闶认为吉田直躬撰写了序文。参见张闶：《清代剃发政策再论——兼与鱼宏亮先生商榷》,《清华大学学报(哲学社会科学版)》2021年第3期,第85页。当讹,吉田直躬应是抄写了此序文。
⑤ 中君：指本书编者中川忠英。"中"即姓氏"中川"之略写。
⑥ 琼浦：此处指长崎。
⑦ 彝伦：常理；常道。
⑧ 奚：什么,何。晋·陶渊明《归去来分辞》："复奚疑。"
⑨ 圣：中译本作"盛",当讹。参见中译本第3页。
⑩ 以：中译本无"以"字,参见中译本第3页。

通行礼俗,有不与彼变于夷者,同也。有志于讲礼①正俗者,彼此相质而折其衷,则中君之此举,未必无补于世教也。岂可以余闲笑玩视之哉。顷剞劂②,氏请而公诸世,君俾予题其首。宽政己未秋九月,雪堂黑泽惟直③撰。

冈田显忠书④

序三

中川使君之奉职于长崎也,布政视事,勤且劳矣。偶有暇日,则差舌人⑤、绘工数名,就清客于馆,咨询其民间动作、礼节、名物、象数⑥,随而记之,又随而图之。一周岁而数十百反,使君手亲选择取舍,叙次编之,分十有三部⑦,合成一书。初清客之受问,私舌人曰:"臣等小人,生长闽浙,其所能诵特闽浙之俗耳,名物、象数亦唯闽浙矣。若夫清之广莫,方不同俗,俗不同物,恶⑧能其他之及哉。北京、盛京之间,民俗名物,其为满也纯矣。西南方或大满而小汉矣。其小满而大汉,可以观唐宋遗风者,独有闽浙而已。然则明府⑨今日之求不必他及邪,臣等亦不能他及也。"盖使君之有斯举也,其意有二:西陲⑩之政,回易⑪莫重焉。清之客,犹我之民矣。非审其风俗,明其好恶,察其情伪,不可得而治也。斯书而成,后之奉职者长官小吏,咸将知所向焉。一也。诵法圣贤,究博致远,细大弗遗

---

① 礼:中译本作"理",参见中译本第3页。
② 剞劂:雕版;刻印。
③ 雪堂黑泽惟直:江户时代中后期儒学者。黑泽雉冈之子,继父之后任田安家侍读,后任昌平黉番员长。名惟直,字正甫。
④ 冈田显忠书:此五字,中译本未见。参见中译本第3页。冈田显忠,通称季太夫、多门。曾任田安御近习番头。
⑤ 舌人:古代的翻译官。
⑥ 象数:《周易》中凡言天日山泽之类为象,言初上九六之类为数。象数并称,即指龟筮。《左传·僖公十五年》:"龟,象也;筮,数也。物生而后有象,象而后有滋,滋而后有数。"杜预注:"言龟以象示,筮以数告,象数相因而生,然后有占,占所以知吉凶。"
⑦ 分十有三部:中译本作"分有十三部",参见中译本第5页。
⑧ 恶:古同"乌",疑问词,哪,何。
⑨ 明府:官府。此处指长崎奉行。
⑩ 西陲:此处指长崎。
⑪ 回易:交易,指以物易物。

77

者,民俗、名物固不可以不参诸后世,而草野琐屑罔有详载,不亦阙事乎。斯书而成,后之学者其或捃什一于千百焉。二也。夫清客通于我,居址不一,而闽浙之民实什之九,则吏者之用,闽浙而足矣。民俗名物可以参于经传者,要在于唐宋,则书生之需,亦闽浙而足矣。纯满大满,我于何有?夫如斯,使君今日之求果不他及也,客之不能他及,亦复奚伤。

宽政戊午七月朔,蕉园处士津国中井曾弘①序于江都锦林客舍。②

---

① 中井曾弘:名曾弘,字伯毅。江户时代中后期儒学者。中井竹山之子。宽政九年任大阪怀德堂学主。宽政十年(戊午)春夏之际赴江户,秋归大阪。在江户期间,受邀为《清俗纪闻》撰写此序文。
② 东京大学图书馆藏写本未收录黑泽惟直序、中井曾弘序。

附　　言

　　〇本书乃询问崎阳(长崎)在住清人彼国民间风俗,以本邦语言记录而成。古来清国东西风异,南北俗殊,切不可误认为此书所载乃清国普遍之风俗。今至崎阳之清人多来自江南①、浙江,故应知此书所录多为江南、浙江之风俗。

　　〇本书图绘乃吾遣崎阳画师至清人旅馆随闻而绘。如有少许相违之处,清人即正之,或多作图,以示之。再三问答,始得事之全委,见者切勿生疑。

　　〇以片假名附于右侧者为唐②音,以平假名附于右侧者为本邦读音或和训。附于左侧者为和解之假名。但左无和解、右有唐音者,则在左侧附本邦读音或和训。和解之假名,原为通事所写,多为长崎用语。间有脱漏之处,为方便儿女阅读而补之。故虽一事而和解之语不同,请读者察之。

　　〇吉凶丧祭、年中行事之类,乃居留崎阳清人日常所事,足可见其大略。器械、玩物之类,也多为舶载至本邦者。吾亲见之物,图中过半,以此可类推而知其余也。

　　〇答问仅一年,且公务繁忙,无暇顾及,故遗漏之处颇多。后至崎阳之人补其所阙,乃吾之所望也。

---

　　①　江南:清朝初期,江宁省即如今江苏、安徽的统称。
　　②　唐:中国之代称,意为清。用"唐"来指代当时的中国王朝的称呼,在唐王朝灭亡之后,仍为后世沿用,即使是往来于中日之间,对中国王朝更迭熟知的僧人、商客也不例外。至江户时代仍未消失,反而更为流行。在当时,来自中国的人、物均冠以"唐"名,如"唐船""唐屋""唐本""唐通事"等。

总　目

礼帙

  卷之一　年中行事

乐帙

  卷之二　居家

射帙

  卷之三　冠服

  卷之四　饮食①

  卷之五　闾学

御帙

  卷之六　生诞

  卷之七　冠礼

  卷之八　婚礼

书帙

  卷之九　宾客

  卷之十　羁旅②

  卷之十一　丧礼

数帙

  卷之十二　祭礼

  卷之十三　僧徒

            总目终

---

① 饮食：卷四正文作"饮食制"，中译本作"饮食制法"。
② 羁旅：卷十正文作"羁旅行李"，中译本、日译本（即孙伯醇、村松一弥编《清俗纪闻》，平凡社1966年版，以下简称日译本）均作"羁旅行李"。

卷之一　年　中　行　事

○年初，在京官员着朝服，挂朝珠①。主人坐轿，以皂隶②二人持棍先行开道。此称为"开棍"。在京城内，仆从有定数，执事③等不得列队随行。朝拜时，依官位高低，可带随从八人或六人，但须留置于午门④外。朝拜顺序为：文官列于东侧，武官列于西侧。并按品级分列成一班、二班、三班，同声高呼万岁，行三跪九叩首之礼朝贺（一班由一品至几品等，二班至几品，分列次序，不可详知）⑤。退朝后，持名帖（帖为全帖，即在红纸上书写贺词及姓名的名片）往来于诸衙门之间，相互道贺新年。正月初七以前，不仅外出时，即使在自宅也需穿朝服。

○元旦，京外官员也穿朝服，开棍的皂隶和持行牌、凉伞、旗等随从人员列队开道，前呼后拥，赴各地寺庙，于寺庙中安置

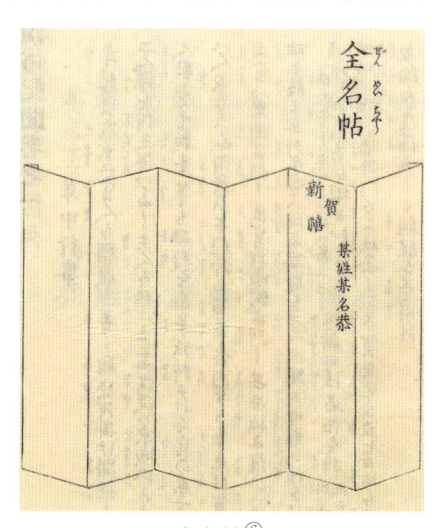

全名帖⑥

---

① 朝珠：清代朝服上佩带的珠串。状如念珠，计一百零八颗。珠用东珠（珍珠）、珊瑚、翡翠、琥珀、蜜蜡等制作，以明黄、金黄及石青色等诸色绦为饰，由项上垂挂于胸前。朝官，凡文官五品、武官四品以上，军机处、侍卫、礼部、国子监、太常寺、光禄寺、鸿胪寺等所属官，以及五品官命妇以上，才得挂用。根据官品大小和地位高低，用珠和绦色都有区别。其中东珠和明黄色绦只有皇帝、皇后和皇太后才能使用。
② 皂隶：古代贱役。后专指旧衙门里的差役。
③ 执事：仪仗。《醒世姻缘传》第一回："买了副执事，刻了封条，顺便回家到任。"《儒林外史》第一回："次早，传齐轿夫，也不用全副执事，只带八个红黑帽夜役军牢。"
④ 午门：亦称"午朝门"。帝王宫城的正门，即北京紫禁城的南门，是群臣待朝或候旨的地方。
⑤ （）内的内容乃原文双行注释文字，文中用括号标示，下同。
⑥ 全名帖：红纸六折，折叠后放入封筒。第二面写有姓名。图中乃贺年所用。

81

之当今皇帝龙牌前拜贺(龙牌为木制,庄严写有"天子万岁万万岁",安放于每座寺庙的大佛前,未建造专门的殿阁等安置)。因品级不同,排列顺序有别,但详情不可知。官员参拜龙牌时,住持率执事僧等至门前迎送。但依据来者身份,也有仅派遣执事僧接待之情况。参拜龙牌后,知府、知县等官员持名帖(帖为全帖,同前),拜谒上司衙门祝贺新年。穿朝服也同样至正月初七。

○元旦,官员及平民皆穿着整齐,礼拜天地(平民也祭拜天地,此乃古来传统。据说是为感谢天地之恩)。然后,参拜家庙神主及父母。家中奴仆也穿新衣拜主人,但不许着外套。家庙中供奉有香花灯烛及盛放在陶瓷碗、碟、盅等器皿中的年糕、点心、茶、饭、酒及橘子、菱子、龙眼肉等物品(年糕的做法,见于年底制作年糕的注中)。礼拜完毕后,沿喜神①方向退出(喜神即惠方②),再赴神庙、寺院参拜。寺院中虽备有香烛,但大家多自带香烛参拜。总体来看,寺中多不设水盥,故参拜者需在家中洗手后前去。但若需要用水,也可向寺中乞用。初三之前,持名帖往亲戚朋友家等拜年(帖为单帖,为红纸上写有祝词及姓名的名片)。朋友之间于门口道贺,至亲好友则以酒、年糕等相互款待祝贺。一些地方也酿制屠酥③酒(江南、浙江一带无饮用者,故不知其制法),在家中饮用,有时也供客人享用。大户人家十五以前拜年送礼,要率随从二人或三人。倘若路远,则乘坐轿子或骑马。来客之内,若有空腹者,主人除提供类似日本火锅的暖锅④料理外,还以小菜八碟款待。各种食品如下:

○暖锅:绿豆面、鸡、鸭、肉圆、香菇、冬笋、火腿、海参、鱼翅。

上述食品放入暖锅内煮熟,趁热品尝。

○小菜:鱼、火腿、腌蛋、虾米、腌萝卜、煎排骨、青果、红枣。

上述暖锅、小菜所用的食品并无定式,可视情况增减。此外,也无日本年初食用的杂煮汤之类的食品。

---

① 喜神:算卦的人所说的吉神。东方喜神,在明末清初的苏州,皆指葛成(葛贤)。喜神方位:甲、己日在寅位和卯位,乙、庚日在辰位和戌位,丙、辛日在申位和酉位,丁、壬日在午位和未位,戊、癸在巳位和亥位。

② 惠方:即"惠方神",也叫年德神、岁神、岁德神。

③ 屠酥:亦作"屠苏"。古代风俗,于农历正月初一饮屠苏酒。

④ 暖锅:烧煮菜肴并使其保持相当热度的用具。

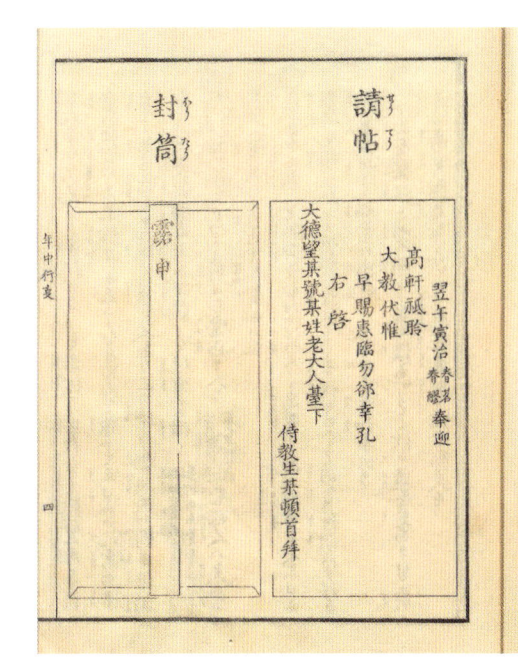

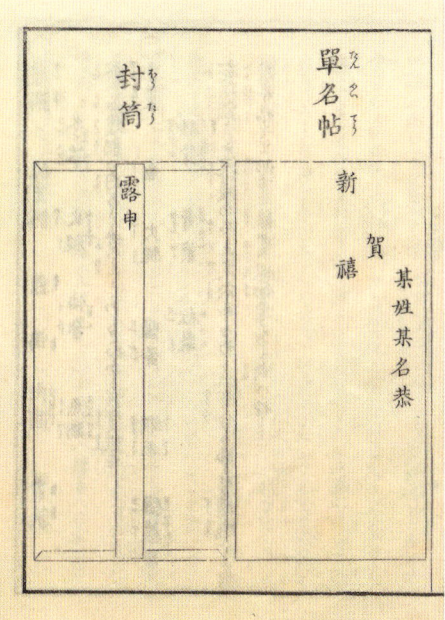

单名帖　封筒　请帖　封筒

［请帖上写有："翌午寅治春茗①／春醪 奉迎高轩祗聆大教伏惟　早赐惠临　勿却幸孔②。右启大德望③某号某姓老大人台下，侍教生④某顿首拜。"］

○元旦试毫，把吉祥的文句写在红纸上。为便于元旦频繁使用，而于除夕前备齐。总体来看，元旦吃素食者较多，为一年之始需小心谨慎之故。初三前后，开始请吃春酒⑤或新年喜酒，皆设酒宴款待亲朋好友（菜肴因身份贵贱而有差别，无固定菜谱）。于酒宴前一天送上请帖（亲戚同辈之间用单帖）。妇女不参与宴会，只往娘家拜年行贺。

○商店自元旦取下招牌，只在店内进行买卖。于开市之日挂出招牌。当日，

---

① 春醪：春酒。晋陶潜《拟挽歌辞》载："春醪生浮蚁，何时更能尝？"
② 幸孔：幸甚。孔，大。
③ 大德望：对男性长辈的尊称。
④ 侍教生：学问上后辈对前辈的尊称。多用于名帖或其他书面文字中。多出现明代史料中。明王世贞《觚不觚录》："御史于巡抚，尚犹投刺称晚生侍坐也。辛卯以后，则金坐矣，寻称晚生侍正坐矣，又称侍教生矣。已而与巡抚彼此俱称侍生矣。"沈德符《野获编·内阁·古道》："惟京卿尚有之，侍郎则称年晚生，尚书则仅年侍教生。"亦作"侍教"。
⑤ 春酒：冬酿春熟之酒，亦称春酿秋冬始熟之酒。泛指春节期间的饮宴。

《清俗纪闻》研究

为祝开市之喜,设酒宴款待伙计及生意伙伴。行船外出者,则选择适合出行之日登船出发。

○盘点货物,称为"盘账"。不仅包括开市前后,连前年经营所得及存货数量等皆核算在内。

○医家于神农像前供奉年糕、点心、水果,进行礼拜,至初六撤下。无设酒席宴请亲友之事。

○正月初七称为"人日"、初八称为"谷日"、初九称为"豆日"、初十称为"绵日"。据说此四日如天气晴和,则为丰收之年。正月初七据说是人类始生之日,故称为"人日"。生活在浙江一带的人们用秤测量体重,此称为"秤人"。江南一带则在立夏当日称量体重,据说是为防止夏瘦。

招牌①

○正月十三称为"上灯",十五称为"元宵",十八称为"落灯",此六日称为"灯夜"。自正月十三夜晚开始,家家户户在门前点起灯笼。官府、富户不仅在门前,而且在堂上或楼上等处结彩,以红绉绸悬挂四方,绸之两端从房柱或上槛垂下,到处都呈花状。点燃并挂起各种花样灯笼(灯笼用纱、绉绸、罗或硝子、串珠、羊角等制成),摆设酒宴庆祝。有些家庭还吹奏丝竹取乐。

○灯夜期间,于市中空地搭台做戏。又城中大道大户富家居住之处,用竹竿把道路两边的房屋接连起来,遮以布幔,并用麻绳垂下作各种装饰,制作成灯棚,挂上点燃的灯笼。此外,年轻人在街上舞弄龙灯、马灯、狮子灯等以及呈鱼、鸟等各种形状的行灯(用竹条扎成架,以纸糊成,涂有彩色,内点有数根蜡烛)。敲锣打鼓,高举灯笼遍

彩灯

---

① "招牌"上写:"松茂号芝织绸缎发贩。"松茂号芝织绸缎:松茂,比喻繁盛、生机盎然,此乃店号名称;芝织,定制。

街游弋。因情趣各异，打扮装束有所不同。龙灯长达四、五间，灯内燃数十只蜡烛，由数人传递争相舞弄。上述众多行灯，常赴大户人家或知音朋友处舞弄。时有赏赐酒宴、赏银之事。诸衙门平时禁止平民随便出入，但在正月十五上元之夜，为了观赏灯笼而允许出入，此称为"放夜"①。特别热闹，至正月十八落灯之夜结束。

○持有祖先画像者，自除夕起悬挂于堂上，初一至初三供奉供物。正月十五也需上供，落灯之日撤下。

○每月一日和十五日，天子出便殿②，诸官员身着朝服，上朝拜贺。在外的官员则赴寺庙，参拜龙牌。庶人除年初外，每月一日、十五日以及五节句④等日巡礼拜贺之事无定式。

灯笼③

○皇帝圣诞日，大小官员如年始一样须穿朝服参拜。京外官员亦前往寺庙参拜龙牌。元旦、冬至、圣诞称为"三大礼"。

○每月国祭，自太祖高皇帝开始，历代皇帝和皇后忌辰之日，诸衙门均闭门，置案于门前，案上置写有某皇帝、皇后忌辰的牌位。诸官员素服，终日不理政务。民间也禁止做戏及敲打锣、鼓等乐器。

○每月一日和十五日供香烛、点心等物于祖先牌位前礼拜，又于开祖考妣及祖考妣、显考妣之生诞日，悬挂其画像于厅堂，供香烛、三牲等祭奠（三牲为鸡、羊、猪，此略为鸡、鱼、猪肉）。

---

① 放夜：旧时都城有夜禁，街道禁止通行。唐代起正月十五夜前后各一日暂时弛禁，准许百姓夜行，称为"放夜"。
② 便殿：正殿以外的别殿，古时帝王休息消闲之处。
③ 灯笼上的诗文为"水抱孤村远，山通一径斜。不知深树里，还住几人家。"旁侧饰山水画。该诗名为《山居》，明诗人刘球（1392—1443）所作。刘球，字求乐，后更字廷振，安福人。永乐辛丑进士，授礼部主事，改翰林侍讲。以忤王振，矫旨下狱死。景泰初，赠翰林学士，谥忠愍。有《两溪集》一首。
④ 五节句：指人日、上巳、端午、七夕、重阳五个节日。

85

《清俗纪闻》研究

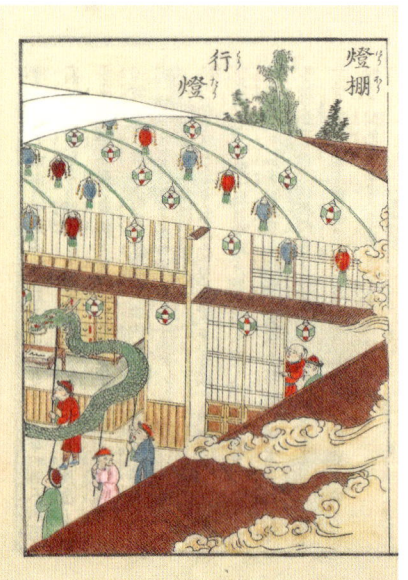

灯棚①　行灯

忌辰牌②

---

① 灯棚：装饰有各种各样灯笼的棚子，图中央乃为"耍龙灯"，把用纸糊成的龙举起舞弄，以之戏珠。图左边为"舞马灯"，把用纸扎成的马系在腰间，驱马前行。
② 忌辰牌：官府中所立历代皇帝忌日的位牌。

○正月十五为"天官诞辰",七月十五为"地官诞辰",十月十五为"水官诞辰"。此三尊称为"三官菩萨"。每逢此三尊诞辰日,众人至寺院参拜。因天官为赐福、地官为赦罪、水官为解除火灾之佛,故尤受世人信奉。也有人在家中供物,进行祭奠。

○每月二日、十六日,祭五路财神(以赵玄坛①为主神,配以招财、招宝、利市、纳珍四神),称为"迓福"。每家供三牲、香烛等物,或前往神庙参拜。因是职掌钱财之神,故倍受诸商人信奉。

三官菩萨

○正月、二月、三月时,儿童放纸鸢(纸鸢一名鹞子,有玩偶、蝴蝶或鱼、鸟等各种形状,大小不一)。将竹条弯成弓状,并以宽二三分的纶子、纱绫等布条为弦,绑于纸鸢头上,放起后受风而鸣,故号为"风筝"。将鸡毛三、五根插入钱孔中,用绸绢包扎,做成见踢,儿童踢之以为游戏。

○二月二日为土地神生日,家家供香烛、供物。也有赴神庙参拜者。庙前多搭台做戏。

○二月上旬丁日,诸官员至各自州、府、县之圣庙,行释菜②之礼。不许庶人前来参拜。

○二月十二日为百花生日,此称为"花朝"③。每省建造之花神庙(花神共十三位,正月花神手持梅花,二月持杏花,三月持桃花,四月持蔷薇花,五月持石榴花,六月持荷花,七月持秋海棠④,八月持桂花,九月持菊花,十月持芙蓉,十一月

---

① 赵玄坛:中国民间所祀财神。名公明,因道教神话中封正一玄坛元帅,故名赵玄坛,又名赵公元帅。其名始见于晋干宝《搜神记》及梁陶弘景《真诰》。本为五方神,后传说他能保病禳灾,主持公道,买卖得利,乃成为财神。旧时各地多有玄坛庙,其像黑面浓须,武装置鞭,身跨黑虎。每年正月初五为其生日,故商家皆于此日祀之。

② 释菜:亦作"释采",古代入学时祭祀先圣先师的一种典礼。也指君临臣丧时入门前向门神致礼的仪式。《仪礼·士丧礼》:"君释采,入门。"郑玄注:"释采者,祝为君礼门神也。必礼门神者,明君无故不来也。"《礼记·丧服大记》:"君至,主人迎,先入门右,巫止于门外,君释菜。"郑玄注:"释菜,礼门神也。"

③ 花朝:即"花朝节"。旧俗以农历二月十五日为"百花生日",故称此日为"花朝节"。

④ 秋海棠:日本国立国会图书馆藏《续清朝探事》(索书号:わ382-5)作"秋海堂",当讹。

《清俗纪闻》研究

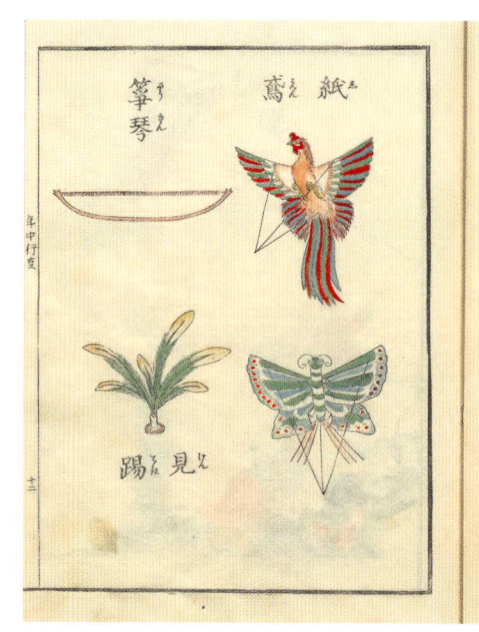

五路财神　纸鸢　筝琴①　见踢

风筝②　见踢

---

① 筝琴：像风筝那样发出声响的弓。
② 图中蝴蝶形的风筝上附有会发声响的筝琴。

持山茶花,十二月持腊梅,闰月持牡丹花。但花神像不可详知)中皆有祭祀活动,众人前去参拜。此外,家有花园者,则于庭中设桌案,供点心及时令水果、香炉以祭花神。并于当日将平时贮存的各色裁衣余剩小片,束于园中的树枝上。据说可能使花鲜美、果丰实。

○二月十九日是观音菩萨诞辰。因是众人信仰之佛,故自带香烛,前去参拜。

○上巳日,家家在大门及灶上、床上等处插荠菜花,据说可以防蚁。

○三月清明之日,家家在大门上插柳枝,据说是为了不生诸虫。

○三月清明节扫墓(一名扫祭)。不论贵贱,同姓一族皆赴祖先墓前拜祭。把三牲及盛放点心、水果等物的器皿置于桌上,焚香燃烛,洒酒祭奠,并焚烧冥衣、大金(冥衣为画有衣服的纸张,大金为贴有金箔的纸张,为向鬼魂馈送衣服、金银之意)。礼拜完毕后,携供品至附近荒野,家有祠堂者则赴祠堂,举办酒宴。杭州一带也有在西湖泛舟游玩者。官员无须穿朝服,众人可随意坐轿或乘马,随从人数依贵贱而不等。全家老少扫墓时,妇女多不去。但出嫁当年,须到夫家墓地参拜。自翌年起,则无须前往参拜。京内外同样,儒生也无不同。家庙中也供物,祭奠之式与年初相同。

○清明期间,诸州县皆奉敕命,请当地城隍神像至轿中(对知府、知县等自古以来有厚德者,后人视其为本地的守护神,依敕命建庙安置。此称为"城隍庙"。各地有某地城隍皆为某代某官之传说,各不相同。神像为木制,头及手足皆可活动。衣冠等则按该人在世时的品级制作。因处于城隍之中,故称为"城隍庙"),前鸣锣,后立行牌两对(行牌为长约二尺五寸、宽约一尺七寸的漆制木板,下有约三尺长的柄,前一对刻有奉旨祭祀,后一对刻有城隍使司,皆为金字)、旗数面、凉伞一杆及銮驾数根(銮驾为锡制之枪、戟、斧类)。轿后有吹奏鼓乐之人,诸司人员送至郊外墓所,请神至为祀孤①而建造的庙檀中(没有庙檀的地方,则设临时茅草屋,祭祀完毕后拆除),设椅安置神像。神像前的桌子上摆放三牲等供物,祭祀无子孙吊唁的亡者。此称为"祀孤"。地方最高长官及诸官吏行礼完毕后,众人再行参拜。因知府、知县执掌百姓,故称为"阳官"。而城

---

① 祀孤:祭祀孤魂。旧时江南民俗,于特定的节日祭祀无人祭祀的死者(即孤魂)。

隍庙负责亡灵,故称为"阴官"。城隍的队列仪式,如府准照知府之礼节,若县准照知县之礼节。

○三月十五日为赵玄坛诞日,家家供物,与迓福时相同,但也有赴神庙参拜者。玄坛为殷商朝总兵,幼年时曾入深山学仙术,有多种奇特本领,因而受到众人尊敬。其死于周武王伐纣时。死后,上天感其德,封其为职掌钱财之神,故深受诸商人信奉。

○三月二十三日为天后圣母诞辰之祭日。又二月、八月上旬癸日为春秋之祭。此三次祭祀,需在庙前做戏,众人多前往参拜。因是船神,故走洋者尤为信奉,在家中厅堂或外间洁净处安置神像,供香烛、点心、水果等进行祭祀。

○立夏前后换帽时,朝廷事前颁发"某月某日换戴(凉、暖)帽"之旨意至各州县。上述宣旨内容写于木板,悬挂在各衙门门上,众人看见后,于该日改换凉帽。改戴暖帽在九月寒露前后,也有同样之宣旨。但衣服可根据气候寒暖随意着用,故无降旨之事。袜子四季穿用。立夏、端午、中秋、冬至、岁暮等五节,向书学①之师及医师等馈赠金银绸帛等作为谢仪。也有在端午、中秋、岁暮三节馈赠者。对书学之师,需要把元系银二十目左右包入白纸,放入红纸袋中,在袋上贴小长条红纸,上写"代仪"或"谢仪",下写姓名。如是元银,则在袋内的纸上写"元"字;如是碎银,则写"星"字。均不写重量,只记银数。不再另行使用名帖,只放入拜匣之中呈送。对医师之谢仪,根据疾病轻重或家境贫富而不等。

○四月八日为释迦佛诞日。各寺在佛堂中设九条龙亭,龙亭内放盆,安置用白檀刻造的释迦立像。九条龙口吐香水,浇灌

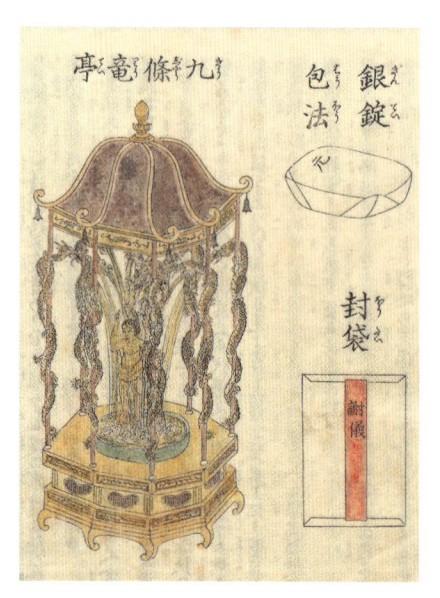

银锭包法② **封袋** **九条龙亭**

---

① 书学:指教习书法的学校。
② 图中的包法,乃包马蹄形的元宝银银块的包裹方法,上写的"元"字表示元宝银之意。封袋,内盛放送给教师、医师等的谢礼,袋中央写有"谢仪"二字。

佛身。住持及众人吹奏箫笛,鸣铃,敲打小鼓、云锣等,举办佛事。诸人多前往参拜。但也有些地方不举办浴佛仪式,只参拜安放其中的释迦佛像。

○四月十四日为吕洞宾诞日(称吕纯阳先师)。二十八日为神农生日。此两日,医家悬挂画像,供奉三牲、点心、水果等进行祭祀,并设酒宴招待亲朋好友。

○诸州府县皆在五月朔日至五日、八月十一日至十五日、十二月十五日左右至晦日夜晚,三次对赊账、贷借金银等进行结算。在上述期限之前,遣人送信告知所欠款额,要求到期偿还。上述遣送应付款额的书信,称为"送账"。还清账款后,即注销欠条字据,送还商人。

○五月五日为端午佳节,家家包粽子(一名角黍。将糯米浸泡在灰汁中,用芦叶包成三角状,并用麻皮捆扎后煮熟)。又将雄黄、菖蒲根研磨成细末,取少许放入酒中,至午时饮用。以线穿少许大黄、大蒜、菖蒲根挂在小孩身上,并用雄黄拌酒,涂抹于面部等处,来避邪气。或含在口中,喷洒至屋隅,以此来禁毒虫。妇人以绢、丝制成人偶、老虎、蜈蚣、蛇等形状的发簪,插在头上,此称为"健符"。堂上悬挂钟馗、关帝画像,像前放置花瓶,瓶内插菖蒲、艾叶,大门左右也插有用红纸包住根的菖蒲、艾叶。又用红纸书写下述文句张贴于大门等处。皆为祛除邪气之意也。

五月五日午时书,
赤口白舌①尽消灭。
菖蒲如剑斩八节妖邪,
艾叶如旗招四时吉庆。

○五月五日游山野,采药草,制成药剂后贮存。平时也有采药贮存者。

○同日,亲戚之间以木盘盛粽子及鱼类、猪肉、腌蛋以及枇杷、梅子等时令水果相互赠送。八月、十二月也相互馈送,

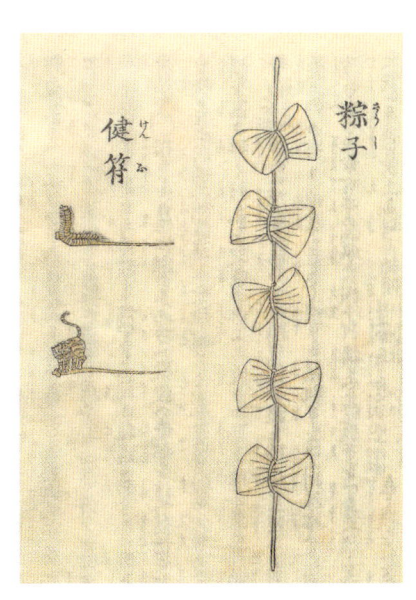

粽子　健符

---

①　赤口白舌:古代迷信谓主口舌争讼的恶神。旧俗多于端午节书帖悬门以禳之。《京本通俗小说·菩萨蛮》收录的《辞世颂》载:"……五月五日午时书,赤口白舌尽消除。五月五日天中节,赤口白舌尽消灭。"宋周密《武林旧事·端午》:"又以青罗作'赤口白舌'帖子,与艾人并悬门楣,以为禳禬。"

《清俗纪闻》研究

此称为"三节礼"。皆送四种或六种,不用单数。

○朔日至六日,有江、湖的地方,划龙舟竞渡。龙舟长约五六间,宽约二间,首尾为龙头、龙尾形状,船身画龙鳞,并涂上色彩,呈龙浮于水上之势。船上有牌楼(称为"龙门"),上竖凉伞,龙门四柱插旗。后有两层之台,台中央竖凉伞,四方竖列旗帜数杆。台后有亭,亭上也有凉伞。亭两侧有栏杆,上竖有旗帜数杆,于船舻龙尾上斜插大旗一杆(旗、凉伞皆为猩猩绯①、明镜缎子②、绉绸等缝制而成,极为美丽),把龙舟装饰得花样多彩。降雨时,用油旗(油旗乃以桐油浸涂的纱绫、绉绸缝制而成)。每艘可乘坐二十余人。六七人于台下敲铜锣打大鼓,吹乐器,二三人在亭内执握关刀(木板制作,舵呈青龙刀状,故号为"关刀"),执掌船只进退纵横的十余人并列于船舷划桨,驾龙船争相迅速前进。围观众人或放鸭子,

龙船③

---

① 猩猩绯:中译本作"星星红",错讹。参见中译本第33页。猩猩绯,猩红色。
② 明镜缎子:前置目录页注释作"明镜、缎子",理解为两种物品。参见日译本第一册第44页。
③ 此图乃江南一带的龙船,左边海上浮有酒壶,中放有赏银。另有鸭子浮戏于水面。龙船的船尾置有称为关刀的青龙大刀形状的船舵。

或在酒壶内放入若干赏银写上姓名，封口后使其漂流于水上。龙船上的人争先取之，以得到者为胜。在福建一带，多造长五六间、宽一间有余的龙舟竞渡，但除龙头外，无旗帜等装饰。敲铜锣打大鼓，数十人乘船竞渡。此活动无需官府许可。但因无禁止，且多人聚集，故仅采取防止出现争论的措施。龙舟竞渡不知始于何代，据传是凭吊屈原的古老遗俗。

〇五月十三日为关帝归天之祭日。二月、八月上旬戊日为春秋之祭，各处神庙皆举办祭祀活动。因其为众人信仰之神，故诸家皆供香、烛、三牲等物于神像前，深为尊崇。

福建竞渡船①

〇同日又称为"竹醉日"，相传此日植竹，能根深叶繁。

〇梅雨季节焚烧苍术以除湿气，在书房中焚烧芸香可防侵蚀书籍的蠹鱼②。

〇六月六日如天气晴朗，众人多暴晒书籍、衣服。

〇同日，有贮水制作酱油之事。但并不只限于此日。三伏中也有于快晴③之日制作者（其制法详见于饮食部）。

〇相传同月酷暑之时，捣碎大蒜涂于冻疮处，或用日晒后的瓦片热敷，可使当年冬天不生冻疮。

---

① 此图乃端午节前后，于福建一带举行的竞龙舟活动。与长崎、冲绳一带的竞渡船相似。每船乘坐十六人。
② 蠹鱼：虫名，即蟫，又称衣鱼，蛀蚀书籍衣服。体小，有银白色细鳞，尾分二歧，形稍如鱼，故名。
③ 快晴：爽朗的晴天。

○暑中有卖冰者。用冰可以冷却鱼类、水果等,或把冰盛于盆中观赏。此外,因远路运鱼时用冰可以防止鱼变质,故贩鱼商人每日购买一二百斤冰以保鲜鱼(冰每斤价格约三四文)。贮存冰的方法为:寒冷季节,于山中阴冷处,掘约二三丈深、宽约三四丈的坑穴,焚火捣实,放入数万斤冰,上以石覆盖,再用土填充防止漏气,上面再建一临时草棚以防雨水,此称为"冰厂"。至酷暑时出售。

冰厂

○七月七日称为"巧日"。在露台(在楼前搭架,三面装有栏杆,无屋顶。根据楼之大小,宽窄不同。小户人家无露台,则在院落供之)中放一桌子,以点心、水果七种(品种无规定)、针七根、线七条(线为五色),供于牵牛、织女二星。至夜半,小女孩等拜毕后,用所供之线穿入所供之针。此称为"穿针乞巧"。

○七月七日家家把菊叶、菱子、茄子、兰花豆等(兰花豆为蚕豆浸泡去皮,切四个小口子,入油炸,即成兰花状)裹入面团中,油炸而食。此称为"巧果"。

○七月十二日夜,迎祖先亡灵。于厅堂上座设桌供奉香花、灯烛、茶汤进行祭拜,此称为"接祖先"。十三日至十五日,每日更换供奉新茶、酒、饭、鱼、鸡、豆腐、馄饨及其他时令水果、蔬菜。也有些地方供至十七日夜。江南一带只于十五日当日祭祀,供物等相同。若在三年丧期,则自十二日夜起,请僧诵经一日或多日。有富贵之家在宅中举行放焰口①的礼法仪式。

○中元节时,招请城隍庙的阴官举办祀孤。祭式与清明时相同。

○七月晦日(小月为二十九日)相传为地藏菩萨诞日,众人前往地藏庙参拜。

---

① 放焰口:佛教仪式,据《救拔焰口饿鬼陀罗尼经》而举行的施食饿鬼之法事。以饿鬼道众生为主要施食对象,施放焰口,则饿鬼皆得超度。后演变为对死者追荐的佛事之一。

乞巧奠

黄昏起,家家门前设桌,摆放香炉焚香,并按家中每人两只蜡烛计算,如十人则用二十只蜡烛,用竹签插起,立于地上点燃,此称为"地灯"。

○八月三日为灶神生日,家家供奉香烛及糕祭祀(糕乃用米粉制成,团成一寸二三分大小的圆形,把二三十个糕盛入盘中上供)。

○八月十五日相传为月宫诞日,家家于露台设桌,以斗香、月饼(斗香为在斗升状小炉中放入灰插上线香之物。月饼为麦粉团,内以胡麻、西瓜籽、橄榄仁、青皮等研碎拌入白砂糖为馅,用胡麻油炸成。形似月轮,大小不一)及西瓜、梨子、柿等圆形水果上供。全家人团聚,设酒宴,赏明月。也有作为看月会,聚集朋友,设酒宴者。

○八月十五日称为"中秋佳节"。近亲之间互送月饼、鱼肉、梨子、栗、柿等物。

○八月十五日夜如降雨,则来年正月初一为晴天。八月十五日若晴天,则来年正月初一将下雨。据说有"云掩中秋夜①,雨打上元灯"的谚语。

---

① 中秋夜:亦作中秋月。

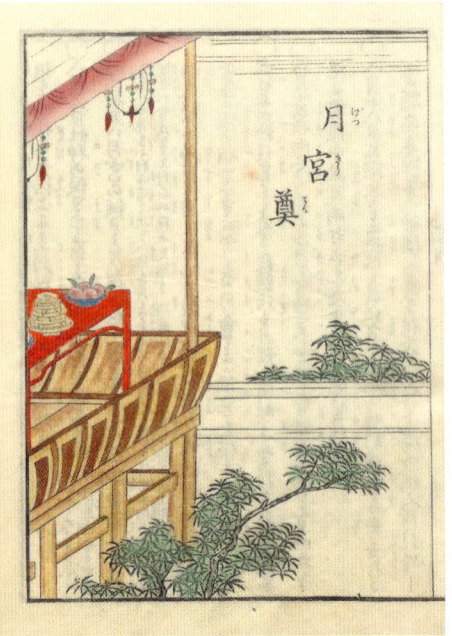

月宫奠①

○八月十八日称为"潮生日"。近海地方在平潮时于滨海处置桌,供奉香烛及猪羊二种、酒三爵②。当地最高长官率领下属官吏及随从至此,面向大海行二跪六叩首之礼祭拜。拜毕即撤下供物。

○九月九日为重阳节。邀请朋友携酒食登山,或作诗,或吹奏丝竹,终日游玩,此称为"登高"。有菊花处,则按照东篱遗风赏菊。当日,有地方在天后庙前搭台做戏,以谢神恩。

○九月九日,家家以米粉为皮,以栗肉为馅,制作栗糕,煮之食用(约二三寸大小)。也有只用米粉做糕者(约一寸有余)。把三四十个盛于盘中,上插十根五色小旗,供奉灶神,此称为"登糕"。

○十月朔日称为"十月朝",携带香烛等供物赴祖先墓所礼拜。但与清明祭祀不同,并非家家皆去参拜。供品也多简略,仅在家庙中供物祭祀。

---

① 露台中红色的桌上放有梨、月饼和香炉。
② 三爵:三杯酒。爵,雀形酒杯。《左传·宣公二年》:"臣侍君宴,过三爵,非礼也。"

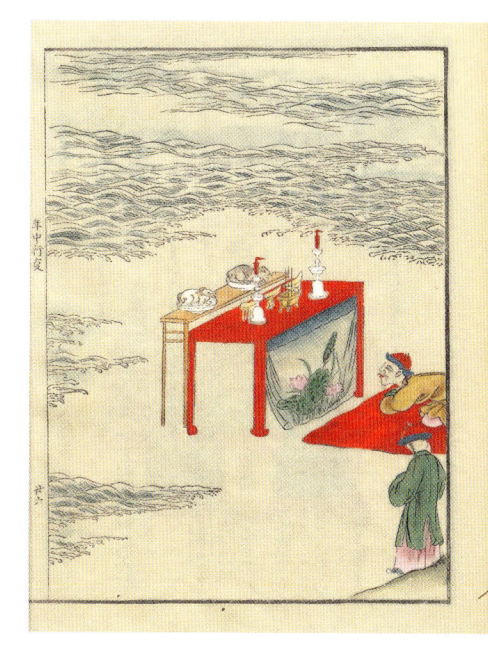

潮生日官祭①

○如清明、中元一样，十月朔日也在城隍庙中举行祀孤之祭。清明、中元、十月朔日祭祀，均称为"鬼节"，祭祀亡灵。元旦、中秋、冬至祭祀，均称为"人节"。

○十一月冬至，在京大小官员与年初同样，着朝服进宫朝贺。外地官员则赴寺庙参拜龙牌。因是"一阳来复"②之节，故家家皆设酒宴庆祝。不论贵贱，家家皆作团子食用（团子一名团圆，用糯米粉做皮，砂糖为馅，团成拇指大小，清水煮食。其小者无馅，放于糖水中煮食）。

○十一月四日为孔夫子圣诞。一些人家在堂上祭祀圣像，

登糕③

---

① 此乃八月十八日浙江沿海一带祭祀海神的活动。当地于波涛汹涌处设祭坛，主要官员（知事或知府）跪在绯色的毛毯上祭拜海神。红色的桌上依次放有香炉、烛台、酒三爵，黄色长条桌上置有猪、羊等物。
② 一阳来复：古人认为天地间有阴阳二气，每年至夏至日，阳气尽而阴气始生；至冬至日，则阴气尽而阳气开始复生，谓之"一阳来复"。
③ 白色的米粉汤圆上插有红色的旗子，于九月九日供灶神。

97

供香烛礼拜,但无三牲等供物。

○十二月八日称为"腊八"。诸寺煮果粥(一名腊八粥,把龙眼肉、栗、枣、茨菰、荸荠等物与米放入水中煮制而成),馈赠施主。也有在家中煮制者。

○十二月十五日过后,家家向六神(六神为赵玄坛、土地、清龙①、利市、招财、和合,但清龙②、利市③等四神不详)及自家信奉之神供奉三牲、水果,以答谢一年来守护之恩,此称为"谢神"。

○自十二月十五日前后至正月中旬,家家皆遵循燃放爆竹之遗风,购买用厚纸制成的长约三四寸的响炮或六七寸的花炮。也有在家中制作者。于门前后庭,逐夜不间断燃放。平时也有燃放花炮者,为祛除邪气之意。

○自十二月二十日前后至二十五六日之间,家家制作年糕(将糯米粉蒸后加糖放入圆形蒸笼,再蒸熟,故可原样食用,也可切成三四块或制成金锭形状,大小不等。年糕的制作并不仅限于寒冷季节)。

六神

○自十二月二十日前后起,家家择吉日打扫房屋,此称为"扫尘"或"打扫"。但也有人家定日打扫,不择吉日。

○十二月二十四日为灶神上天之日。家家以香烛、豆腐、点心上供,礼拜送神。正月初一也如此供物迎神。将供奉一年的灶君札联于当日揭下,元旦天亮前张贴新札联。札联皆用红纸。

---

① 清龙:中译本作"青龙",参见中译本第53页。
② 清龙:中译本作"青龙",参见中译本第53页。
③ 利市:日译本作"利子",参见日译本第一册第60页。

○自十二月二十四日起，亲戚之间相互馈赠年糕、鱼、肉、海参、鱼翅、胡桃、柿饼、橘子、橄榄、龙眼等，作为岁暮的赠礼。

○近亲中如有十岁前后小孩，则自十二月二十七日起送年糕、橄榄、胡桃、龙眼、橘子、银子等，此称为"押岁钱"（大户人家用百目左右至二三十目之银子两锭或四锭，不得用单数。小户则用铜钱一百文或二百文不等）。岁暮未送者，年初赠送。对送礼之使者，接礼方须给赏钱，用红纸包入银子或钱，上写"尊使"或"代茶"①。

○十二月二十七日前后，寺庙向施主送蔬菜及寺院制作的点心，或寺中的梅花盆栽或折枝，作为"节礼"的赠物。因多送至大户人家，故大户人家皆厚赠银子作为回礼。小户也同样回赠相应的财礼。

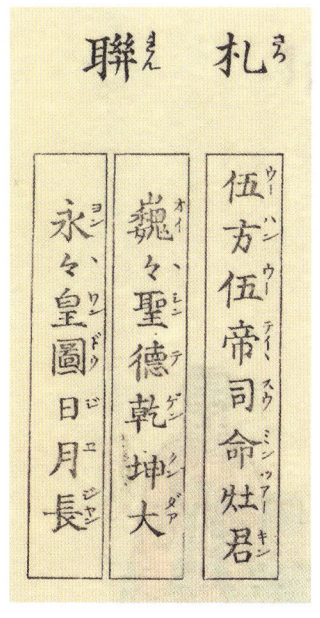

○除夕夜，官府、大户人家悬挂类似楹联的桃符一对（宽约六七寸，长与门柱相适应）。桃符为用彩色绘制龙虎、朝官、桃柳、平升三级图画之木板（龙虎之处也有画龙熊者），挂于大门左右两侧，以除邪气。平民则用欢乐纸。欢乐纸为长三尺余、宽一尺余的红纸，上方贴有以金箔制之福字，下方四边剪有花边，中间剪有多种花纹，后再贴用绢做成的"指日高升""加官晋爵""福自天来""平升三级"③"天官赐福"五张图（一句一图，五张为一套）。欢乐纸贴于堂屋正面门槛上。官府、大户人家提前将画于涂漆门扇上的神荼、郁垒④二神像（驱除邪气之门神）加描彩色。小户则购

札联

札：五方五帝② 司命灶君
联：巍巍圣德乾坤大，永永皇图日月长

---

① 代茶：代替茶钱。表示微薄的馈赠。旧时订婚以茶为礼，男家送给女家的聘金称茶金，亦称代茶。
② 五帝：上古传说中的五位帝王，说法不一。(1) 黄帝（轩辕）、颛顼（高阳）、帝喾（高辛）、唐尧、虞舜。(2) 太昊（伏羲）、炎帝（神农）、黄帝、少昊（挚）、颛顼。(3) 少昊、颛顼、高辛、唐尧、虞舜。(4) 伏羲、神农、黄帝、唐尧、虞舜。
③ 平升三级：瓶中插三个刀戟，象征连升官位三阶，以此故名。
④ 神荼、郁垒：中国民间信奉的神仙。古代人们为了驱凶，在门上画神荼、郁垒，亦有驱鬼避邪之效果。左扇门上叫神荼，右扇门上叫郁垒。清陈维崧《满江红·乙巳除夕立春》词："郁垒欹斜头上帽，神荼脱落腰间杖。"

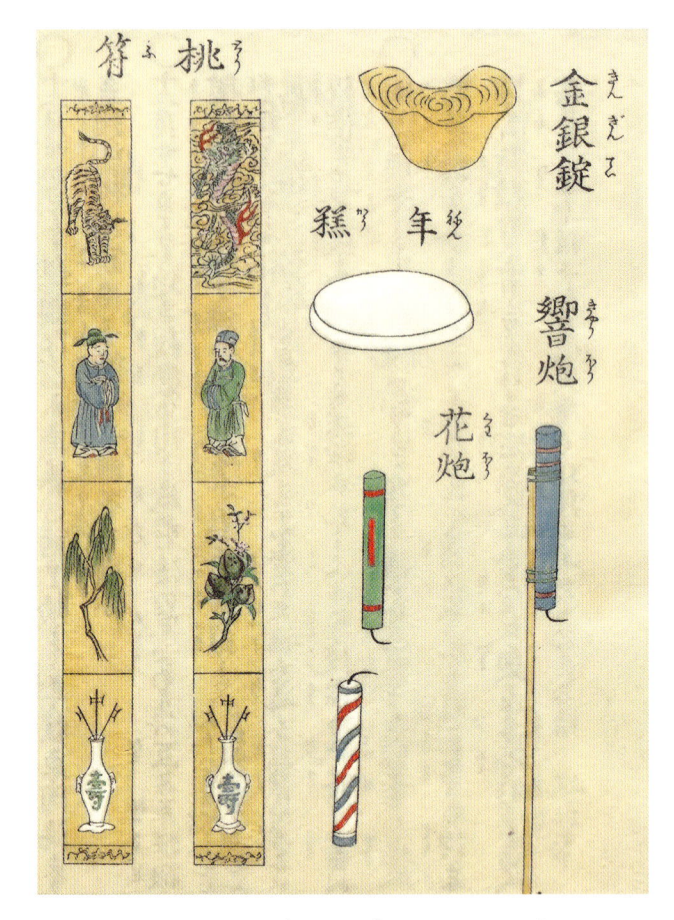

金银锭　响炮①　年糕②　花炮　桃符③

买版印的神像,或以红纸书写神名贴于左右门扇上。不论贵贱,每家门口正面柱子上皆贴有书写迎福、招庆、如意等吉祥语句。

○除夕夜,全家团聚,设酒宴共庆岁末。完毕后,家主以银子或铜钱赏赐全家,其中也包括家中奴婢,此称为"分岁"(不论银或钱,皆用白纸包裹,上贴小红纸。此在日本相当于熨斗④之意。如是银子则一二匁,如是铜钱则一二百文。

---

① 响炮:俗称起花(飞起来的花火)。
② 年糕:正月所用的点心。
③ 桃符:即驱鬼的木札,右侧自上面下为龙、朝官、桃树、平升三级;左侧自上面下为虎、朝官、柳树、平升三级。
④ 熨斗:日语读作"のし",意为礼签,附在礼品上的装饰。

大户、小户多少不等)。

○同夜,用淘箩两个,分盛米、饭,上插松柏树枝,并放置橘子、菱子,自大年初一至初三摆放于室内装饰。此称为"万年粮",意在表示家有余粮,不缺吃用。

○除夕夜,也有守岁整夜不眠之家。

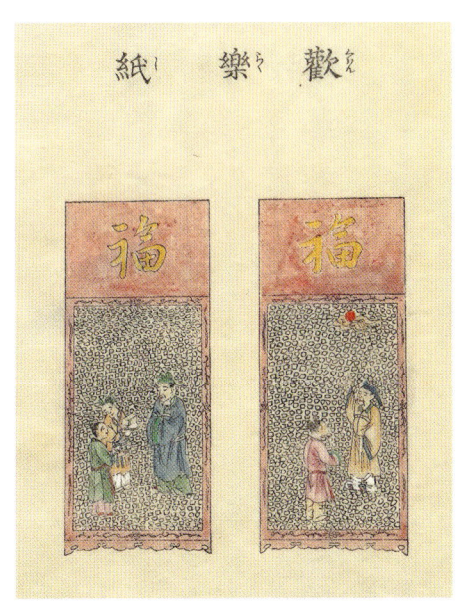

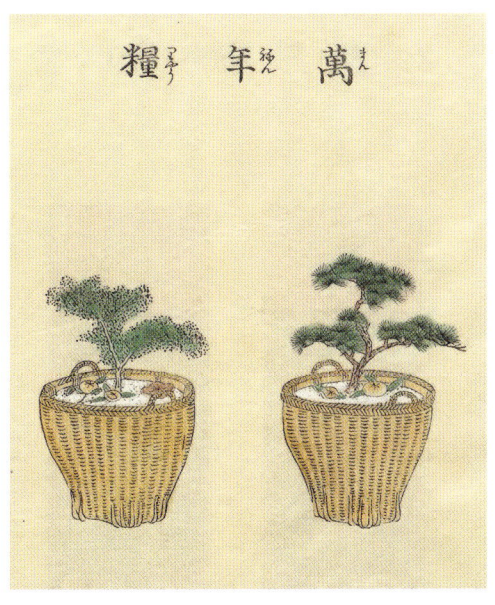

欢乐纸①　　　　　　　　　万年粮

○立春的前一天,府州县皆编制太岁②、春牛③(太岁一名芒神,为土制,类似于七八岁小孩装束的神像。春牛乃用竹条扎成高三四尺的牛的形状,并用纸糊成,涂成彩色。又制成五寸左右同样的小牛,置于大牛腹内),分台乘之,使太岁挽春牛,放置于郊外。当地官员更衣乘轿,下属官吏各持春花(为一尺左右,用绢制成的梅花、桃花等花枝)出迎,打金鼓,举凉伞列队前行,巡游郊外,此称为"行

---

① 欢乐纸:除夕之夜张贴于厅堂正面的纸绘。两图上方均写"福"字。右图上方为太阳,老人用手指着教导童子,意为"指日高升"。左图乃童子所举放有酒爵的盆子,意为"加官晋爵"。
② 太岁:指太岁之神。古代数术家认为太岁亦有岁神,凡太岁神所在之方位及与之相反的方位,均不可兴造、移徙和嫁娶、远行,犯者必凶。此说源于汉代,传至后世,说愈繁而禁愈严。
③ 春牛:打春用的土牛。旧俗,立春前一日,用土牛打春,以示迎春和劝农。打春之牛,后亦以苇或纸制。

《清俗纪闻》研究

太岁　春牛　迎春①

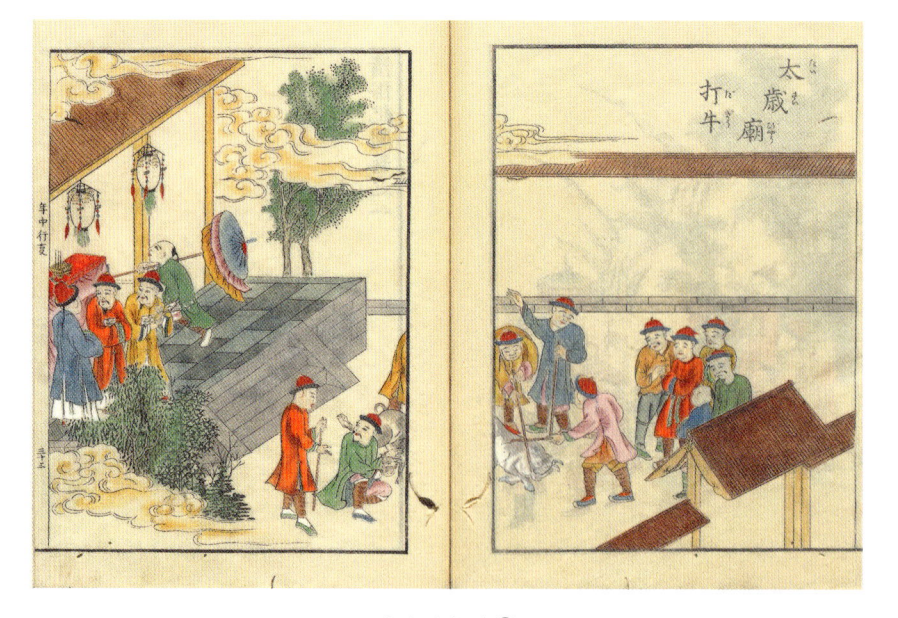

太岁庙打牛②

---

① 立春前进行的预祝丰收的祭祀活动。右边立于台上的红衣小孩木偶为养牛的太岁神，春牛乃为用竹编制成笼形的牛木偶（腹内放有同样的小牛木偶），春牛旁插有凉伞。后面的官员们所持之物为春花。
② 把春牛安置于太岁庙，用棒子打击，取出腹内的小牛木偶。

春"。后迎入城内,此称为"迎春"。置于知府堂上(如为县则置于知县堂上)。至次日立春,诸官吏再将太岁、春牛请出,下属官吏等持竹棒鸣金鼓护送至庙中。安放太岁后,用棒敲打大牛,取出腹内之小牛,安放于太岁前,意在表示丰年之吉瑞。在送太岁至庙宇的途中,市中儿童掷大豆打牛。据说,若掷中可使疱疮症状减轻。

卷之二　居　　家[1]

○居家[2]的建造，大小宽窄不同，但皆为瓦顶，外面有泥墙、板墙，正面设有大门。大门内二三间处建有仪门[3]。仪门内建有类似于玄关[4]式样的宽敞房间一间，来客时于此间接待。此称为"厅堂"（又名外厅或公堂）。也有在厅堂两侧设空地种植树木，或在一侧建书房等情形。厅堂稍后面的地方建有同样的厅堂，

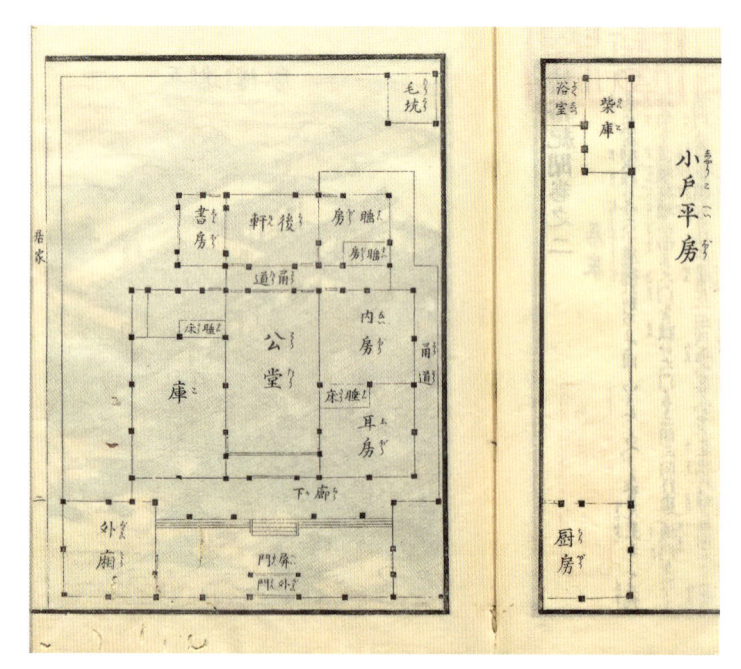

小户平房

---

① 居家：日本国立国会图书馆藏《续清朝探事》（索书号：わ382-5）作"居家俗式"。
② 居家：指住宅，民房。
③ 仪门：明清官署或邸宅大门内的第二重正门。清末为避讳宣统帝溥仪的名，而改称宣门。
④ 玄关：建筑物的主要入口处。也指家门的入口处。

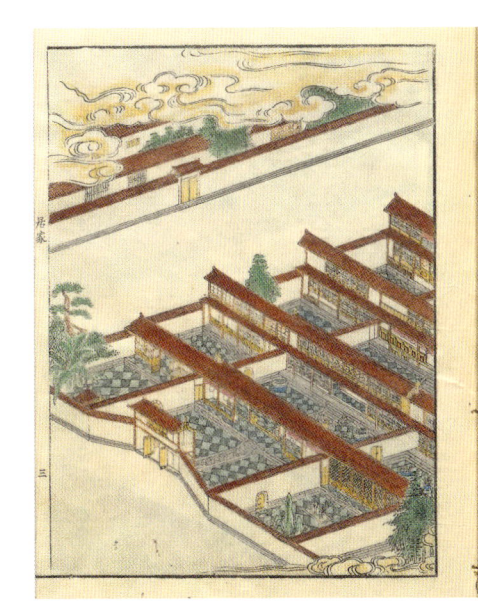

五进楼房①

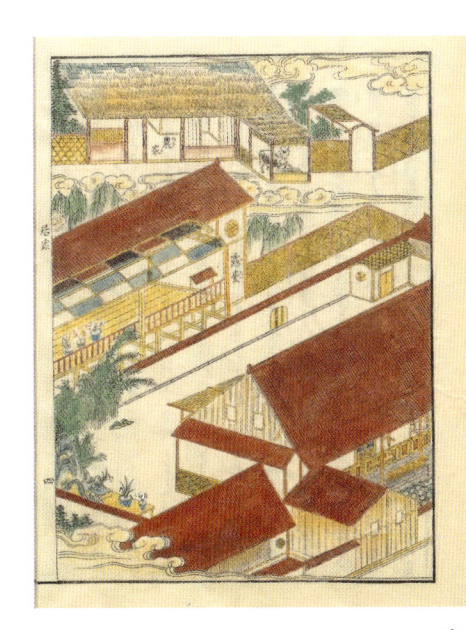

平房铺面②

---

① 此乃五列二层楼房所构成的庭院,当为华南一带的家宅。
② 此乃平房形的商家住宅。右上侧为商店的铺面,风火壁即防火墙。铺面内放有天平秤,似为药店。左上为农家。

此称为"内厅"。大户人家有的将其建成两楹,分为川堂①、内厅。有将书房设于内厅一侧,与内房连通为同一栋的情况。也有另外建造内房者。其内侧有厨房。总体来看,柱有圆有方,并不相同,但厅堂多用圆柱。每柱下皆有础石,础石也有圆、方或六角等不同形状。墙壁以砖及土筑成,厚约一尺,上涂白灰或根据喜好涂以黄土、红土等。色、土制度等无定式。屋内皆不铺地板,而铺设方形或龟甲形瓦片,此称为"铺砖"。但也有用厚木板代替砖者。内房、厨下等处有用木板铺成地板者,也有不铺者。通行路面皆为土道或铺石板,此称为"甬道"。外墙高约为六七尺至一丈。

〇大门高约七八尺至一丈余,宽度与之相称。上铺有瓦,两扇门左右开启。柱的方圆②及础石形状等皆不同。门扇上贴有神荼、郁垒的神像。门上挂有匾额,柱上贴有以红纸书写的楹联(匾额及楹联的字句无固定式样)。大户人家、官宦也有在大门两侧设小门者,此称为"角门"。夜晚关闭大门由角门出入。不设角门③者,则打开大门之一扇,以便出入。大门内侧留出部分空间并设一门,此称为"屏门"④。屏门经常关闭,避免直接看到宅院内部。此处禁止出入,只在贵人或高官来访时,才开启以供出入。大门内侧建有耳房,供看门人居住。耳房约二三间宽,大小不等。只有官宦、大户人家才有看门人,民家不雇用看门人。

〇官宦人家于距离大门之内侧二三间建仪门。仪门造法与大门相同。此门经常关闭,不供出入。民家不得建仪门,而设屏门,并在门扇上张贴楹联。但若祖先曾担任过官职,民家也可建仪门。

〇厅堂大小不一,皆设于仪门之内。入口门或二扇或四扇,因宽窄而不同。地面铺砖,左右壁柱下各铺有础石。方、圆⑤、六角等形状不同。厅堂正中留有空地,摆放高脚桌子,挂有书画挂轴。上悬有匾额,两边挂有楹联。桌上摆放香炉、花瓶,两侧摆有洋木、紫檀、紫竹等椅子、机子,来客时坐之谈话。正面两侧各有约半间大小的出入口,设有双扇门,可随便出入。

---

① 川堂:即穿堂。两个院子间供穿行的房间,也可于此设座会客。
② 方圆:日本国立国会图书馆藏《续清朝探事》(索书号:わ382-5)作"圆方"。
③ 角门:正门两侧的小门。设在整个建筑物的近角上,故称。
④ 屏门:指遮隔内外院的门。
⑤ 方、圆:日本国立国会图书馆藏《续清朝探事》(索书号:わ382-5)作"圆、方"。

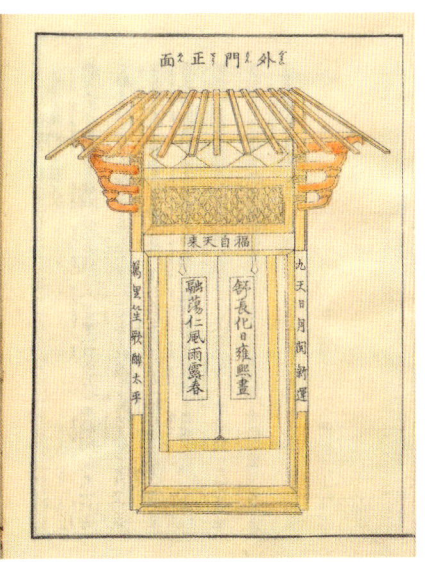

外门正面①　外门侧面

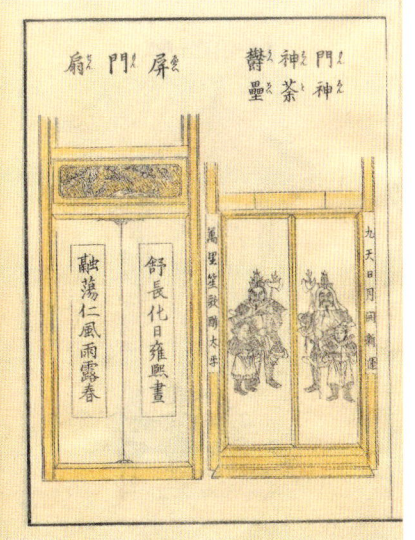

门神②　屏门扇③　公堂正面④

---

① 门上贴有对联,横联为"福自天来",自右至左分别为"九天日月开新运""舒长化日雍熙昼""融荡仁风雨露春""万里笙歌醉太平"。
② 左为神荼(腰间有杖),右为郁垒(头上有帽)。
③ 屏风扇上所写对联右为"舒长化日雍熙昼",左为"融荡仁风雨露春"。
④ 公堂正面:木制的桌上置有烛台、香炉、花瓶,壁上挂绘有猴子、蜜蜂的图画。意为"蜂猴",即"逢侯",见到尊敬的客人。

107

《清俗纪闻》研究

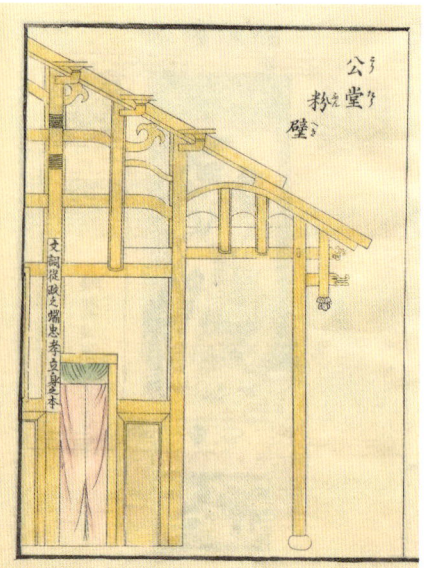

公堂粉壁①

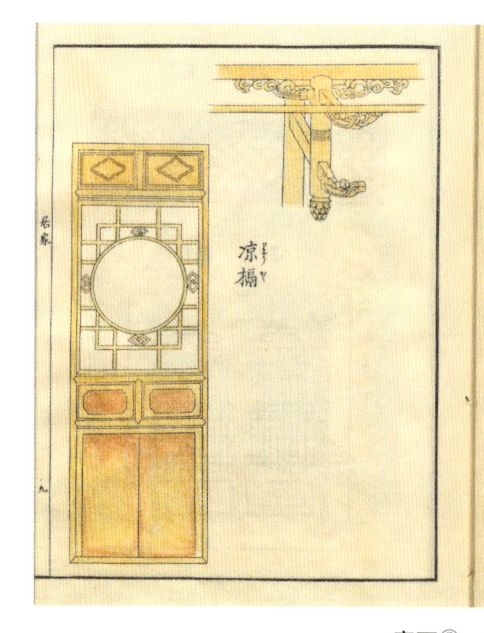

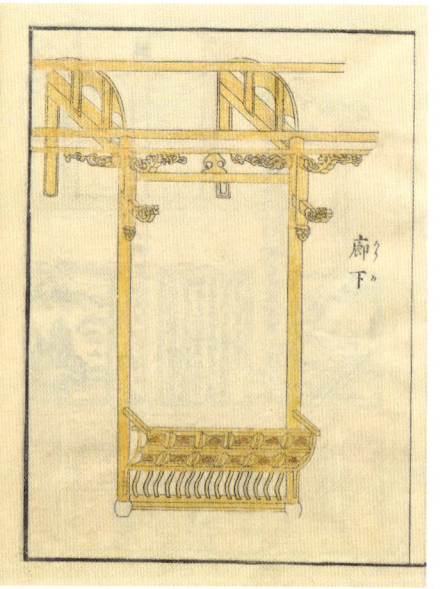

廊下② 凉槅③

---

① 右下侧的出入口处挂有紫色的幕帘,壁上挂有彩色的图画和字额。右侧柱子上的对联为:"文词从政之端,忠孝立身之本"。
② 此图呈渡廊式样。
③ 凉槅中间贴有云母等透明之物。

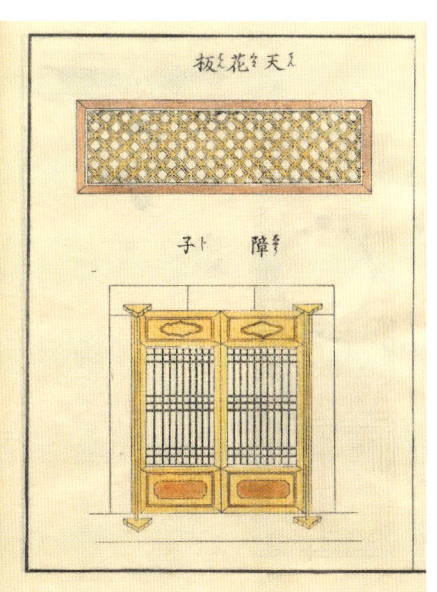

天花板①　**障子**②　**围屏**③

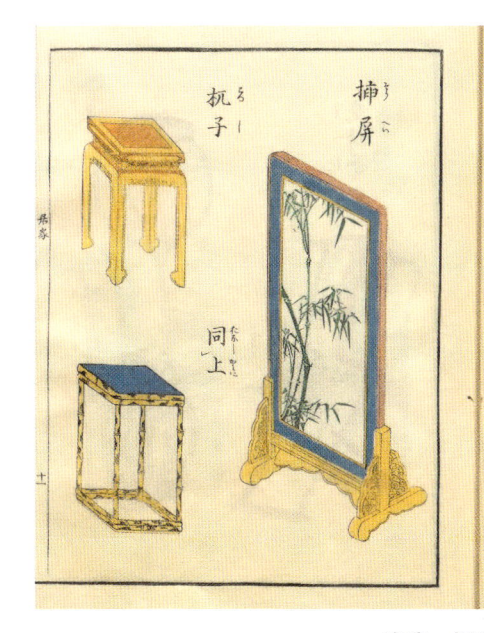

掩障　插屏　杌子

---

① 天花板：格子板透光，又称之为"窗栅"。
② 障子：即植入格子的板扉，又称之为"隔扇"。
③ 围屏：中央为山水画，屏风字右侧为"水抱孤村远，山通一径斜"，左侧为"不知深树里，还住几人家"。此四句为明人刘球《山居》诗句。

《清俗纪闻》研究

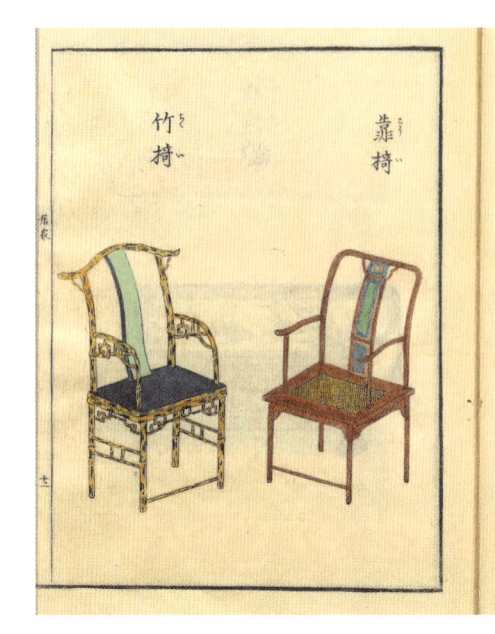

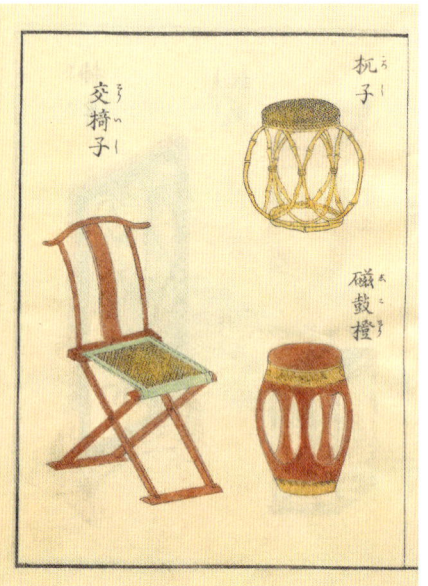

杌子　磁鼓橙①　交椅子　靠椅　竹椅

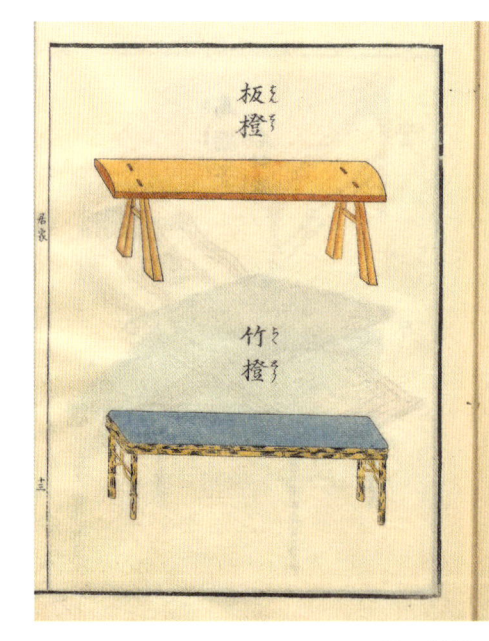

榻　板橙　竹橙②

---

① 橙：应为"凳"。
② 榻，可作寝台的长椅子，台上为黄色藤条编制的垫子。此乃为面向江南一带的凉式椅子，背部图画的右侧写有"凉风自来"。板橙，正确写作"板凳"，木制。竹橙，正确写作"竹凳"，竹制。

110

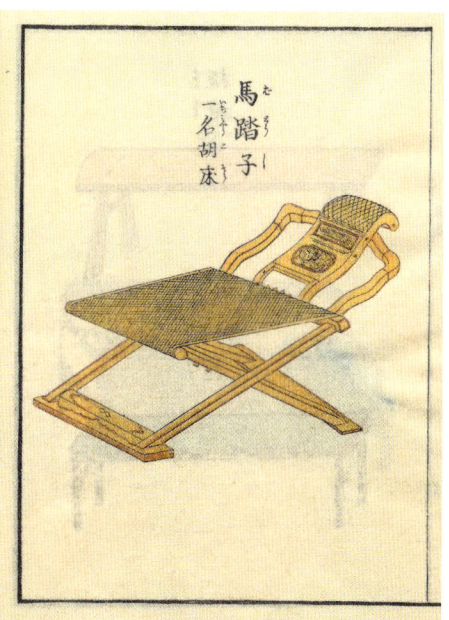

马踏子① 案 桌

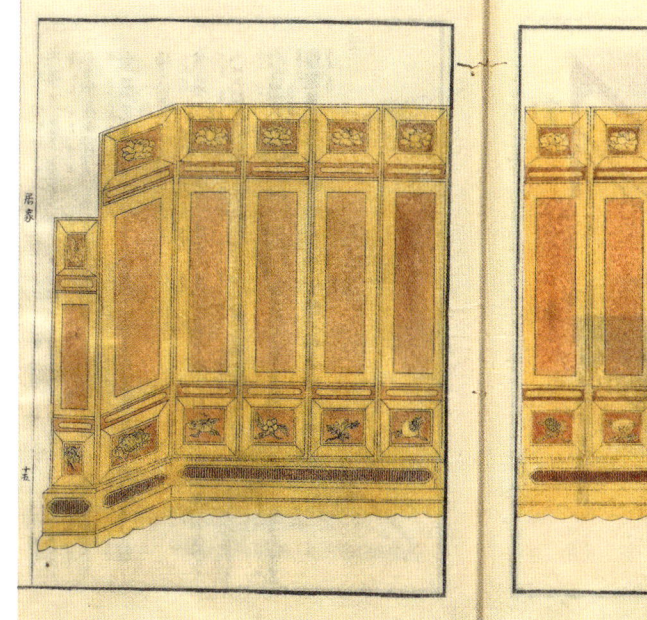

屏风

---

① 马踏子：一名胡床，可以折叠的睡椅。

○内厅建于公堂后方,也有与公堂连接建在一起者。其造法与公堂相同。根据左右侧及对面的地形,留出空地,或种植树木,或摆放花草盆栽,对面造篱笆等,保持洁净。来客设酒宴等多在内厅,有时也设在公堂。

○书房(一名居室)有时与公堂连接建在一起,也有在公堂稍后方另建者。入口处的两扇门正面悬挂书画,高桌上摆放文房四宝(笔、墨、纸、砚云文房四宝)及摆式(水盂、笔筒、笔架、墨床、图书、印色、香盒等物)、书籍,旁置椅子、机子,墙壁挂有乐器,置有帽架,并依据喜好,装饰各种古雅物品。

书房①

○内房(妇女的住室称为"内房")设于最里面,入口处挂有布帘,夜晚将两扇门从屋内锁闭。房内一侧角落处设有睡床,该侧有一小间,内放有衣箱、金银箱、日用器具及家财等,出入口处有门,经常锁闭。房内另一侧备有桌子,摆放妇女随手使用的器具、针线箱、镜台等。下面放置椅子、机子。有时也在墙上挂帽架或三弦、琵琶等物。去便所之通路放有麻鞋。面盆架上放有面盆,并挂有手巾。内房上面设阁楼,为妇女寝室。

○为上下楼,设有以木板制作的胡梯②。楼上皆铺有平滑地板,入口处有两扇门。有时在地板上铺藤席、毛毡等物。房中放有桌子、椅子、机子等。窗户的形状,方圆③不同。窗扇为左右开启。有做成百叶窗者。楼前建露台,从地面上立柱子与楼上相接,用竹子或木板支撑起成棚子状,三面皆围起栏杆,搭上架子。

---

① 桌子右侧为可放衣服或家财的柜子。睡床撑有帐子。
② 胡梯:扶梯,楼梯。苏州语作胡梯,北京话作楼梯(厦门、福州同)。
③ 方圆:日本国立国会图书馆藏《续清朝探事》(索书号:わ382-5)作"圆方"。

书房① 笔 笔架 端砚 水盂 墨床

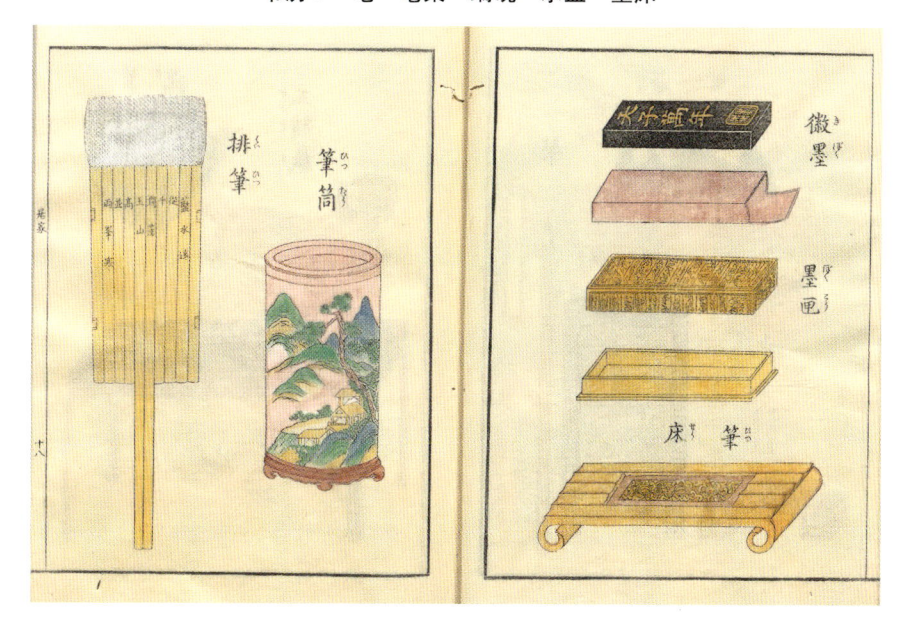

徽墨 墨匣 笔床 笔筒 排笔②

---

① 书房右侧墙壁上挂有胡琴、笛子、月琴及挂灯。月琴,乐器名,古称阮咸。圆形扁平,后也改为八角形,四弦,用拨子弹奏。以其初形状如月,发音似琴,故名。

② 徽墨,安徽旧徽州府(府治在今歙县)所产的墨。其质量装饰俱佳,自宋以后即闻名于世。墨匣,放置墨的小匣子。笔床,放置毛笔的器物。笔筒,有木、竹及瓷制等类,筒体饰有山水画。

113

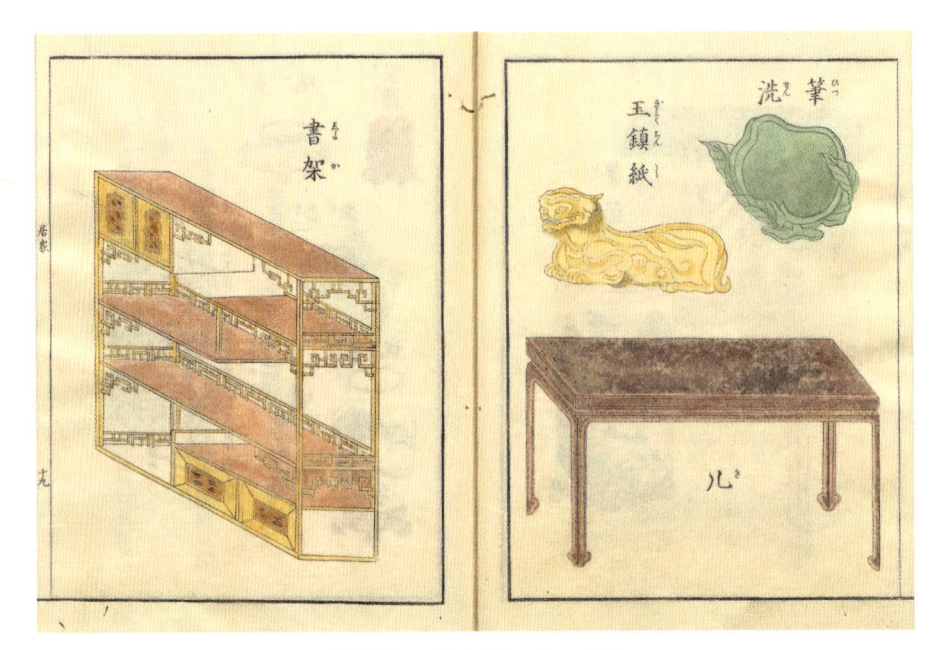

笔洗① 玉镇纸② 几 书架

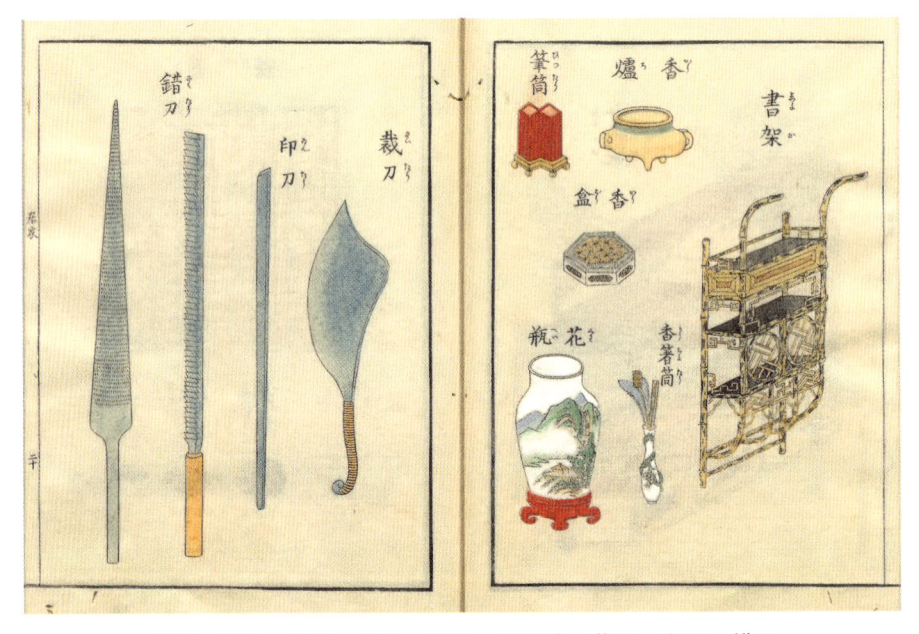

书架 香炉 笔筒 香盒 花瓶 香箸筒 裁刀 印刀 错刀

---

① 笔洗：洗刷毛笔穗头的器物。
② 玉镇纸：玉制的压纸文具，有狮子、麒麟等形状，压在文书纸张之上以防散乱。又名书镇、镇纸、镇尺。

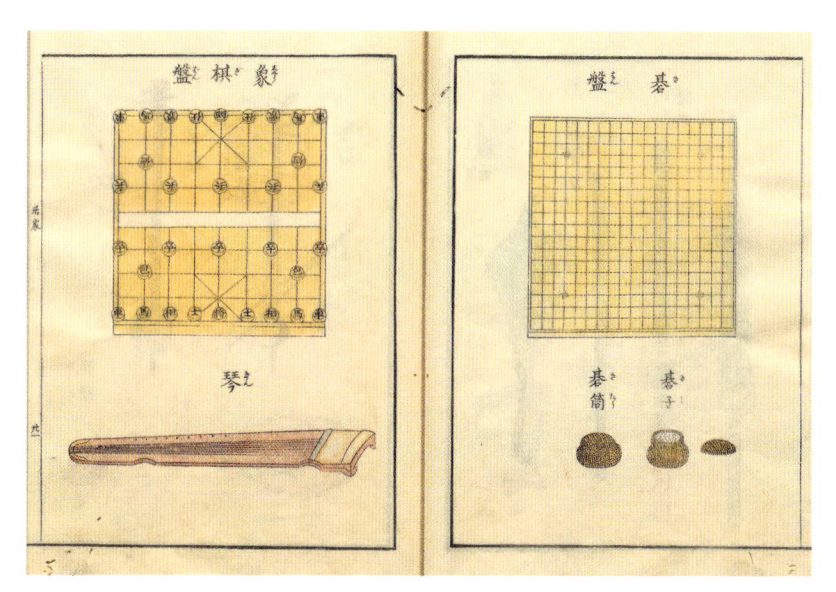

棋盘　棋子　棋筒　象棋盘　琴

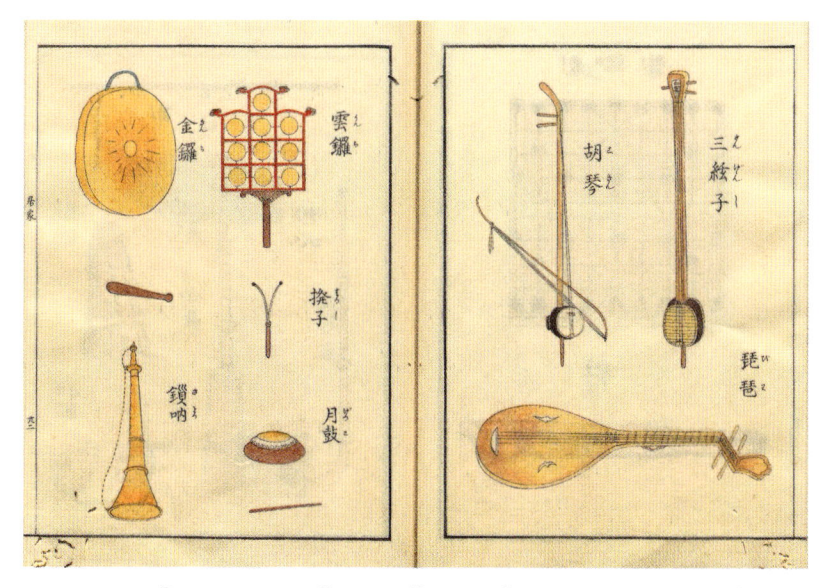

三弦子①　琵琶　胡琴②　云锣③　拨子④　月鼓　金锣　锁呐⑤

---

① 三弦子：形状相当于日本的三味线，但不像日本那样用拨，而是用指甲来弹奏。
② 胡琴：似碗形（似乎用椰子的果实所制作），南方常用的胡琴称为椰胡。
③ 云锣：一名云璈。此乃十面小铜锣编制，持小木槌击奏。也有用十三面、十五面、二十四面小铜锣者。
④ 拨子：弹奏弦乐器的用具。
⑤ 锁呐：即唢呐，波斯语的译音。或译为"苏尔奈""唢拿""唆呐"，簧管乐器，金元时由波斯、阿拉伯一带传入中国。

115

《清俗纪闻》研究

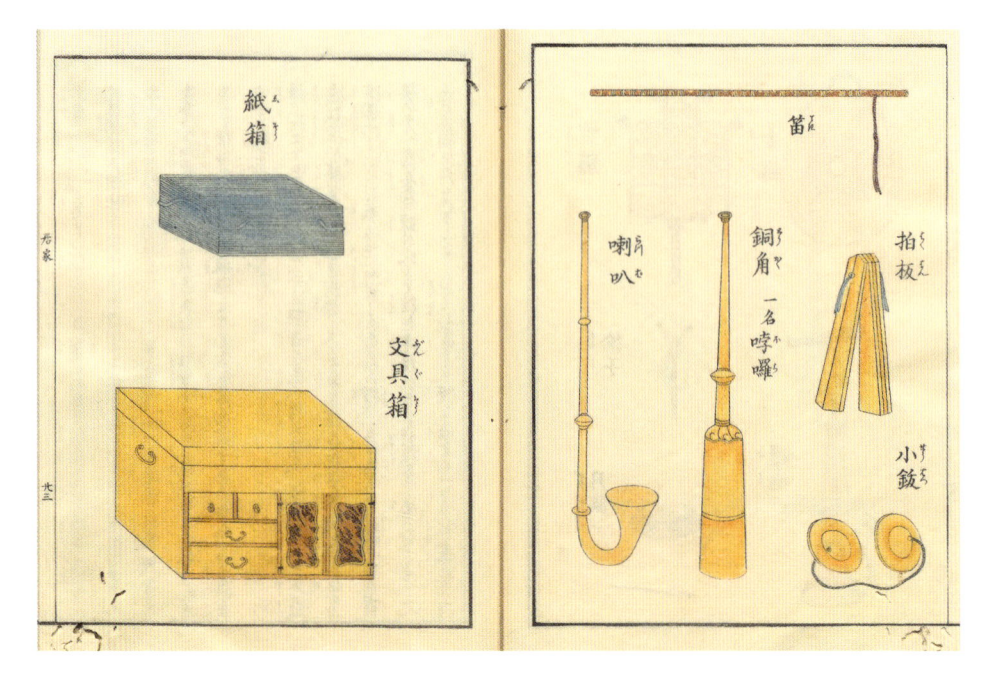

笛① 拍板 小钹 铜角②(一名哱啰) 喇叭③ 文具箱 纸箱

架子上覆以布幔,可防日晒。露台多不建于内房的阁楼之上,而建于书房等楼上,便于夏日乘凉。内房阁楼是妇女等起居寝卧的场所,窗户尽可能窄小,并常挂有帘子,以避外人窥探。

○苏州、杭州等地,城里城外的房屋皆是楼房。大致与日本住宅相同。隔漏、漏斗等用竹子、木板、铜等制成,因个人身份地位不同而各异。乡间村落的楼房较少,多为平房。

○隔扇用纱、绉绸或油纸糊成。窗户使用明瓦④、云母⑤、玻璃,不用两面贴纸的纸窗。窗扉皆为板扉或纱障。窗扉上边板或上栏等,称为"天花板"⑥。

---

① 笛:即横笛。昆曲用的笛子称为曲笛,北方戏曲梆子用的笛子称为梆笛。
② 铜角:军中乐器,铜制喇叭。上下两部分,形如竹筒,故俗称号筒。
③ 喇叭:一种管乐器,上细下粗,多用铜制成,俗称号筒。
④ 明瓦:用蛎、蚌等物的壳,磨成半透明的薄片,嵌于窗间或顶篷上以取光,称为明瓦。未有玻璃以前多用之。
⑤ 云母:矿石名。俗称千层纸。晶体常成假六方片状,集合体为鳞片状。薄片有弹性。玻璃光泽,半透明,有白色、黑色、深浅不同的绿色或褐色等。不导电,隔热,耐高温,耐潮防腐。白云母可供药用。
⑥ 天花板:室内的天棚,即承尘。但此处的"天花板"则为格子板,即能透光的花格长窗。北京话称为"亮槅"。

116

○仰尘①用纸糊成,纸张上画有花草图样,多糊于整个房间上面。或做成合天井②。大户人家及官宦皆用仰尘,小户人家有时也用。

○衣箱(又称衣柜)及日用器物、盛放金银的类似于柜子的家具,排列于卧房一侧。

○夜晚不用行灯,而用纱灯、羊角灯③。书房等使用书灯、挂灯台等。灯台用锡或黄铜等制成,使用菜油、麻油,而不用鱼油④。

内房⑤　睡房⑥

---

① 仰尘:即承尘。旧时张设在座位上方承接尘土的小帐。后以指天花板。
② 合天井:即格天井,用木块组成许多正方形的天井,即格子状的天花板。
③ 纱灯:用纱罩笼住的灯。羊角灯:用羊角加工后的透明材料做成灯罩的灯。
④ 鱼油:从鱼体中提取出来的油。也泛指鱼类和海兽的体油、肝油、内脏油等。有工业价值,或供食用。日本江户时代,以五岛有川一带为中心的鲸鱼渔猎业,多把鲸鱼的白油精选提炼,用于照明。
⑤ 内房入口处悬挂之物为暖帘,桌子右侧为洗脸盆架。睡房墙壁上所挂之物为团扇和类似拂尘等物。
⑥ 睡房图中诗为"一枝红艳露凝香,云雨巫山枉断肠"。出自李白《清平调词三首》:"云想衣裳花想容,春风拂槛露华浓。若非群玉山头见,会向瑶台月下逢。一枝红艳露凝香,云雨巫山枉断肠。借问汉宫谁得似,可怜飞燕倚新妆。名花倾国两相欢,长得君王带笑看。解释春风无限恨,沉香亭北倚阑干。"

《清俗纪闻》研究

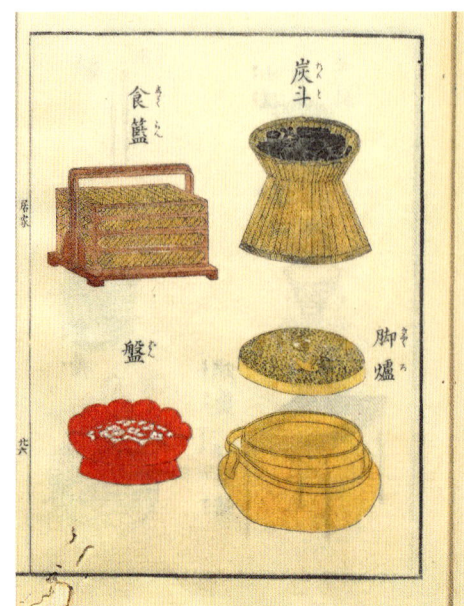

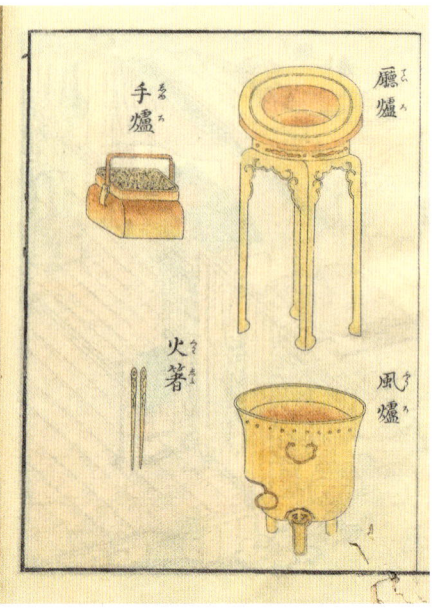

厅炉　风炉①　手炉②　火箸　炭斗　脚炉　食篮　盘

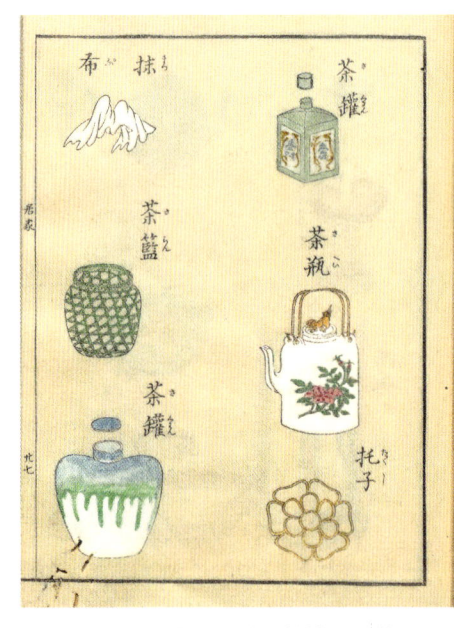

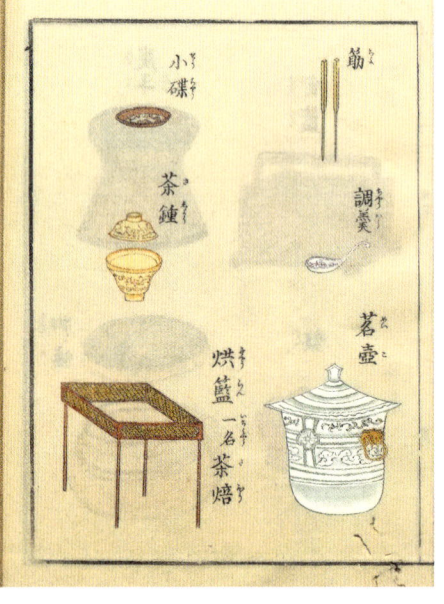

筯(箸)　调羹　茗壶　小碟　茶钟　烘篮(一名茶焙)　茶罐　茶瓶　托子　抹布　茶篮　茶罐

---

① 厅炉：厅堂里使用的暖手炉子。风炉：煮茶的炉子，下部凹处便于通风。
② 手炉：冬天暖手用的小炉，多为铜制。它是旧时中国宫廷和民间普遍使用的一种取暖工具，与脚炉相对而言。因可以捧在手上，笼进袖内，所以又名"手""捧炉""袖炉"；炉内装有炭火，故也称"火笼"。

118

卷之二 居　　家

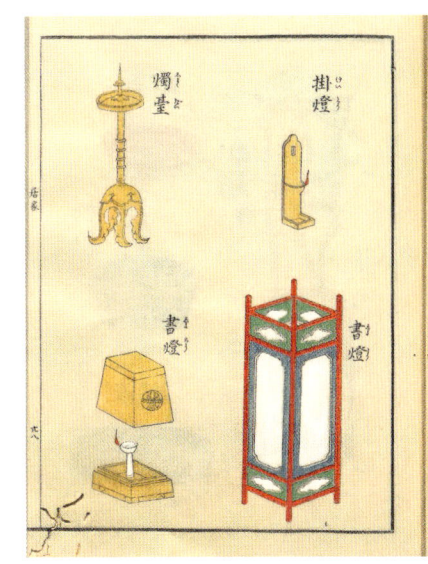

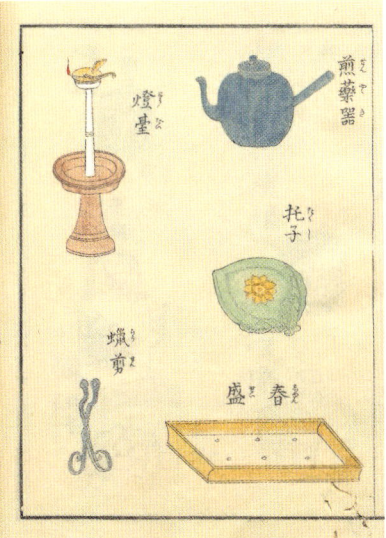

煎药器　托子①　春盛②　灯台　蜡剪　挂灯　书灯　烛台　书灯

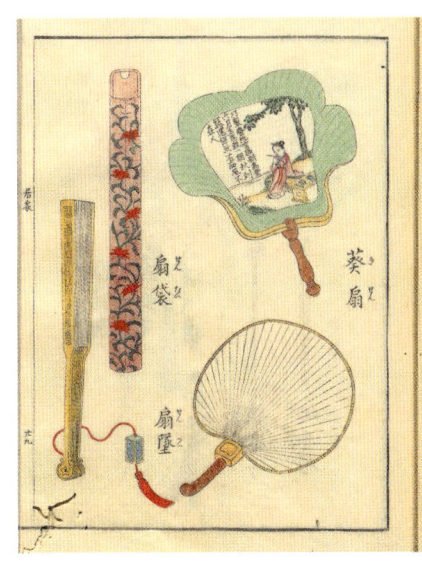

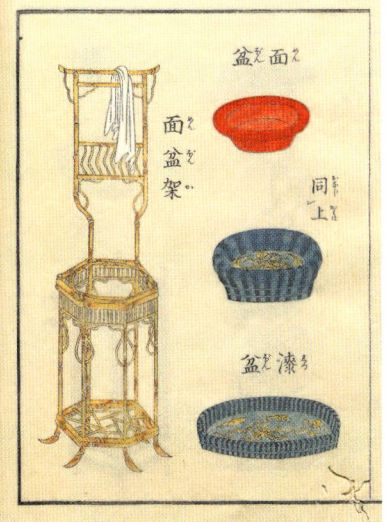

面盆　面盆架　漆盆　葵扇　扇袋　扇坠③

---

① 托子：用以承垫杯碗等，起平稳、隔热作用的器皿。形状多种，始于唐。
② 春盛：一种中间堆放五色糕点的盘。立春出游时用以盛放"春饼"等食品的一种器皿，又称"春盘"。明杨慎《艺林伐山·斗钉》：" 《食经》：五色小饼，作花卉禽兽珍宝形，按抑成之，盒中累积，名曰斗钉。今人犹云钉果盘、钉春盛是也。"
③ 扇坠：系于扇柄之饰物。明谢肇淛《五杂俎·物部二》："扇之有坠，唐前未闻。宋高宗宴大臣，见张循王扇有玉孩儿坠子，则当时有之矣。"图中为雕刻花纹的长方形玉石，通常用玉、翡翠、琥珀等制作。

119

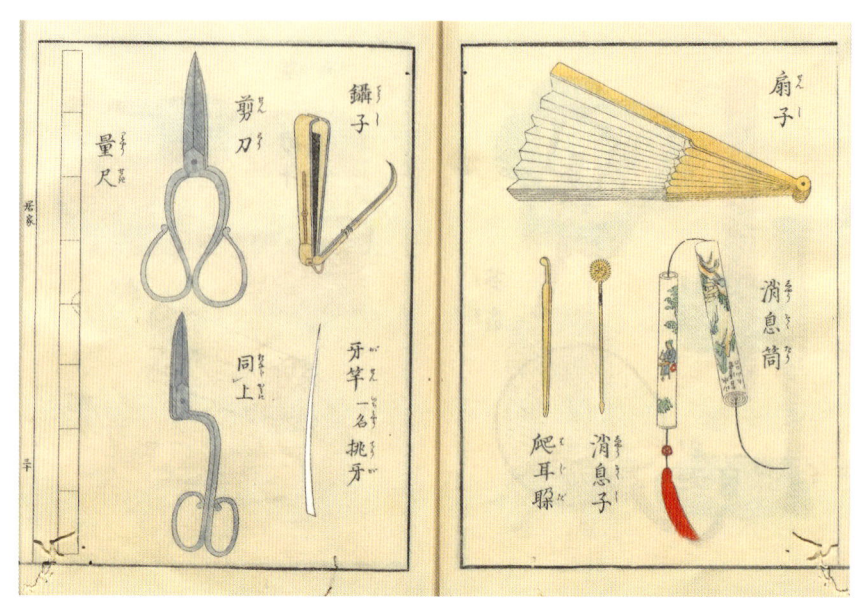

扇子　消息筒　消息子①　爬耳朵　镊子　牙竿（一名挑牙）　剪刀　量尺

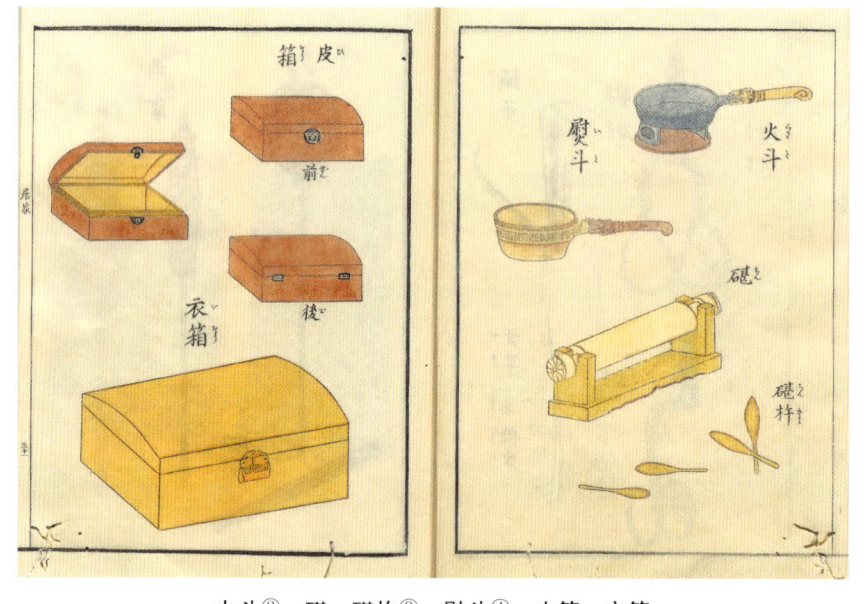

火斗②　碪　碪杵③　熨斗④　皮箱　衣箱

---

① 消息筒：放入消息子的筒。上绘人物山水画。消息子：清除耳屎、带毛的用具。
② 火斗：即熨斗。
③ 碪：也写作砧，俗称搓衣板。古来多为石制，图中乃木制。碪杵：即棒槌。
④ 熨斗：烫平衣物的金属器具。旧时构造形似斗，中烧木炭。今有火熨斗、电熨斗、蒸汽熨斗等。

卷之二 居　　家

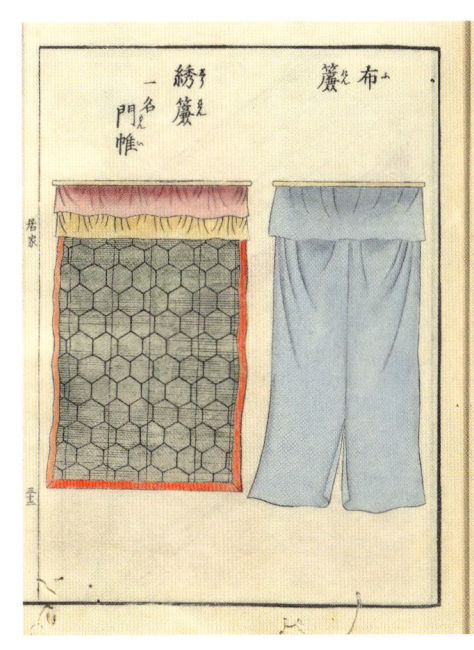

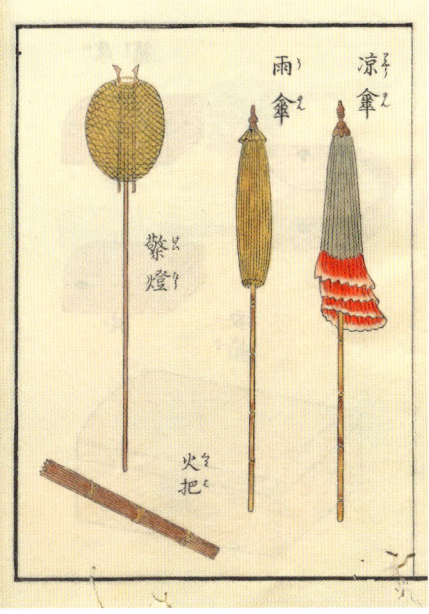

凉伞　雨伞　篝灯　火把　布帘　绣帘(一名门帷)

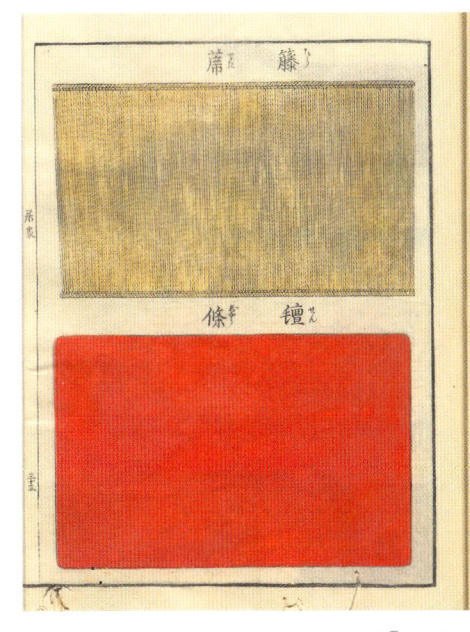

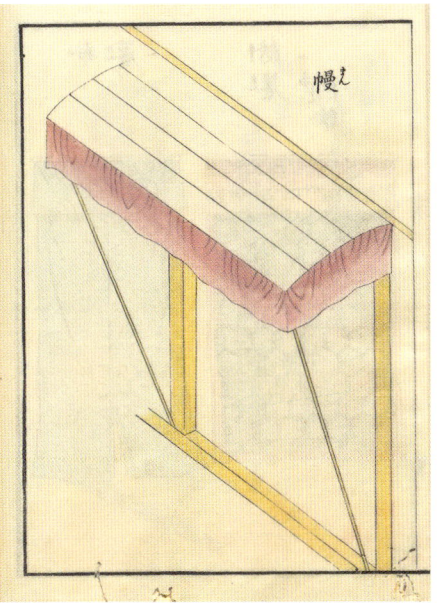

幔①　藤席　毡条②

---

① 幔：以布帛制成，遮蔽门窗等用的帘子。
② 毡条：即成张的毡子。可用于屏挡或铺垫。

121

露台①　走水　漏斗②

○睡床为木制,大小约六七尺见方,或八九尺、一丈见方,装有四根或六根、高约六尺的柱子,可以拆卸。床上先铺簟③,再铺被褥。也有在被褥下垫毯子、毛毡,上面再铺被褥者。床可移动,冬天置于暖处,夏天移于凉处。每家除按家中人数准备外,还需多准备二三张床。簟有藤簟、棕簟等不同种类。睡床顶部钉有木板,也有用两三根木竹撑起布者。床上挂有蚊帐,蚊帐的一侧开口,用钩挂起,以便出入。四季皆用蚊帐。

○浴室、毛坑④建于宅内后方,有与内房通过走廊相接者,也有建在他处者。大小约二三间见方不等。入口处装有门扇。浴室下面铺有石板,四面建有墙壁。毛坑四面也有壁,入口处也装有门扇,便池为埋于地下的瓮或桶。有用木板铺成地板者,也有先用石砖等砌成,再在上面铺木板者。女人皆不去毛坑大小便,而

---

① 露台:即晒台,凉台。上装有遮蔽门窗等用的帘子。
② 漏斗:指锥形的斗,用此与走水相连,将雨水导引至地面。漏斗通常以不锈钢或塑胶制造,古代乃竹制。
③ 簟:指日常用来作障蔽和垫物的竹席。簟席,竹席。原文作"箪"。
④ 毛坑:指简陋厕所内的粪坑。北京话为茅房,温州一带称为茅坑。

用马桶。把内房一个角落隔开,用木板围起,里面放置马桶以供使用。夜晚则将马桶移至睡床旁边。

○厨下①地面为土地,或铺木板,设有灶。靠墙放置橱柜等各种用具及食器之类。灶一侧放水瓮、水桶、手桶②等物。厨房上建楼房,作为奴婢的睡房,也有在下面建耳房者。倘若奴婢为夫妇,则可同居。除此之外,奴住在外面,而婢则住在厨楼。睡房皆有出入门,可从里面锁闭。奴婢的衣服及随手用具等,皆置于自己睡房之侧。

○奴仆、下婢早晨起床后,用发烛儿、火刀石、火刀燃火,准备炊煮。

○铺面在临街的道路两侧设店,后面连接住房。也有把铺面建在另外一栋者,情形不一。店正面设货架,陈列货物。杂物、生药店等则在旁边置天平,设银柜,主管坐在柜前核对货款等,将银钱放进银柜,记入账簿。其他小店则不设天平、银柜,主人坐在店中进行买卖。虽是商家店铺,其内部住室、厅堂、内房等营造式样与一般居家无异。

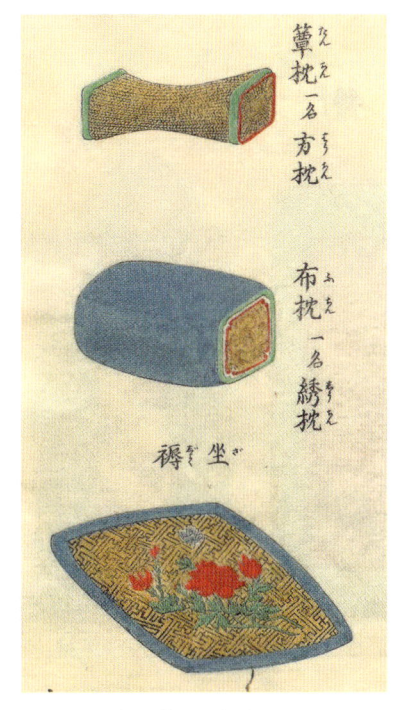

箪枕③(一名方枕)
布枕(一名绣枕)　坐褥

○主人起床梳洗完毕后,穿便服坐于内房椅子上饮茶、吸烟④。然后参拜家庙及自家信奉的神佛。全家人都起床后,一起吃早饭。早饭一般皆吃粥(又称稀饭)。如去远方或出去办事时,则吃肉丝面等。日常穿着为:内穿棉布、绢绸做的小衫,外面穿背心、马褂或袍之类的衣服,头戴睡帽(一名小帽)。与客人面谈或外出时,则戴大帽,穿外套。吃饭时,十二三岁以下男女可以同席,但只限于父子兄弟姐妹。儿媳不得与公公同席,兄弟媳妇也不能与丈夫的兄弟同席。男子

---

① 厨下:北京话为厨房。苏州话为灶下间,潮州话为灶下,厦门话为灶骹。
② 手桶:又称水瓢,用对半剖开的葫芦做的舀水用具。也有用木头或金属做成的。
③ 箪枕:用竹或藤编制而成的方形枕头。
④ 吸烟:中译本未译出。参见中译本第152页。

《清俗纪闻》研究

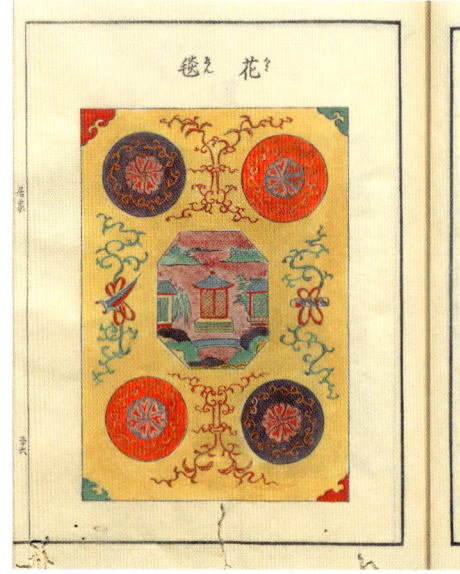

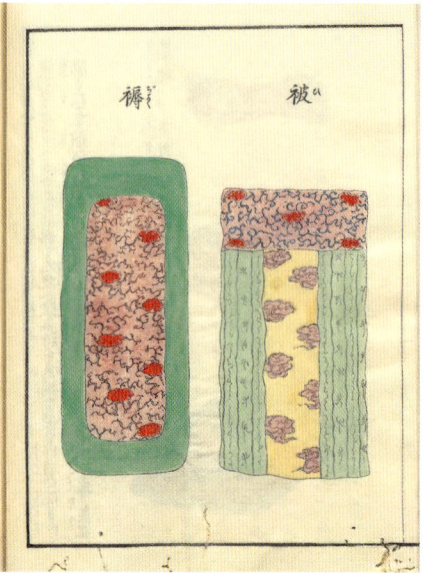

被褥　花毯

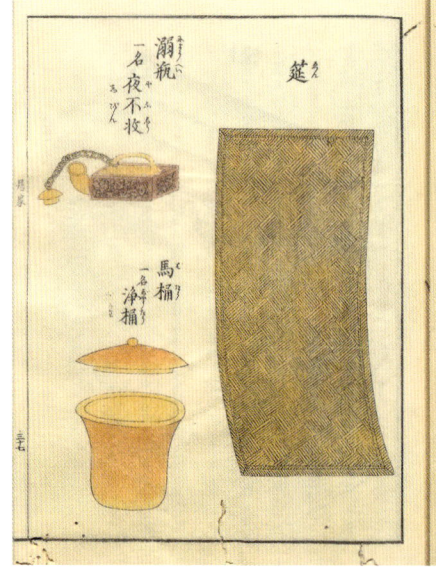

簟①　筵　溺瓶②(一名夜不收)　马桶③(一名净桶)

---

① 簟：指日常用来作障蔽和垫物的竹席。
② 溺瓶：俗称尿瓶。
③ 马桶：是供大小便用的有盖的桶。汉朝时叫虎子，是皇帝专用。由专门服侍皇帝的太监抱着，以备皇帝随时方便之用。至唐朝，避皇帝家族"李虎"之讳，把虎子改名为兽子或者马子。

124

卷之二　居　　家

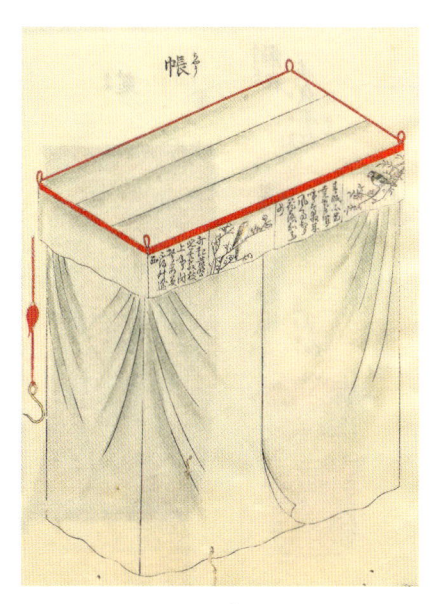

帐①

烟窗②　厨房　浴室　毛坑　仓　井　桔槔③　柴仓

---

① 帐：所绘图为梅花与莺，右侧诗为唐孟浩然《春晓》："春眠不觉晓，处处闻啼鸟。夜来风雨声，花落知多少。"左侧诗为金昌绪《春怨》："打起黄莺儿，莫教枝上啼。啼时惊妾梦，不得到辽西。"
② 烟窗：用青竹编制而成，上建有防雨的小屋檐。
③ 桔槔：亦作"桔皋"。井上汲水的工具。在井旁架上设一杠杆，一端系汲器，一端悬、绑石块等重物，用不大的力量即可将灌满水的汲器提起。

125

《清俗纪闻》研究

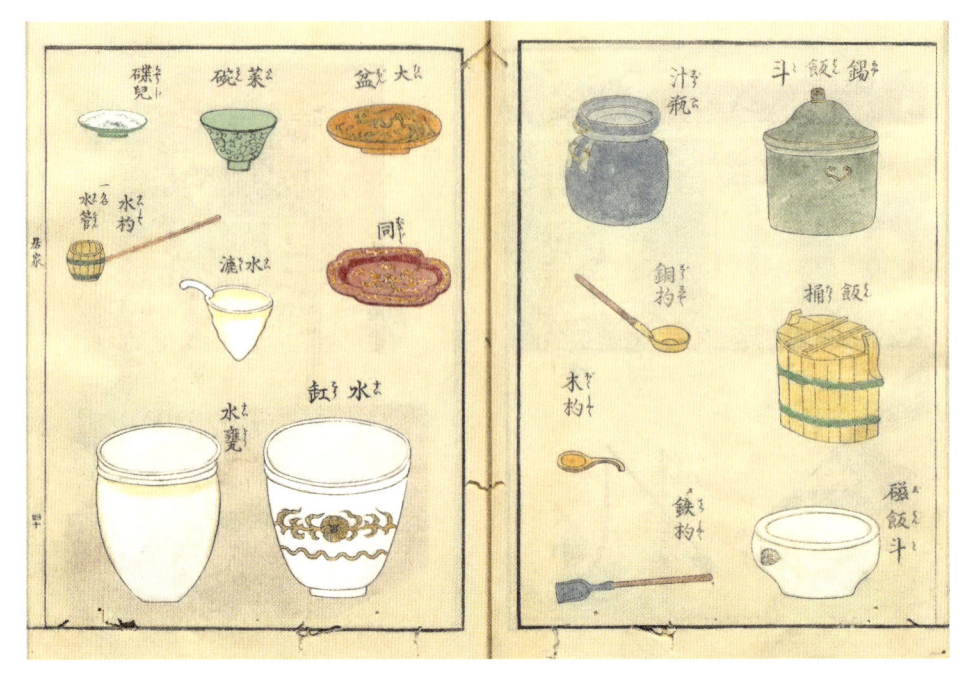

锡饭斗　饭桶　磁饭斗　汁瓶　铜杓　木杓　铁杓　大盆　水缸
菜碗　水漉　水瓮　碟儿　水杓（一名水管）

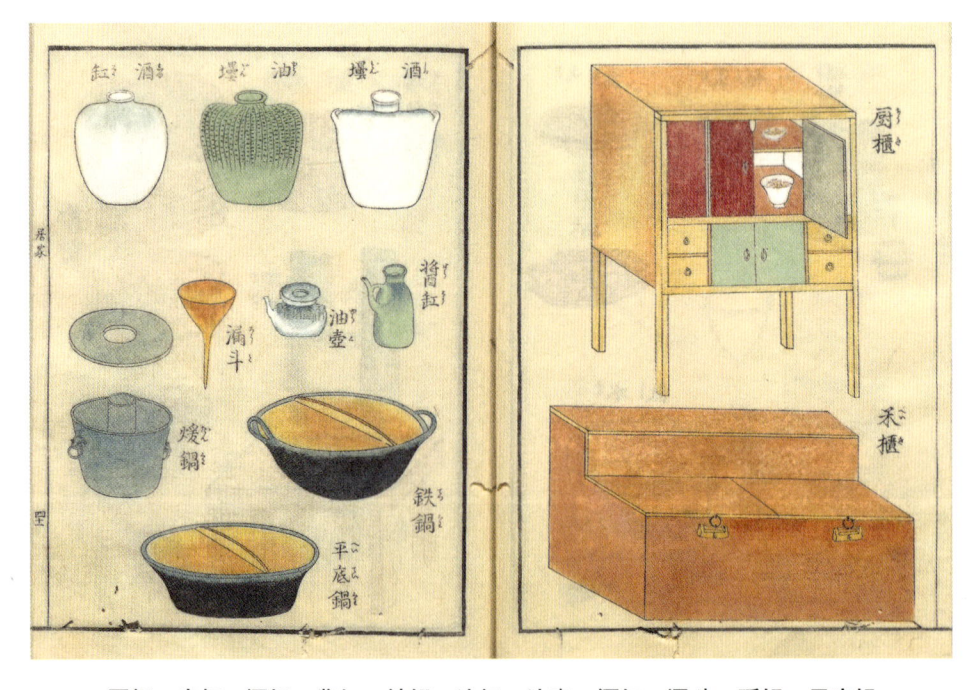

厨柜　米柜　酒坛　酱缸　铁锅　油坛　油壶　酒缸　漏斗　暖锅　平底锅

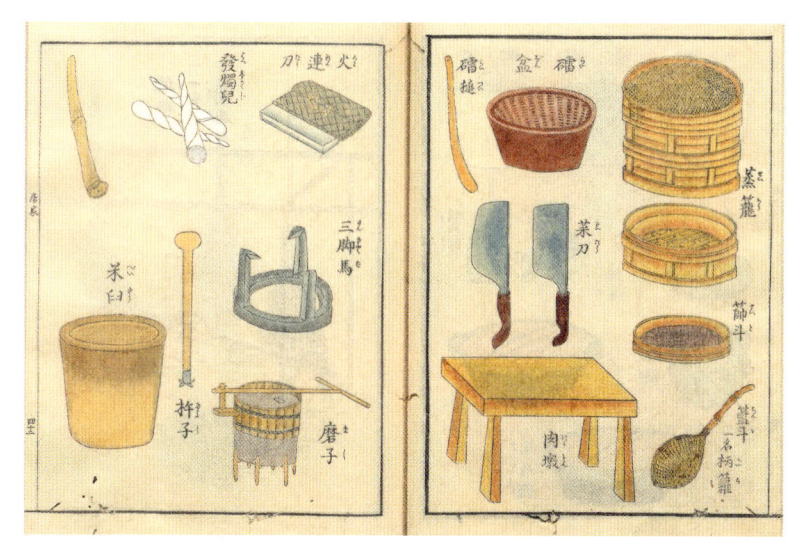

蒸笼　筛斗　篮斗①（一名柄箩）　礧盆②　菜刀　礧槌　肉墩　火连刀③
三脚马　磨子④　发烛儿　杵子⑤　米臼⑥

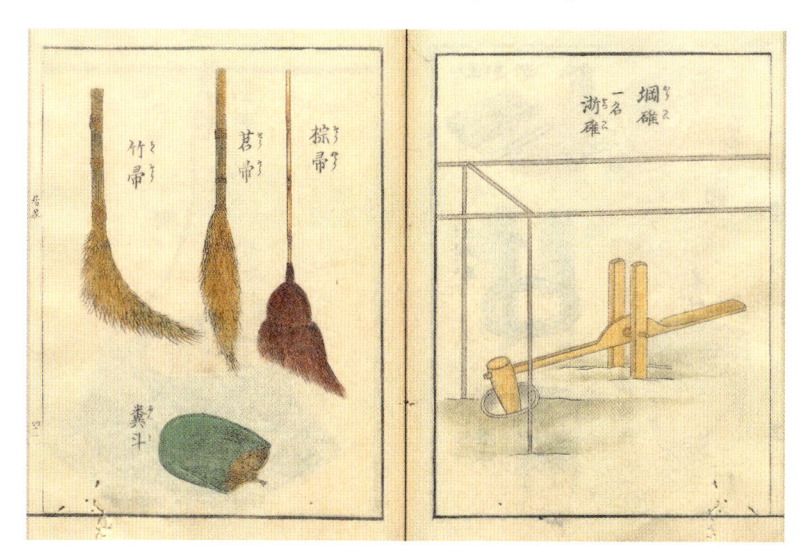

缸碓⑦（一名浙碓）　棕帚　苕帚　竹帚　粪斗

① 篮斗：空水用具。
② 礧盆：木石制磨谷用具。
③ 火连刀：即火镰刀。
④ 磨子：用两个圆石盘做成的粉碎谷物的工具。
⑤ 杵子：舂捣谷物、药物及筑土、捣衣等用的棒槌。
⑥ 米臼：舂捣粮食或药物等的工具。
⑦ 缸碓：舂米的工具。最早是一臼一杵，用手执杵舂米。后用柱架起一根木杠，杠端系石头，用脚踏另一端，连续起落，脱去下面臼中谷粒的皮。

127

《清俗纪闻》研究

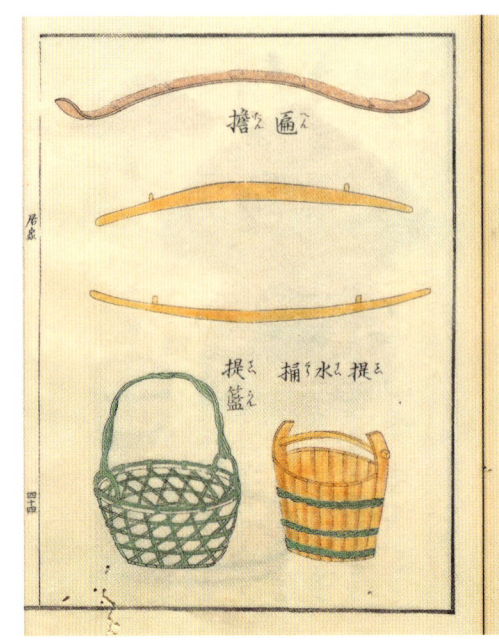

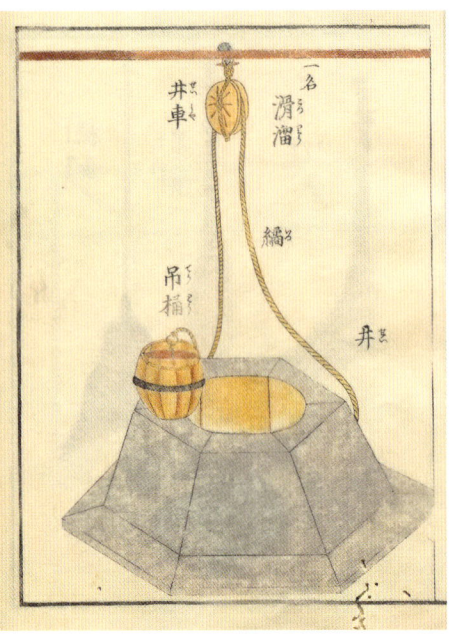

井车①（一名滑溜）　繘　吊桶　井　區担　提水桶　提篮

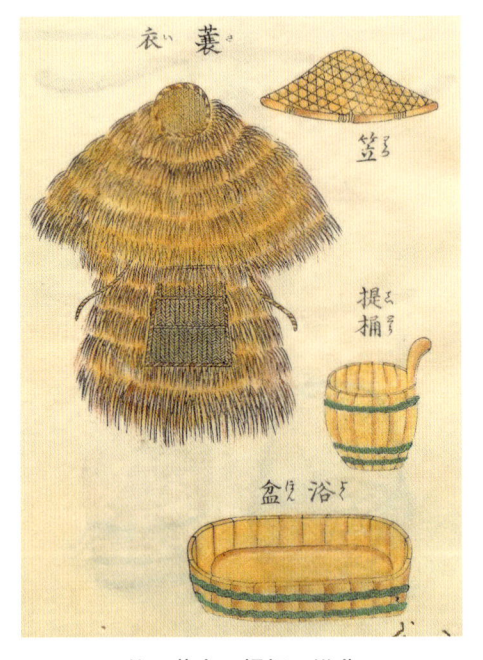

笠　蓑衣　提桶　浴盆

---

① 井车：即使用滑轮汲水的工具。

128

多在外房吃,妇女在内房吃。旁边伺候者为奴婢之类。早饭后,供职于衙门者以及行商①、工人、脚夫、坐商等人皆事本职工作,毫不懈怠,亦抽暇做家务等(日常衣服、小衫、马褂、背心、外套、袍等图见冠服部)。

○妇女早晨于内房梳妆打扮后,坐于椅上勤恳缝补等。大户人家的妻女不缝制衣裳,只依爱好做些剪纸、绣花、挑花等事。中小户人家,丈夫的衣服等皆由妻女缝制。

○男女在洗脸前,先卷起袖子,以防弄湿,并注意不使水溅向前后。

○吃饭时,要格外小心,以防弄脏衣服。路上步行时,也需留心不要沾上泥土。做事时,须脱去上衣,只穿小衣,系紧腰带,以便利为第一。

○坐时,应定身端坐,收敛两脚。拱手时,不可偃仰倾斜或倚靠几席。与人对坐,要敛身端庄恭敬,不可张开手臂妨碍他人。

○站立时,拱手并足,端立于应站之处,不可歪斜。即使困倦,也不可倚靠墙壁。

○行走时,双手放入袖中,徐徐缓步。不可高抬阔步,左右摇摆,挥动衣裙。自己要时常注意脚步,登高时,应手持衣裙防止跌倒。平日行走时,以从容为贵,不可跳跃前行。遇见尊长,必须急忙上前致敬,不可迟缓。

○言谈时,要经常缄口静默,不可轻率发言。如有应说之事,也需声气柔和,不可大声喧哗。言词要真实有据,不可虚诞,也不得亢傲、随意谈论他人长短。

○饮食时,要端正身体,不可靠近桌子。应从容举箸,不可急于向盘中伸箸,乱拨菜蔬,不可大声咀嚼。即使自己嗜好之菜肴,也不可贪吃。小心放置碗箸,不可误用、落于地上。也不要过量饮酒。

○男子至四五岁或五六岁时,教以书法,让其读书。女子则以传授针线为首选,也有向女子传授书法,让其读书作诗者。无论男女,书法皆自楷书教起。总体来看,富有人家多在家中设馆请师传授,此教师称为"门馆先生"。无力在家中设馆请师者,则在寺院设馆,让学生每日赴寺院学习书法、读书等。但绝无女子赴外馆读书之事。商贾之家则请老师教授算术。

○家中祭祀的神佛有天后圣母、关老爷、观世音菩萨等,家家信仰不同。但

---

① 行商:外出经营的流动商人,与"坐商"相对。坐商乃为在固定地点营业的商人,又称"坐贾"。

家庙皆立祖先木主,供奉香花,不可怠慢。

○朋友探望或有事而来时,奴仆在公堂迎接。客人问:"主翁在么?"如不在家,则回答:"有事外出,不在家里。"如在家,则说:"请坐。"客人落座后,径直至内屋禀报主人某相公来到(江南、浙江等地称"相公",对以钱米捐纳官职之人则称"某爷"。福建等地称"某之一官""二官"。山东或徽州等则称"某朝奉①")。主人出来说:"劳驾。"客人则说:"惊动。"互叙寒暄后谈话。如是亲戚,则径直进至里面之居室,问:"某翁在么(也可称某先生)?"主人如不在,则妇人、老姑等出迎,致万福②,叙时节寒暄(妇女不称拜,而称万福)。但对朋友等人,堂客(一般称妇女为"堂客")则不出面对话。客人离去时,如是亲戚,则送至外厅门口。妇女不出外厅,由男子送出门口或外厅。此时,客人说:"请留步。"主人则回应:"免送。"凡客人来访而主人不在时,皆由奴仆出面道:"东人(称自家主人为东人)不在,有什么贵干说把③我。"客人则把应说之事告之奴仆。如有难以告知奴仆之内情,则问:"令郎在么?某伯、某叔在么?"如在时,则出面会见,述说内情。但无面见主人的妻女述说之事。小户人家奴仆少,家主若不在,妻女也可至内房门口,隔布帘应对招待客人。至于下贱者或农家之类,因无内房,故妻女常与男子应对。也有妇女自己出门购买鱼菜等。

○外人来到大门口,家人不在而又无人接待时,则说两三声:"在么,在么?"如无人回答,则返回。如是亲近之人,则可走到内房门口说:"在么?某某了。"

○士农商之家有称为"买办"④之人,日用伙食等厨下所需诸事,皆由买办料理。另有称为"管家"之人掌管金银出纳及他处的交易,如日本的"手代"⑤。但中户以下人家多由主人自己料理。

○历本中皆列有热水浴及剃头之日。夏天隔三四天或四五天入浴一次。绝无每天在热水中沐浴之事。多在浴盆中放入热水,把手巾浸湿,拧干后,擦洗全身。

---

① 朝奉:宋有朝奉郎、朝奉大夫等官名,无定员。宋人因以"朝奉"尊称士人。徽州一带的商人也用来相互尊称。福建一带的"一官""二官"称谓,类似于"太郎""二郎"的称谓,清人在赴日后也沿用。
② 万福:古代妇女相见行礼,多口称"万福",后因以指妇女行的敬礼。行礼时,两手松松抱拳,重叠在胸前右下侧上下移动,同时略做鞠躬的姿势。
③ 把:给之意。此乃当时的方言用语。
④ 买办:购买,置办。旧时用来称谓负责采购或兼理杂务的差役。
⑤ 手代:受店主或支配者的委任处理某些事务的负责人。

○农夫、雇工等小户人家于浴堂①中洗浴。浴堂的浴池为八九尺见方或一丈二三见方的大箱状。放入热水后,可供二三十人入浴。由浴堂主人或其家人等管理衣柜。衣柜编有号数,在钥匙上盘上号牌。客人来时,将附上同样号牌的手巾交给入浴客人,客人把衣服放进柜子里后锁上,进入浴池。洗浴完毕后,按照手巾及钥匙的号码打开衣柜,付钱穿衣。沐浴费为每人铜钱三文②。

○也有称之为盆汤者。每人备有一木盆,并隔成单间,单独洗浴。其费用为每人三四分。

○所有的洗衣,多由老妈③一类人从事,也有奴仆等洗濯。有寡妇以此工钱维持生计。

○冬季使用手炉④。极寒天气中,手足冰冷时,在脚炉⑤中放入炭火,上覆灰,置于椅子或睡床前,将脚置于其上取暖。或在一间房中摆放两三个有火的大火盆,但不在火盆旁烤手。也有类似日本的"炬燵"⑥那样,在地上建地炉、石炉者,但南方温暖之处不用。

○往来书翰皆使用红纸或称为"斗方"⑦"花笺"之纸,放入封筒让仆人持送。也有置于拜盒⑧中遣送者。吊丧时使用白纸。申请书用奏本纸,折叠,上列有全启、副启等字样,粉红色条格。此称为"格纸"。

○凡向别人献茶或自己饮茶时,首先擦净茶碗。放入茶叶,浇入煮沸的白开水后加盖暂时放置。稍后去除浮起的泡沫,再加盖献给客人。茶碗皆有盖。

○烟包呈荷包形。烟筒杆用长约二三尺之紫竹、方竹或通天竹等制成,多用白铜。烟嘴有用象牙者,也有只用白铜者。高官贵人则用白银。

---

① 浴堂:澡堂。寺院和皇宫中有浴堂。宫中浴堂又称浴殿,唐代皇帝常在这里召见文人学士。后来市井也有浴堂。北京话称为澡堂、澡塘,入浴称为洗澡。类似于日本称为"钱汤"的洗浴场所。
② 铜钱三文:原文作"三铜",日本国立国会图书馆藏《续清朝探事》(索书号:わ382-5)作"三文"。
③ 老妈:年老的女佣。
④ 手炉:冬天暖手用的小铜火炉。
⑤ 脚炉:冷天烘脚用的小炉。多用铜制,也有瓦制。状圆而稍扁,有提梁,炉中燃烧炭墼、锯末或砻糠等。
⑥ 炬燵:把松、竹、苇等物束紧,尖部点火,用于照明或温暖房屋之物。
⑦ 斗方:书画所用的一尺见方的纸。
⑧ 拜盒:又称拜匣,即文箱。

《清俗纪闻》研究

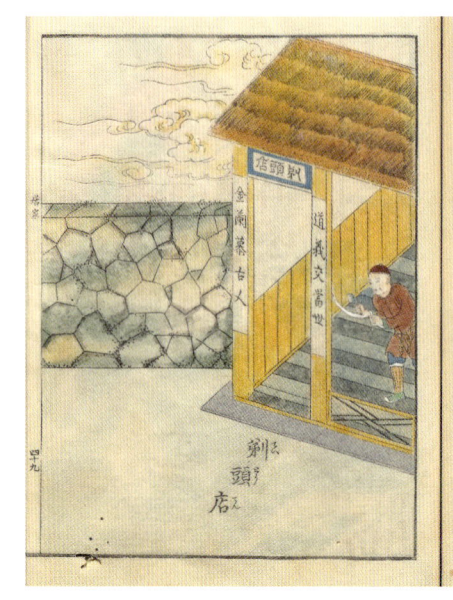

剃头店①

浴堂②

---

① 剃头店：入口处的两个门柱上分别题有"道义交当世""金兰慕古人"。
② 浴堂：入口处的两个门柱上分别题有"杨梅结毒休来浴""酒醉年老没入堂"。明清时代，为了保持公共浴室与池水清洁，寺院所设公共浴室最早做出规定：进去洗澡不得"涕唾污秽"。浴室经营者更明确提出：禁止传染病病人入池，以免传染他人。有的浴室还以对联形式，将警示张贴上墙："身有贵恙休来洗，年老酒醉莫入池"；或是"杨梅结毒休来浴，酒醉年老莫入堂。"

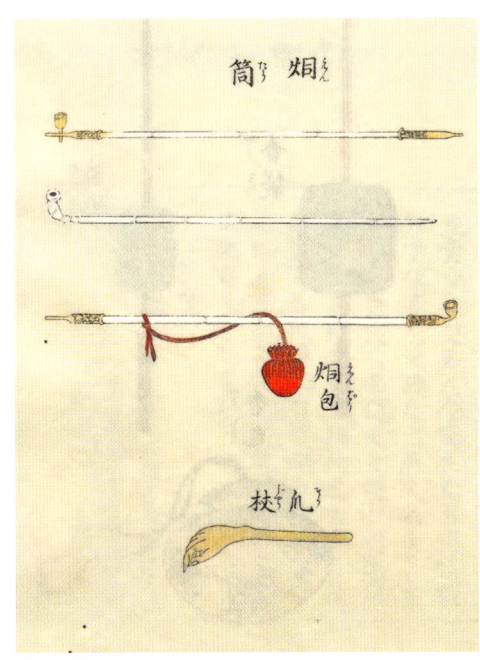

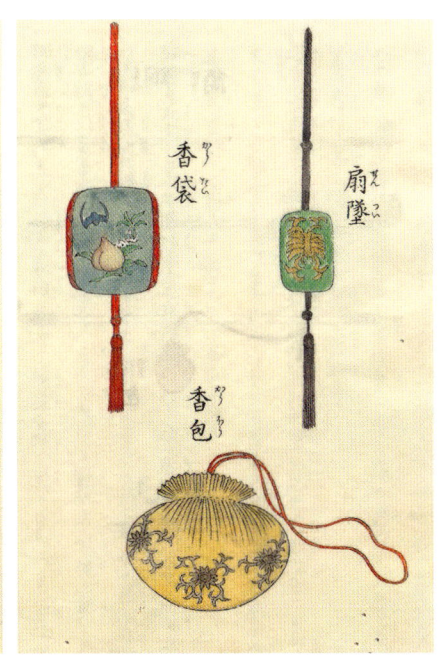

扇坠　香袋　香包　烟筒　烟包　爪杖

○奴婢自幼年起即被买断终生，商议好身价银后，由近亲立卖身契。若长大后欲赎身往别处做工，也可由父母交还原来身价银领回。如人品好，深得主人欢心，则伺候主人数十年后，也会让其成家，或在家中选娶媳妇，夫妇皆为主家使唤。婢也同样。或于五年、十年间卖出，或给工钱雇用，称为"雇公"。薪钱大致为每年银五六十目不等。买断终生的身价为三十贯文或五十贯文不等。婢皆买断。

○凡五节或婚礼之类庆贺节日，常有乞丐来门前乞求赏钱。此时，给米或钱。也有事先呼唤丐头，为使节庆之日乞丐不再前来而给铜钱五六十文或一二百文。当日把从丐头处拿到的收票贴于门前。凡贴有此收票，乞丐不前来乞讨。

○官府询问以及指名召问某人时，常使承局[①]或管家持帖至其家，交给主人，告知因有事召询。若不知其居宅，则通知该街保长，由保长再通知本人。

○卯刻，衙门所属吏胥出班，本官出堂。此时，皂隶（类似于日本之"足

[①] 承局：差役的尊称。清代皇商在各省的承办人也称为承局。

轻"①)首先拿出领文牌,交给负责分发诸官府公文申覆等公务的官吏。需要传递的公务,则交给铺司②。其次拿出投文牌,诉讼者直接将诉状放于本官公案上退下。接着,又拿出禀事牌,有机密之事等,直接向本官禀报。上述各事完毕后,再传召犯者,进行审判裁决。

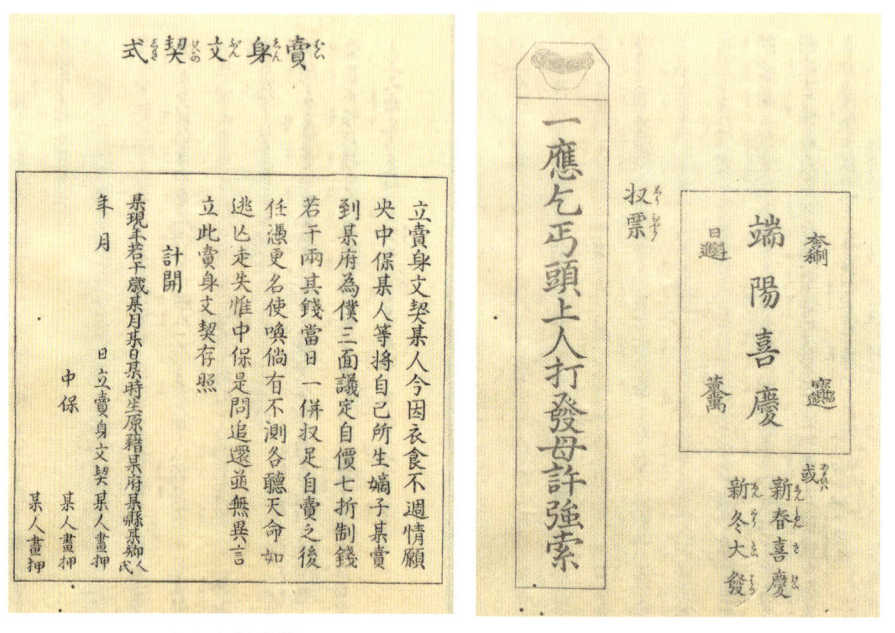

卖身文契式③　　　　　　　　**收票④**

○吏胥于卯刻赴衙门出班,称为"点卯"⑤。午刻退班用饭。办理政事者,午饭后再出班。称类似日本的"御用日"为放告日期。诉讼箱与投文牌相当。本官

---

① 足轻:平时从事杂役,战争时作为步兵的下级武士。
② 铺司:古时驿站的主管人员。由其派遣铺夫。铺兵传递公文书。
③ 内容为:"立卖身文契:某人今因衣食不周,情愿央中保某人等将自己所生嫡子某卖到某府为仆,三面议定,自价七折,制钱若干两,其钱当日一并收足。自卖之后,任凭更名使唤。倘有不测,各听天命。如逃亡走失,惟中保是问,追还并无异言。立此卖身文契存照。记开某现年若干岁某月某日某时生原籍某府某县某乡人氏。年月日立卖身文契某人画押。中保某人画押。某人画押。"中保:居中作保之人。担保人。存照:把契约、文书等保存起来以备查考核对。亦指保存起来以备查考核对的契约、文书等。
④ 图中为显示节气的语言,四侧边缘为吉祥的文字。端午节为端阳喜庆,正月为新春喜庆,冬年为新冬大发。四侧文字,右上为"大吉大利",右下为"招财进宝";左上为"日进斗金",左下为"黄金万两"。图左方写:"一应乞丐头上人打发母(毋之讹)许强索。"文字之上所画为元宝图样。
⑤ 点卯:官衙官员查点到班人数。因在卯时进行,故称。亦泛指点名。

在政事闲暇时，根据爱好，从事诗文、书法或琴棋、骑射等事。家事由都管①办理。从早到晚皆不从事家务，只专于政事（投文牌之图与领文牌式样相同）。

○商家主人早饭后，经营店铺，根据情形指派伙计从事买卖。晚间对照账簿核算白天的销售金额，并对收入的金银钱兑称点检，加以收存。大户商家因拥有众多店铺，伙计亦多，故或提拔多年勤恳工作的伙计为主管，或请同族人照管，自身很少从事各项核算，每一两个月彻底核算一次。大户商家在其他州府也有多数分店，但皆由亲戚做店主，自己只负责处理进货等交易。倘若距离过远，或总店主的亲戚勤恳从事，则完全委任此亲戚负责。卖货所得金银于一两个月清算一次，除留足自店需用外，其余皆上交总店。讨债定于端午、中秋、年末三节。如到期，则向债主或赊卖货物处致信，并遣伙计前往讨债。有按照约定返还者，也有拖延至下一时节再还者。在讨债期间，本家主人昼夜稽查诸账目，点检金银，记入账目，于欠账上加点。如至年末，则彻夜不息。倘若欠主偿还不足，则提灯追索至天亮。正月初一日出后，方停止讨债回家。

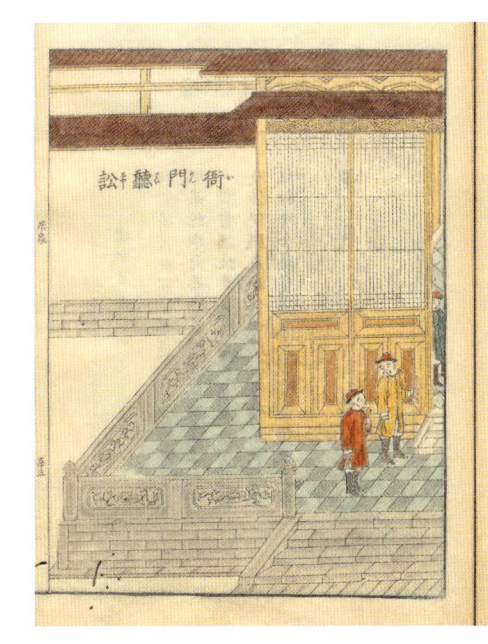

衙门听讼②

① 都管：总管，管家。
② 堂内为上级官吏，中央为当地的最高官员。原告与被告皆跪坐，左右站立官员为下级官吏。

《清俗纪闻》研究

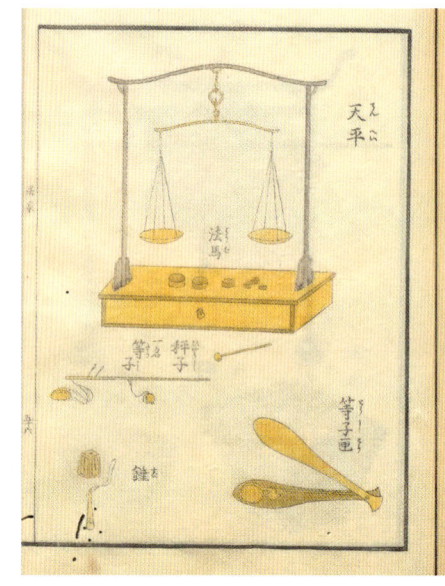

告状略式① 天平 等子匣 法马 称子(一名等子) 钟

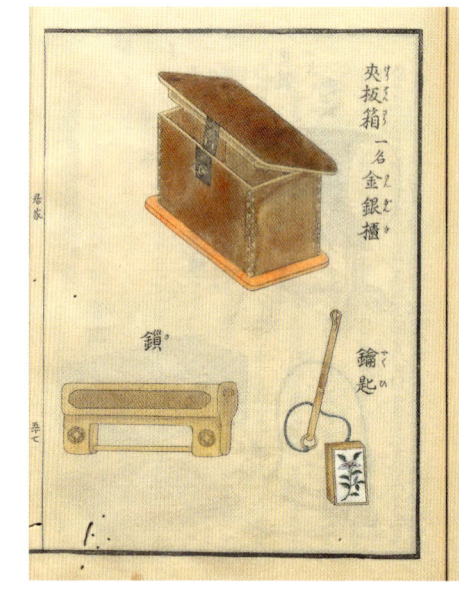

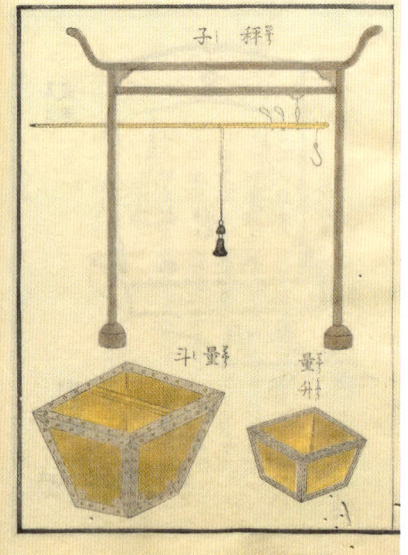

秤子 量升 量斗 夹板箱(一名金银柜) 钥匙② 锁

---

① 告状略式的内容为:"盗贼呈子:某都某里地方某等呈为被盗牛只事。本都某于本月某夜某时分被贼盗去耕牛一头,当投地方某跟寻到某处地方,捉获及得现贼,是的系干贼盗事情,不敢擅便私和,理合送官惩究,为此具呈。须至呈者。年月日原告某人。"

② 钥匙:为避免脱落丢失,而附有坠子,如扇坠一样。

136

○诸店皆有通账之类。付款日期为三节或五节（总体来看，五节中之端午、冬至、年末三节为大节，立夏、中秋二节为小节）。柴薪每百斤约二匁左右，火炭每百斤十匁左右。食盐每斤十文左右，在山区等处每斤约五十文左右。交换的比率，每贯钱约银七匁三分左右，但时价涨落不等。

○批发商称为"行户"或"行家"，船家称为"船户"，牙行①称为"飘行"。总体来看，凡贩卖物品等皆向批发商缴纳人头钱，此称为"打抽丰"。船家也同样。

○农家皆为草屋顶，外面有设泥墙、板墙及门者。小户也有只建居室者。

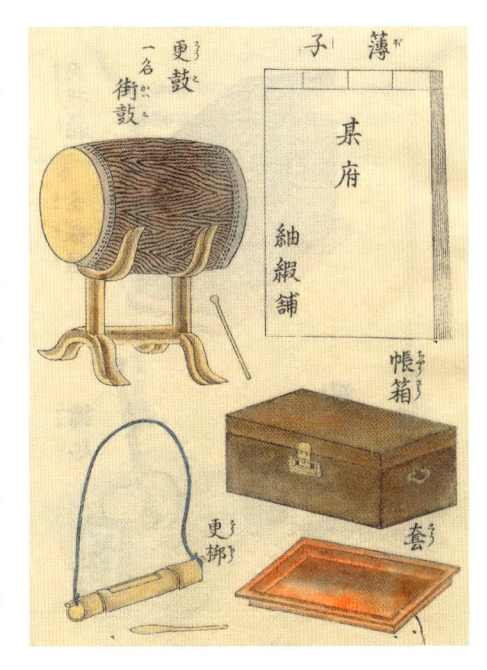

簿子② 账箱 套
更鼓③（一名街鼓） 更梆④

农家中，大户设有厅堂、书房、内房等，与城内大户无异，且皆为瓦顶。在宅院前后空地，建草屋顶的贮藏小棚，此称为"打麦场"。并在同一地面建仓库，贮存米谷等。

○仓库皆二三间见方，大小不等。屋顶铺瓦，四面用砖石砌起墙壁，里外涂抹白灰。在一面设有出入口。里面有木板门扇，外部以土扇锁闭。其建筑样式，既有楼房结构，也有平房结构。楼式仓库，在两面开有小窗，立柱建造。平房仓库则多不用柱，四面用砖砌起，只在屋顶处架梁，作盖葺瓦。用土或砖石铺成地面。积存粮袋时，须在地面垫上木头后再堆起。

○农家每日早起耕作。根据耕作繁简，出门的早晚不同，但多于卯时吃早饭后赴田园。耕作地点如在家附近，则回家吃午饭。如较远，则由妻子女儿在家中

---

① 牙行：旧时为买卖双方说合交易而从中收取佣金的商行。亦指其行主，后泛指市集。
② 簿子：顾客记账簿，"某府"乃顾客名。
③ 更鼓：报告时间所用的鼓。
④ 更梆：北方的更梆多为木制，如图南方的更梆则为竹制。

犁田

做好午饭,用竹篮盛放碗碟箸等物,送到田间食用。天黑前回家,吃晚饭后休息。耕作繁忙时节,小户的农夫、佃户等与妻子一同出外耕作。全家皆出外耕作时,则把早晨准备好的食物带往田地食用。耕作之米、麦等物收获后,照例先纳官粮,剩余部分贮存于家中,随时卖出。

〇大户人家有田地者,皆命农夫耕作,每年收若干田租,无自家耕作之事。从佃户按约定缴纳的粮食中,缴纳官粮后,余下的部分贮存。也有留足当年全家食粮,剩余部分随时卖出者。

〇官粮每亩缴纳税一斗米。但有上田、下田之别。有用米缴纳者,也有用银或银米缴纳者。用米缴纳因有耗米①以及米色好坏等,极为麻烦,故大户人家多用银缴纳。田租每亩约一石或一石五六斗不等,也因田地好坏、农夫贫富而各异。官粮以去壳的糠米缴纳。麦子每亩则交纳一石五六斗或二石,甚至二石三四斗。

〇总体来看,称人名为"花名",称户名为"花户"。花户十户为一组,一组之头称为"户头"。由户头向十户催缴银米。十户头之长,称为"甲长"。村落大小不同,甲长数也多少不等。其总头称为"里长"。里长催促一村缴纳银米,交于县。花户缴纳银钱,使用包装纳银的纸袋。纸袋由两张厚纸贴成,并有"定"字的折判。纳银由名为柜吏的官员负责将银包放入收银袋中,写上某村某项纳银米数目、何月何日收取、官员某某,并核对无误。收簿上也记有相同文字。缴纳稻米,称为"上仓交粮"。除缴纳稻米外,还要增添加耗、茶果、仓书、斗级②、纸张、量斛、看仓等花费。如为船运,则要添加水脚③、垫船、神福④等花费。

---

① 耗米:旧时官府征收钱粮时以弥补损耗为名额外加征的部分。
② 斗级:主管官仓、务场、局院的役吏。斗谓斗子,级谓节级。
③ 水脚:水路运输费用。
④ 神福:即纸马。旧时祭神所用印有神像的纸。

卷之二 居　　家

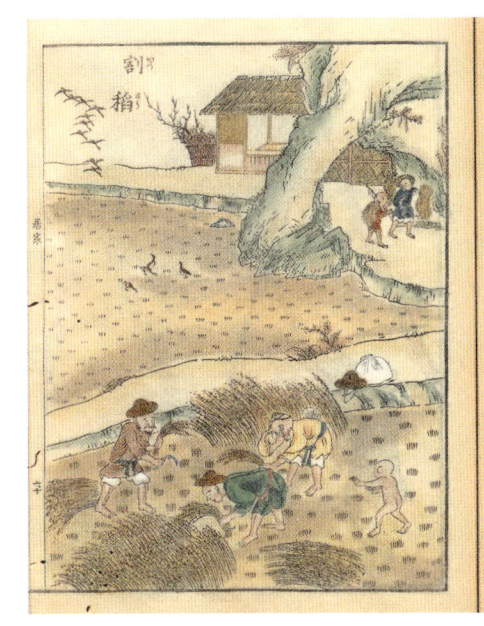

插苗　割稻

麦筅① 木礧②

---

① 麦筅：即麦筅，一种装有横档便于悬挂禾把防止霉变的架状农具。
② 木礧：木制磨谷用具。

139

《清俗纪闻》研究

土罗① 水碓②

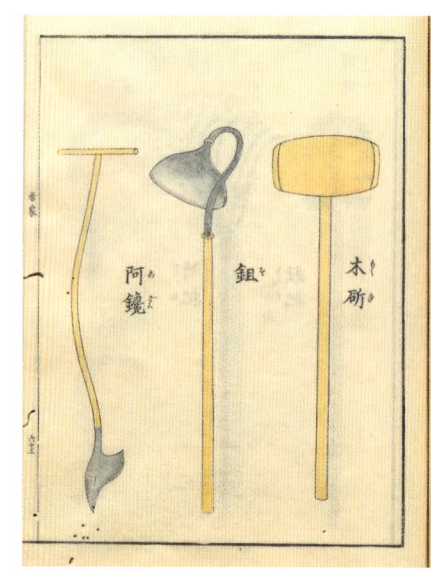

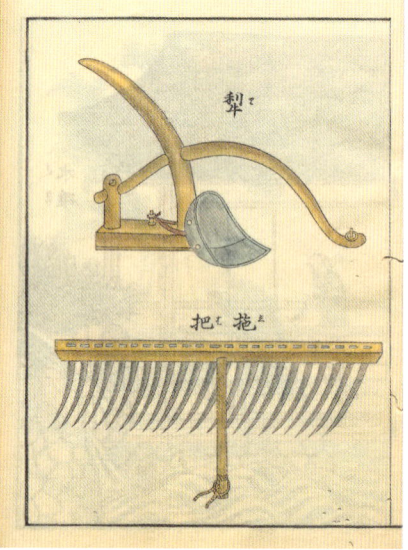

犁 拖把③ 木斫④ 锄 阿镢⑤

---

① 土罗：即筛子。一种用竹丝或金属丝等编制成的器具。多小孔，用以分离粗细颗粒，漏细留粗。
② 水碓：利用水力舂米的器械。
③ 拖把：带有许多铁齿，用来把割下的麦子收拢在一起的耙子。
④ 木斫：即櫌。一种敲打土块、平田的农具。
⑤ 阿镢：古代的一种掘土器具。装上弯曲的长柄，用以掘土，称长镢。

140

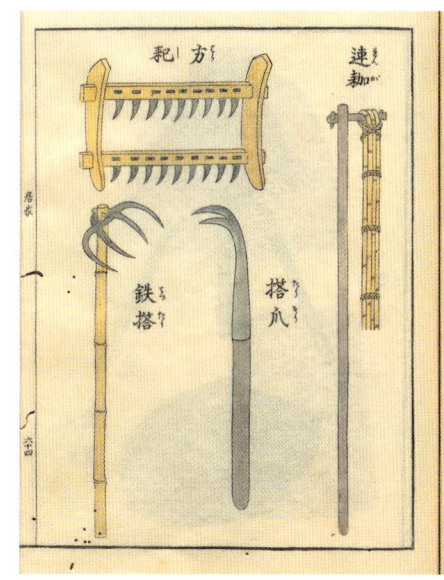

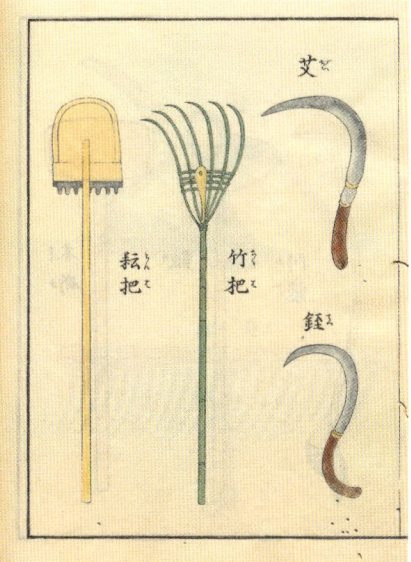

艾　铚①　竹把　耘把　连耞②　搭爪　铁搭　方耙③

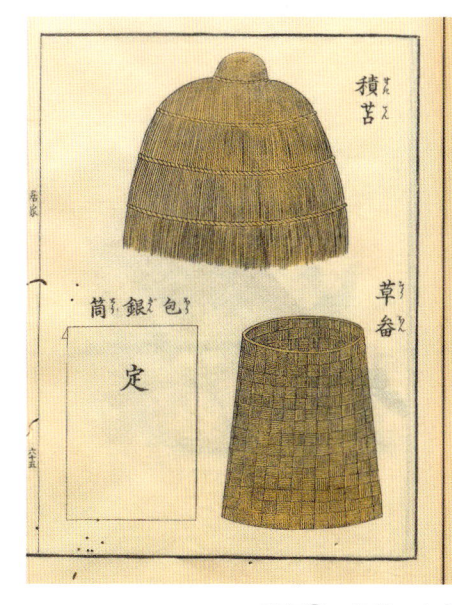

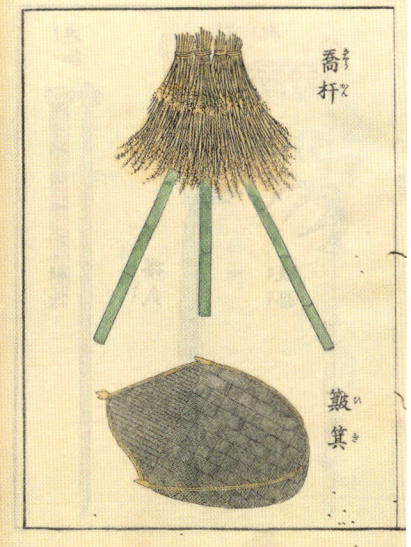

乔杆④　簸箕　积苫　草畚　包银筒

---

① 铚：短镰刀。
② 连耞：一种用于脱粒的农具。
③ 方耙：耘稻用的耙。
④ 乔杆：把三根长度相等的竹竿上部系紧，下端分开，呈三角状，覆上稻草，置于田中。

141

《清俗纪闻》研究

粪窑① 机②

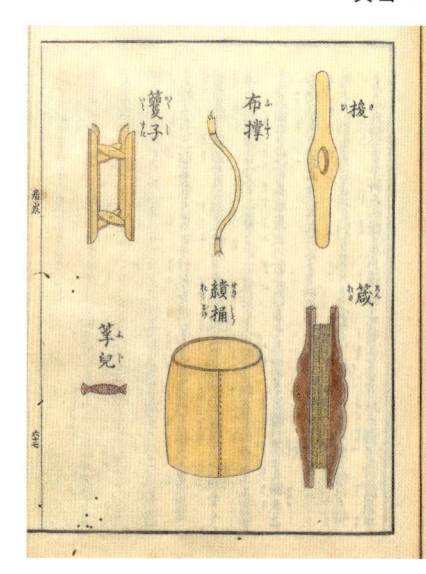

缫车③ 梭 筬④ 布撑 绩桶 篗子⑤ 筜儿⑥

---

① 粪窑：粪缸为木制，缸上放着粪瓢，上覆盖竹编遮棚。
② 机：指织机。图中似为江南一带的织机，机材使用的是竹子。
③ 缫车：缫丝所用的器具，坐在凳子上的妇女手持筜儿卷丝。此为立式，使用起来较为便利。
④ 筬：音 chéng，日语读作"おさ"。织具，织布用的杼、箱。日译本作"箴（zhēn）"，日语读作"はり"，当讹。参见日译本第一册第120页。箴乃缝衣的工具，后写作"针"。底本作"箴（zhēn）"。万青堂求版（明治九年补刻）作"筬（chéng）"。
⑤ 篗子：用以缠丝、线的工具。
⑥ 筜儿：旧时纺车上用来络丝的工具。

142

○贮存稻米时,仓库地面需先垫上五六寸厚的方木。方木上铺木板后,再堆放稻米。要经常开启仓门、窗透风,但也要留意防止虫子进入。贮放一年后,收入新粮前若尚有余存,则将余存的陈米全部卖出,存储新米。仓库的营造方位因空地的有无而不同。家道殷实而欲行善事之人,则有向官府申请,每年缴纳米谷,以为非常之备,此称为"捐米"。对于捐米之人,由官府奏于朝廷授予相应官职。也有对不求官职之人给予品级顶戴以作奖励,或在其子孙中举荐学问优秀者授予官职。此称为"捐纳官"。此外,也有村中有志之士共出若干稻米,建仓贮存,以备村中非常之时。此称为"义仓"。

○米一俵为五斗,价约铜钱二贯二三百文。但也因当年的丰歉而价格不同。

○雇役每日五十文或七十文。如役工承包自带饭食,则约一百四十至二百文左右。自辰刻开始,至申时中刻左右结束。

○小吏早晨至衙门办理公务。在衙门前的酒馆、饭店吃饭,不自带饭盒,衙门也不提供饭食。

○医师以吕洞宾为始祖,皆在门前悬挂招牌。其中,医术高而倦于诊病的医师,则收起招牌不挂,只医治较为熟悉的亲近知音人士。衙门请医生时,不挂招牌者绝不邀请。而官医皆须挂招牌。

○家有病人须请医时,遣仆人往请。有时医生立即来诊。如是近处者,医生则多步行而来。无主家派轿子迎接之事。请官医、名医时,须遣使持请帖,并递上银二三十目或五六十目红包,向看门人挂号请医。看门人持请帖及银钱传达后,医师收下请帖及银钱,午后出发至病人家。但名医家中,每日有众多病人前来请求诊脉,故早晨梳洗完毕后,立即按顺序诊治病人,让弟子书写药方,分别交给病人。吃毕午饭后,出门行医(来医生家看病者按顺序挂号,医生按号牌的顺序看病)。医师出诊皆乘坐自家轿子。医生到来时,病人家属到外厅门口迎接。如为初次见面之医师,则要到门外迎接,并请到堂上献茶接待。然后,医师问:"有病贵府何人?"主人答:"某某。"并详细介绍病情。医师仔细听取后,再至病床前察看病情。假若病人能起坐,则使其坐起诊脉。若病人不能起坐,则保持平卧,稍伸出手置于脉床上,请医生诊脉。根据病情,医生还仔细观察舌头、眼睛、腹部及脊背、脚。之后回到厅堂,坐于主人备好的书案旁的椅子上,向主人述说病情大概，写下药方或医案①。写毕，主人以茶或糕饼款待，稍交谈后医生即离去。病家携带上述药方至药铺，由药铺按药方调制。无医师自己带药给病人之事。即使病情紧急，医师也不带药来。但若从乡村远路来请，则带药箱前往。此乃乡村无药铺而距市中遥远之故。首先，视病情诊脉写方，再调制汤药。药方纸为裁成五寸见方的川连纸。用秤子称药，配药不用②药匙。谢礼于每日请医后送去。如医生为亲友，则不必如此，而在端午、中秋、年末三节送呈谢礼。邀请名医时，须先送谢仪。如谢仪轻微或邀请不敬，则名医不肯来。去病家顺序，由轿夫按照行程方便而安排。因疾病紧急或希望早请诊断的病人，则在早晨给轿夫钱，托嘱早来至何方何处。于是，轿夫按此顺序送医师前来。轿钱皆由病家在谢

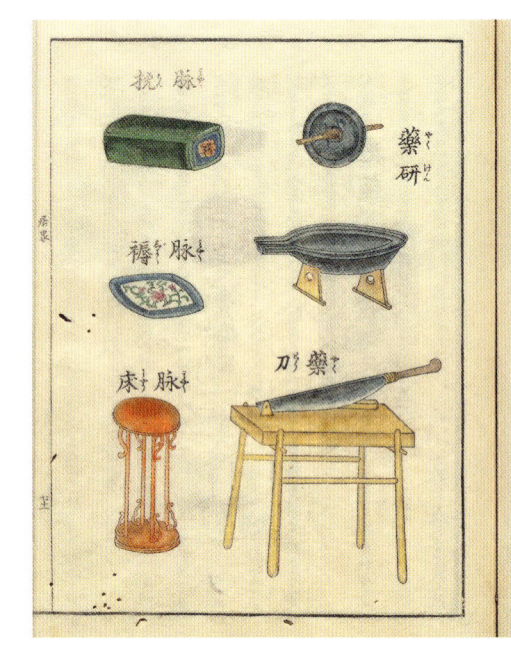

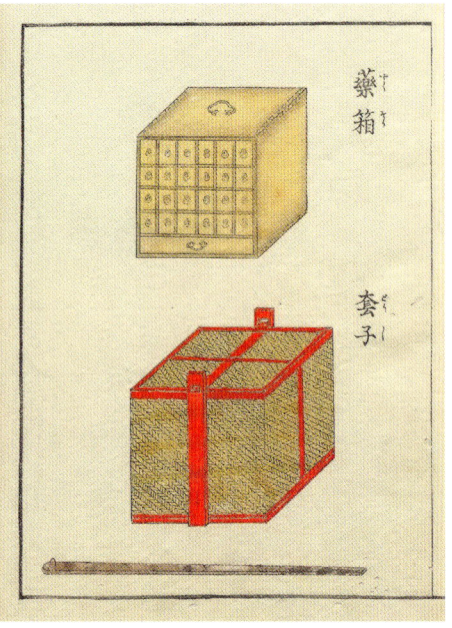

药箱　套子③　药研④　药刀　脉枕　脉褥　脉床

---

① 医案：中医临床实践的记录。《史记·扁鹊仓公列传》载淳于意所云"诊籍"，当为医案的起源。后世医家的处方，前面书写症状、病机、脉象、舌苔和治法，后列药名、剂量、炮制法及服用法等，称为医案，体现了理、法、方、药的具体运用。明江瓘《名医类案》、清吕留良《东庄医案》、今人袁焯《丛桂草堂医案》，皆此类。

② 不用：中译本作"使用"。参见中译本第202页。

③ 套子：用竹或藤编制而成，套住药箱的外箱，用下面的木棒插进前后木柱的孔中抬起行走。

④ 药研：把车轮状金属器放入舟状中凹的金属器中，手持车轮状金属器的中轴，研磨药物成碎末的工具。

礼之外另付。根据路途远近，给予二百文、三百文、五百文不等。若因急病早出，至午饭时则到附近饭馆顺便就食。如为熟识之家，也有提供午饭者。年轻的小医常不乘轿子，而带一个仆人步行。据自身方便，去病家诊断。

○外科与内科同样，也应病家邀请前去诊疗。将膏药在家中摊好后，放入药箱，并用包袱包裹好剪刀、小刀等，带到病人家中。

○金之上品者，称为"足赤金"（纯金铸造）。其次为九成（掺杂一成）、八成（掺杂二成）、七成，极下品为六成。

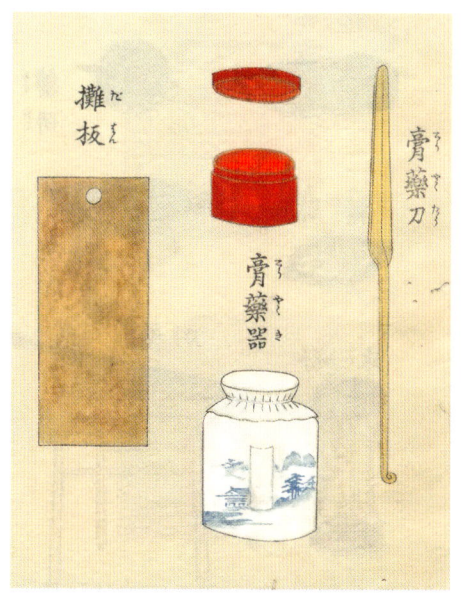

膏药刀① **膏药器**② **摊板**③

重量通常在五百目④以下，多种多样，大小不同。零散小块，称为"零碎金"。总体来看，因金子乃国家珍宝，故平时购物时并不通用。以银买金时，足赤汇兑约为十六七比一，其余的金子，则准照足赤金的成色，或十四五比一，或十二三比一不等。

○银有元宝、足纹、元系等名目，均由坩埚⑤铸成。将元宝铸成足纹时，要掺少许铜，而将足纹铸成元系时，须在十匁银中约掺铜四五分。上述三种称为"上品"。中品者称为"靛封"，下品者称为"三轻"。"三轻"较元系银低一成五分，"靛封"则较元系银低五分。元宝银一锭的重量为五百匁，足纹银每锭为三十三匁，元系银每锭为十一匁。小粒称为"劈子"，又称"碎银"。皆按照用量切碎。

○金银店，省府州县均有。布政司属下设有库司，可在此库司兑换金银。换

---

① 膏药刀：磨碎膏药所用的锉刀。
② 膏药器：盛放膏药的器皿。图的下方为白色的瓷器。
③ 摊板：磨碎膏药时所用的木版。
④ 目：中译本作"匁"。参见中译本第206页。下同，不再一一标示。
⑤ 坩埚：亦作"坩锅"。熔化金属或其他物质的器皿，一般用黏土、石墨等耐火材料制成。化学实验用的坩埚有用铂、镍或其他物质制成的。

钱铺称金店,又称兑铺(即金银店)。倾银匠[①]把金银溶化后浇入铸范,铸成各种足纹、元系等。只有元宝银上记有年月、地名及金银匠的姓名。

○钱的折价比率,铜钱一文折合银一匁二分。但因行情下落,有时可换七匁八九分,甚至八匁左右。以一百文或二百文穿于缗上,以千文为一串[②]。缗为穿钱的麻绳。无使用银票之事。

○河浚[③]等,民间德望高之人出金银以助公用。此称为"捐"。

○官库的金银,均以元宝的形状贮存。

○米的等级有高、下不等。江浙之米称为"上谷"。目前运到长崎之米为湖广等地所产,称为"籼米"[④],系下谷,也即早稻。与江浙上谷的价格相比,"籼米"约低一二成。每石价为三十五六匁[⑤]的米为江浙的上谷。每人每日所食大米约为一升。

○总的米看,米不用马驮。因马为驿路所用,故不用米驮货。一人可担米一百三十斤左右。搬运两三俵米时,则用小车运载,一人推行,或用牛拉。十俵以上,则用大车运载,用一头或二头牛拉车。山东一带的大集市上,也有于牛车上立柱挂帆,顺风吹之而行者。

○城市中有批发米的店铺。无正式的规定,也无固定的股份。但有承包各省之米,观行情出卖的米行。

○米一斛为五斗,二斛为一石(又称一担)。重一百二十斤。俵的规格,通常为五斗一俵。每石米价约为银三十五六匁,一升相当于日本升的五合强[⑥]。白米、玄米,店里均有零售,贫民每日购买以供当天吃用。

○麦每升钱十三四文。江、浙、福建、山东一带均相同。

○大豆每升约钱十五六文,专用于榨油。

---

① 倾银匠:日本国立国会图书馆藏《续清朝探事》(索书号:わ382-5)作"倾银",当讹。中译本作"金银匠"。参见中译本第207页。
② 串:量词。古代铜钱用绳穿,旧时制钱一千文称为一串。与"贯"同义。
③ 河浚:河道疏浚。中译本作"河浃"。参见中译本第207页。
④ 籼米:同"籼米",籼稻碾出的米,黏性小,出饭多。
⑤ 三十五六匁:日本国立国会图书馆藏《续清朝探事》(索书号:わ382-5)作"三十五六匁左右"。
⑥ 五合强:超过50%之意。清代的一升约1公升,当时日本的一升约1.8公升,故清代的一升约日本的55%。

○黑豆每升约钱二十文左右。

○红豆每升价约二十文左右。豆类谷物也在米店出售,又有只卖此类的零售店铺。

○糠每斗约三十文。屠家买去用于养猪,也用于牛马的饲养。雇主常持麻袋前来购买。

○米、麦等按升出售,其余均按斤销售。

○绢、木棉类物品名目繁多,价钱不等。木棉每端①价约银七八匁至十匁左右。表里均为木棉的衣服每套约银十六七匁,加棉的衣服需二十目至二十二三匁左右。有人从乡下运送棉花卖给城中批发店,此称为"字号"②。此等买卖与米行等不同,非存有巨款者不能为之。纸类品种多,价格不等。奏本纸等每束十四五匁至二十目左右。川连纸每帖一百二十八张,约三匁左右,有时也会落至二匁左右,但上等品可达三匁四五分左右。称为松江笺的五色纸,有固定的式样,每帖约二十五张或三十张。上等品每帖约七八匁或十匁左右,下等品也约三四匁左右。

○茶中等品每斤约银二匁,上等品高达二三十至四五十目。上等茶有龙井、雨前③、武夷等。

○盐每斤约五十文钱,也以江南、浙江所产为上等。

○酒每斤约三十文至六七十文(详见饮食部)。

○菜籽油每斤一百四五十文。总体来看,灯油、炸食均用菜籽油,也称为菜油,由菜籽榨出。

○柴薪每百斤价银二匁左右。有芦柴、木柴两种。芦柴是将芦苇截成长约二三尺之段,并在两捆的中部扎竹箍搬运。木柴也同样,截成约二尺,每捆重约十四五斤左右。

○铜每斤价一百四五十文钱左右。

○铁每斤银二三分左右。铁钉每斤七八十文左右。

○石料按大小来定价格。琢成长六尺、方一尺左右的成料,每块价约银十匁。因凿琢的粗细不同,也有七八匁者。

---

① 端:布匹的长度单位,宽约9寸(约34厘米),长约2丈6尺或2丈8尺(约10米)。
② 字号:钱庄、商店、客栈等的名称。
③ 雨前:绿茶的一种。用谷雨前采摘的细嫩芽尖制成,故名。

○竹竿长约四间,径约九寸者,每根二百文左右。

○木材有大小、长短、木料及名称的差别,故而价格不等。方六七寸,长一丈五尺之杉木,价约银十匁至二十目左右,也有约六七匁至八九匁者。松木价格较杉木约低二成。树木上部与下部的价格不同。

○石灰每百斤约银四匁。

○炭每百斤约银十匁。

○萝卜每斤约钱二文。

○蔬菜每斤也约二文。

○烟叶上等品每斤约四、五百文,下等品约一百六七十文。

○鸡肉每斤约五六十文,或六七十文左右。

○猪肉每斤约八十文,或一百文左右。

○面粉每斤价银约二分或三分。

○锡每斤约银三匁。

○铅每斤约银一匁五分。

○木匠手工钱约一百四十文左右,如木匠自己带饭则约二百文。上等木匠的工钱约银六匁。

○雇工每日的工钱一百四十文,官府用石匠等也为每日一百四十文。

○乡下的雇工,每人每月工钱约三百文。

○承揽一年榨油的雇工,可以取用菜籽油,替代工钱。

○房屋、铺面的地租,每亩每年约银三匁,田地的交租则根据土地的肥瘠而多少不等。

○房租因房屋的大小宽窄而不同。五开间能开店的房屋,在江苏一带每年约银三贯目左右,也有二三间的住房每月房租约五、六百文的地方。但如位置好,也有银二三十目左右者。商店房租为月付,但秀才及无买卖之人,则在端午、中秋、春节三季支付。

○身份低贱的单身生活者,每人的伙食费约铜钱三四十文不等。如三人合伙吃饭,则以百文左右即可简易生活。但食物为干鱼、蔬菜等,不能食肉。

○中等商人,如家人十人左右,则每年花费银三贯左右。

○喜、丧之礼及各种杂费,则因贫富而不等。

卷之三　冠　　服[①]

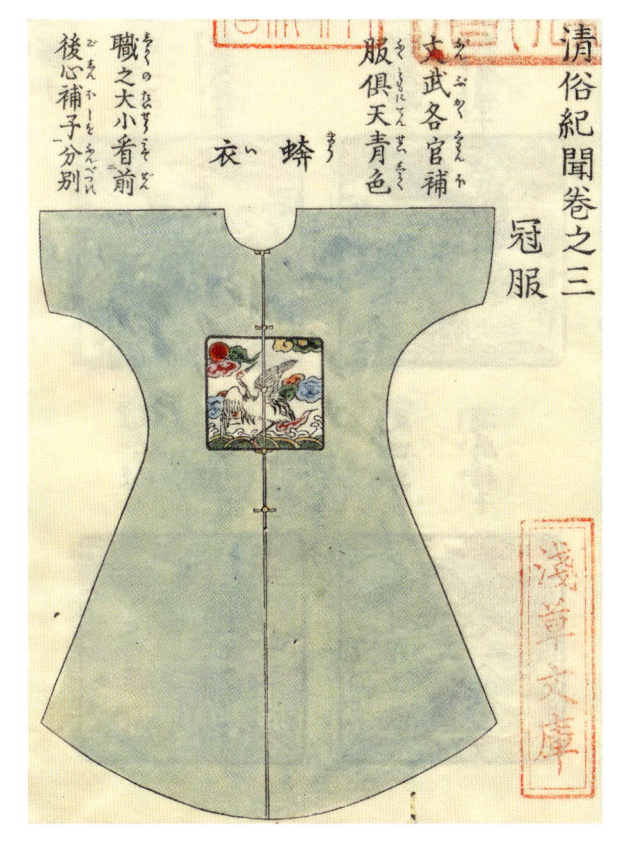

蟒衣

1. 文武各官补服俱天青色
2. 职之大小看前后心补子分别

[①] 冠服：日本国立国会图书馆藏《续清朝探事》（索书号：わ382-5）无。

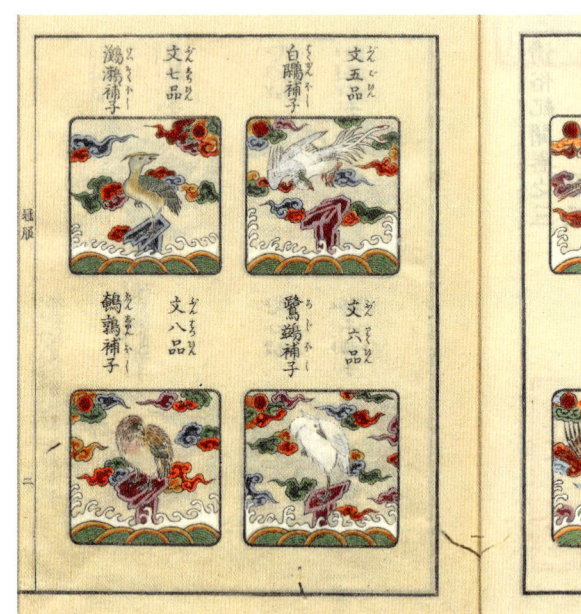

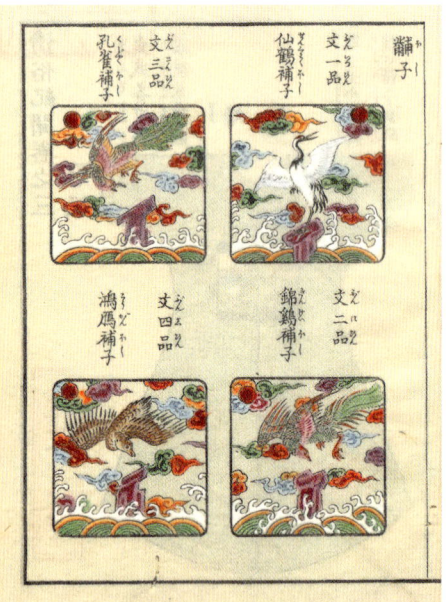

补子

1. 文一品　仙鹤补子　2. 文二品　锦鸡补子
3. 文三品　孔雀补子　4. 文四品　鸿雁补子
5. 文五品　白鹇补子　6. 文六品　鹭鸶补子
7. 文七品　㶉𪀕补子　8. 文八品　鹌鹑补子

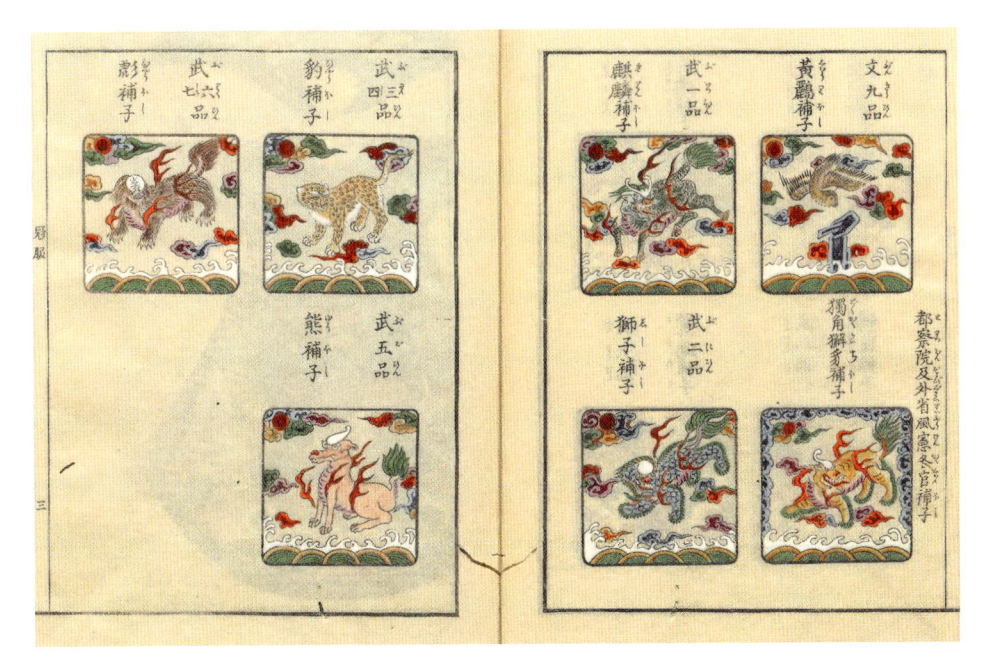

1. 文九品　黄鹂补子
2. 都察院及外省风宪①各官补子　独角獬豸②补子
3. 武一品　麒麟补子
4. 武二品　狮子补子
5. 武三四品　豹补子
6. 武五品　熊补子
7. 武六七品　彪补子

---

① 风宪：风纪法度。《后汉书·皇后纪序》："爰逮战国，风宪逾薄，适情任欲，颠倒衣裳，以致破国身亡，不可胜数。"古代御史掌纠弹百官，正史治之职，故以"风宪"称御史。此处泛指监察、法纪部门。

② 獬豸：(xiè zhì；豸字同獬)又称任法兽，古代中国神话传说中的瑞兽，相传形似羊，黑毛，四足，头上有独角，善辨曲直，见人争斗即以角触不直者，因而也称"直辨兽""触邪"。《后汉书·舆服志下》："獬豸，神羊，能辨别曲直，楚王尝获之，故以为冠。"后亦用以指执法者，一直受到历朝的推崇。相传在春秋战国时期，楚文王曾获一獬豸，照其形制成冠戴于头上，于是上行下效，獬豸冠在楚国成为时尚。秦代执法御史带着这种冠，汉承秦制也概莫能外。到了东汉时期，皋陶像与獬豸图成了衙门中不可缺少饰品，而獬豸冠则被冠以法冠之名，执法官也因此被称为獬豸，这习尚一直延续下来。至清代，御史和按察使等监察司法官员都一律戴獬豸冠，穿绣有"獬豸"图案的补服。

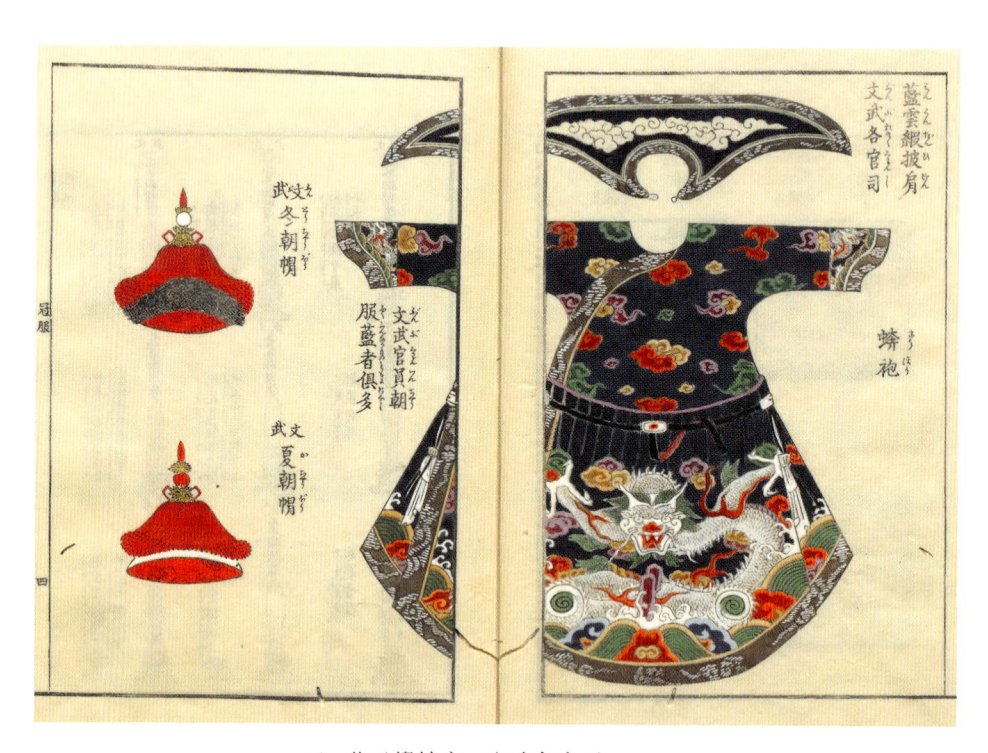

1. 蓝云缎披肩　文武各官司
2. 蟒袍
3. 文武官员朝服　蓝者俱多
4. 文武冬朝帽
5. 文武夏朝帽

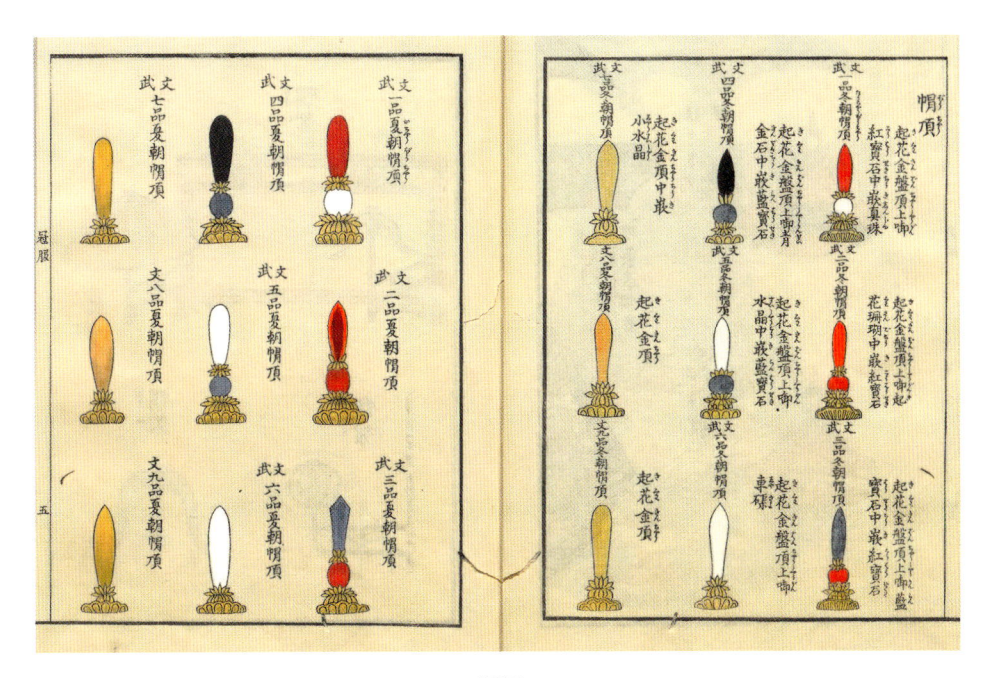

帽顶

1. 文武一品冬朝帽顶　　起花金盘顶上衔　　红宝石中嵌真珠
2. 文武二品冬朝帽顶　　起花金盘顶上衔　　起花珊瑚中嵌红宝石
3. 文武三品冬朝帽顶　　起花金盘顶上衔　　蓝宝石中嵌红宝石
4. 文武四品冬朝帽顶　　起花金盘顶上衔　　青金石中嵌蓝宝石
5. 文武五品冬朝帽顶　　起花金盘顶上衔　　水晶中嵌蓝宝石
6. 文武六品冬朝帽顶　　起花金盘顶上衔　　车磲①
7. 文武七品冬朝帽顶　　起花金顶中嵌小水晶
8. 文八品冬朝帽顶　　起花金顶　　9. 文九品冬朝帽顶　　起花金顶
10. 文武一品夏朝帽顶　　11. 文武二品夏朝帽顶
12. 文武三品夏朝帽顶　　13. 文武四品夏朝帽顶
14. 文武五品夏朝帽顶　　15. 文武六品夏朝帽顶
16. 文武七品夏朝帽顶　　17. 文八品夏朝帽顶
18. 文九品夏朝帽顶

---

① 车磲：亦称砗磲，一种大型海产双壳类物种。砗磲是稀有的有机宝石、白皙如玉，亦是佛教圣物，是佛教七宝之一（砗磲、金、银、玛瑙、珊瑚、琉璃、琥珀）。

153

《清俗纪闻》研究

1. 藤胎①
2. 帽架
3. 帽架
4. 帽架
5. 帽箱

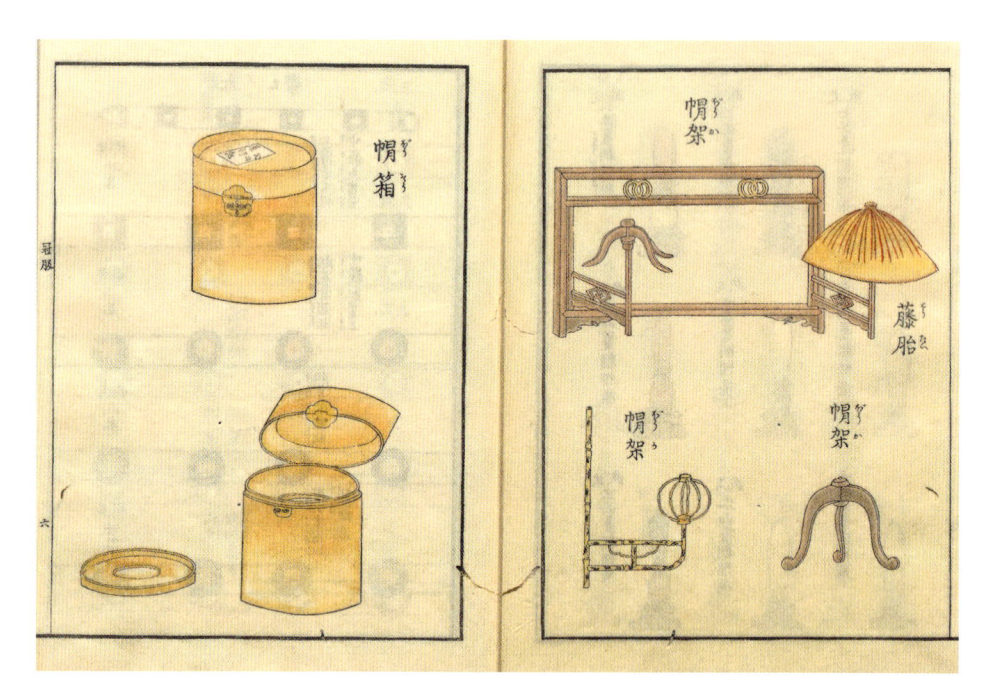

---

① 藤胎：以藤类植物茎秆的表皮和芯为原料编织而成的帽胎。

卷之三　冠　服

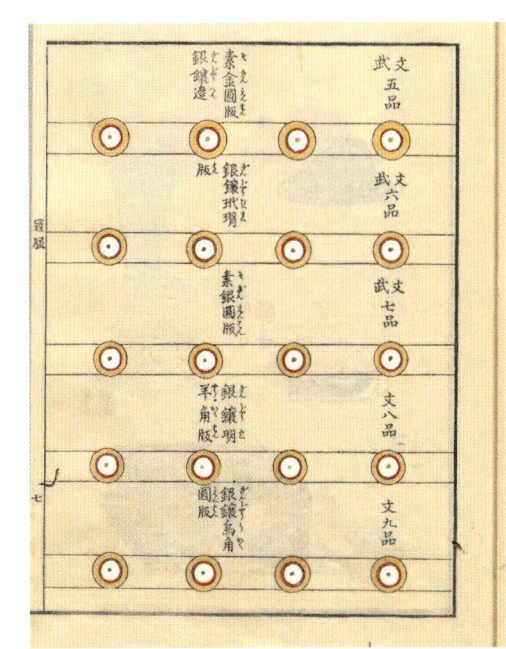

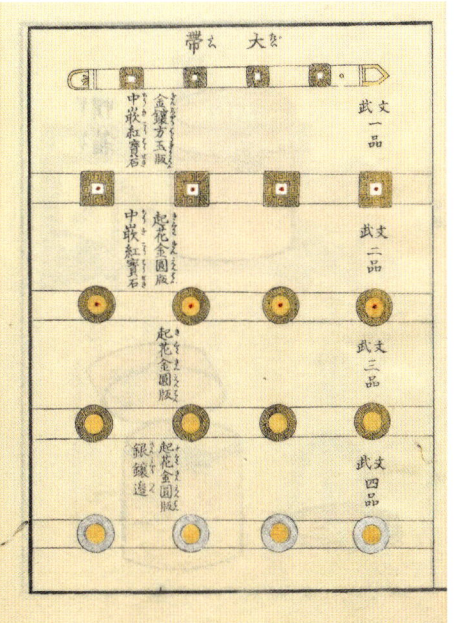

大带

1. 文武一品　金镶方玉版　中嵌红宝石
2. 文武二品　起花金圆版　中嵌红宝石
3. 文武三品　起花金圆版
4. 文武四品　起花金圆版　银镶边
5. 文武五品　素金圆版　银镶边
6. 文武六品　银镶玳瑁版
7. 文武七品　素银圆版
8. 文八品　银镶明羊角版
9. 文九品　银镶乌角圆版

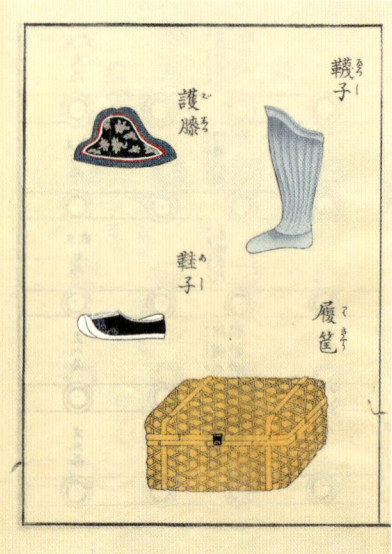

1. 袜子　2. 履筐　3. 护膝　4. 鞋子　5. 暖帽　6. 凉帽　7. 笠儿（一名草帽）
8. 睡帽（一名小帽）　9. 毡帽　10. 毡帽

1. 帽缨　2. 纬帽①　3. 顶子　4. 笠儿　5. 雪帽　6. 雪帽　7. 钉鞋　8. 草鞋

---

① 纬帽：清代的一种凉帽。无帽檐，以竹丝或藤作胎，面料用纱。清代作为礼帽的红缨帽，在夏秋季即以纬帽为之。

袍子　外套

马褂　背身①　大衫

---

① 背身：背心。

短衫　披风

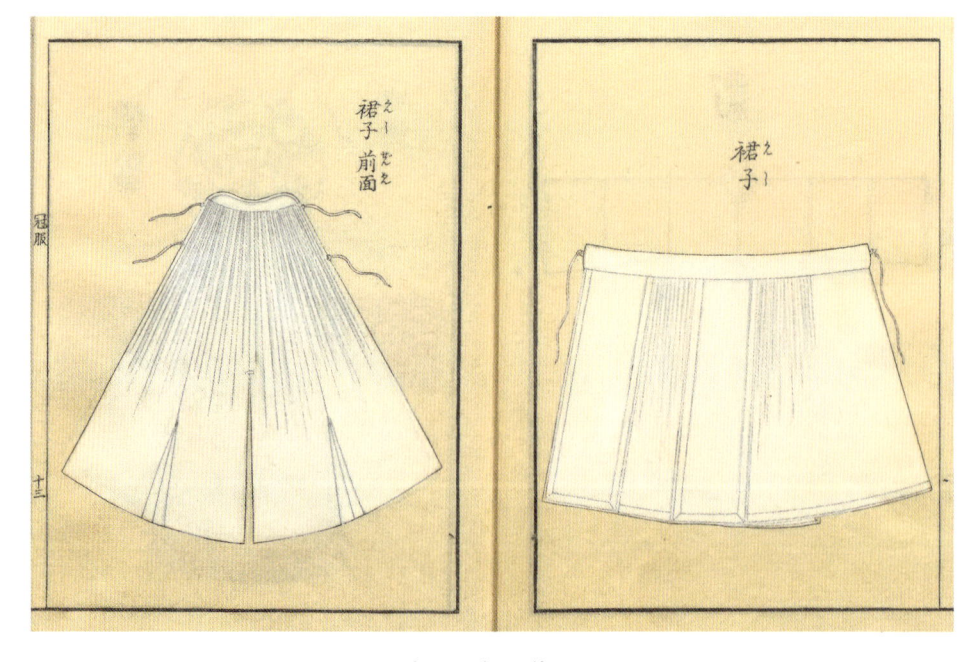

裙子　裙子前面

158

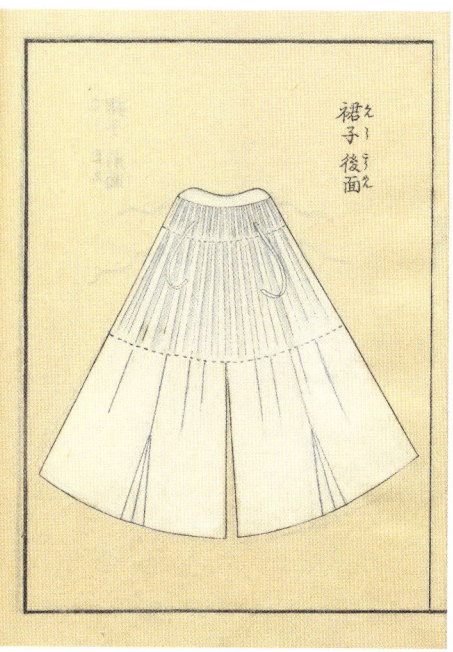

裙子后面　圆领　女袍

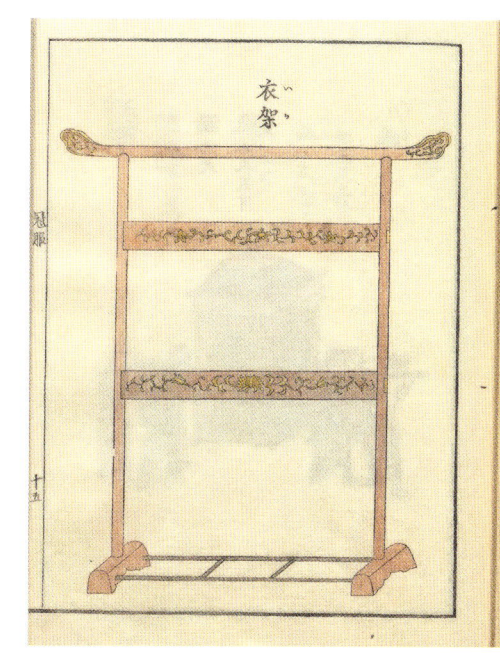

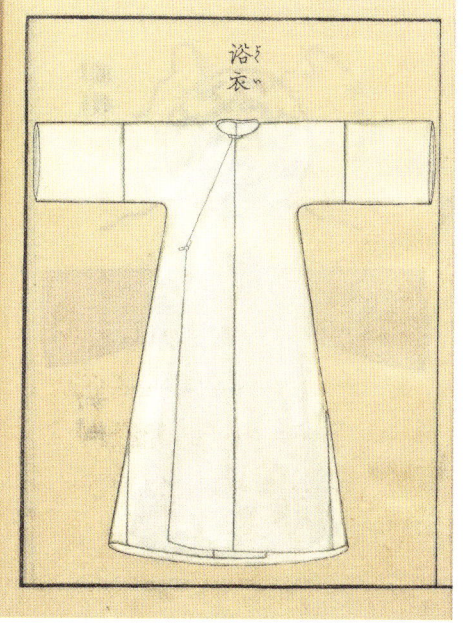

浴衣　衣架

大轿：高连顶六尺，阔三尺，进三尺五寸
小轿：高五尺五寸，阔二尺五寸，进三尺

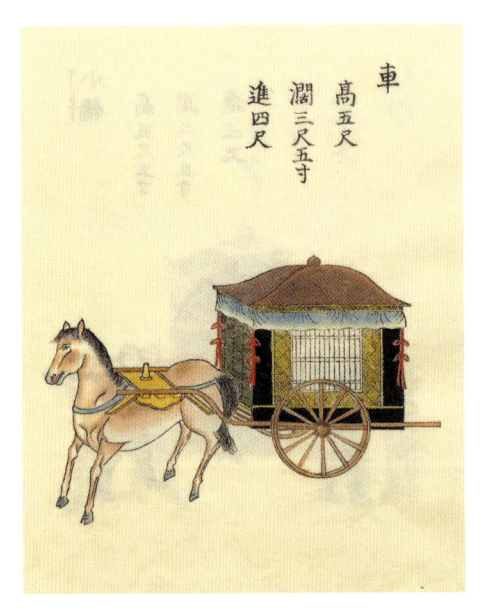

车：高五尺，阔三尺五寸，进四尺

卷之四　饮　食　制　法[①]

○饭　在桶中放水把米淘净。将米和水一起放入铁锅中,把水加至比米高出一个茶碗左右的高度,用柴火煮。等锅中水全部被米吸收后,取出柴火,再焖蒸一会食用。

○茶　三月谷雨季节,先摘取茶树叶子,用铁锅翻炒,炒好后,摊到席子上,用手揉搓,然后再用铁锅炒上数遍。上等茶叶大约要炒二十遍左右。

○茶名大略

珠兰茶　（茶名　价格每斤约二匁。）

松罗茶[②]　（茶名　价格每斤二匁到三四匁不等。）

武夷茶　（地名　价格每斤上等茶十二匁左右、中等茶七匁左右、下等茶只有三四匁左右。）

龙井茶　（地名　价格大致与武夷茶相同。）

旗枪[③]**茶**　（茶名　价格与武夷茶相同。）

莲心茶　（茶名　价格每斤三十目左右。）

寿眉茶　（茶名　价格与龙井茶相同。）

红梅茶　（茶名　价格与上等武夷茶相同。）

雀舌[④]　（据说叶子细小。价格与龙井茶相同。）

---

① 饮食制法：底本作"饮食制"。

② 松罗茶：又名松萝茶,属绿茶类,为历史名茶,创于明初,产于黄山市休宁县休歙边界黄山余脉的松萝山。

③ 旗枪：浙江的特种茶类之一,扁形炒青绿茶之一。产于浙江省杭州市西湖区和余杭、富阳、萧山等县市。因该茶经热水冲泡后,叶如旗,芽似枪,故名。

④ 雀舌：因茶叶形状小巧似雀舌而得名。其香气极独特浓郁,是以嫩芽焙制的上等芽茶。主要产于贵州湄潭。唐·刘禹锡《病中一二禅客见问因以谢之》诗："添炉烹雀舌,洒水净龙须。"宋·沈括《梦溪笔谈·杂志一》："茶芽,古人谓之'雀舌'、'麦颗',言其至嫩也。"明·汪廷讷《种玉记·拂券》："玉壶烹雀舌,金碗注龙团。"

雨前　（指谷雨前采摘之茶叶，又名青茶。价格：上等雨前茶二十四五匁一斤、中等六七匁一斤、下等二三匁一斤。）

总体来说，茶叶均装在大篓中进行买卖。旅行或作为礼品等时，则将三十目或五十目之分量装入小篓或锡罐等器皿中使用。但是，装入锡罐出售时，由锡罐大小来决定价钱高低。日用茶叶一般装在瓷壶或锡瓶等器皿中。茶篓、锡罐在居家部分有图示。

○煎茶时，先用炭火把清水煮开，煮开后加少许凉水，再煮开。将少许茶叶放入茶碗中，倒入热水至八成满，加盖焖泡一会即可。

○**酒**　将米麴和水一起放入瓮中或桶里进行酿造。但是，需从当年十月开始至次年正月或二月之间，多次酿造。材料分量等根据酒种类而有不同，具体情况了解不详。

○**酒名大略**

惠泉酒　（常州出产，味淡）

乌程浔酒　（湖州出产）

福珍酒　（苏州出产）

潞安酒　（山西出产，味甜，易醉）

汾酒　（山西出产，即烧酒）

绍兴酒　（绍兴府出产）

○一般来说，酒是装在坛子里，以斤为单位出售的。有五斤装、十斤装不同。大约十斤装的价钱为三匁一坛或者五六匁一坛不等。但是，下等人零星购买时，多自己带酒瓶买十文或二十文钱之酒。酒坛、酒瓶等在居家部分有图示。

醋　将大约一斗米浸入水中放置一夜，再用蒸笼蒸，蒸好后晾凉，再装入罐子等中。经过三天左右，加入三十斤清水，每天用柳树枝搅拌数遍，连续搅拌七天，期间一定不要用手搅拌。原封不动地放置一个月左右后，用布袋挤压，去除糟粕，加入少许山椒、黄柏粉，再煮一遍食用。

酱油　将大豆煮熟后，原封不动在锅中放置一夜。第二天早晨，在煮好之大豆中掺上小麦粉拌匀，然后摊到席子上铺开，置于不通风处，放置三至四天，使豆麴发酵。等充分长出黄毛之后，再拿到太阳底下晒干，装入罐中，加入煮开之盐水后搅拌均匀，过半个月再重新煮一遍，然后，装入棉布袋中挤压，后食用。

此种酱油配方为：豆麹一斤，水七斤，盐四十目。

渍物酱油 先把大豆和黑豆炒好后，磨成粉。用一升磨好之豆粉、二升五合小麦粉和热水搅拌均匀后，和成面团，再切成薄饼，用蒸笼蒸，蒸好晾凉，然后放到席子上摊开，上面盖上茅草等使其发酵。等长出黄毛时，拿到太阳下晒干，然后除去表皮黄毛，将其捣碎装入罐中，加入煮开盐水，放到烈日下暴晒，每天还要搅拌几次。大约经过十天左右，等颜色变红后即可食用。此种酱油配方为：麹一斤，盐四十目，味道不能太淡。用此种酱油腌菜时，首先要把白萝卜、瓜、茄子、菜等用盐腌一夜晾干后，再腌入此种酱油中。

麹 将白米淘洗干净后，用蒸笼或甑蒸，蒸好后摊到席子上盖上茅草，放进火室中。夏天大约需四五天、冬天大约十天，待长出黄毛后即可使用。

香萝卜 将白萝卜切成小方块，用盐腌一夜之后，晒干。加入少许生姜、橘皮丝、莳萝（小茴香）、茴香等，搅拌均匀放入坛子里，把醋煮开浇到上面，放到烈日下晒干即可食用。

香瓜 将菜瓜切成薄片，用盐腌一夜后，把腌出来之盐水煮开，浇到瓜上。晾干后与生姜丝、紫苏、莳萝、茴香等一起搅拌均匀后放入坛子里，把醋充分煮开放凉后浇到上面，再加上少许白砂糖，放到烈日下晒干食用。

豆豉（日本称为纳豆） 大豆蒸熟，将麦子炒熟后，用磨子碾磨成面粉，与蒸熟之大豆一起搅拌均匀，再摊到席子上像做酱油麹那样使其发酵。等长出许多黄毛后，把盐水煮开晾凉，浇到放入麹之桶中，一直浇至充分浸泡为止，搅拌均匀，上面用石头压紧。过十天左右再加入煮开晾凉之盐水搅拌，然后还像原来一样用石头压紧。这样再过五六十天食用。腌制到三十天左右还要加入生姜，首先将生姜去皮，切成细长条，撒上少许盐腌一下。等豆豉酿制至三十天左右时，倒入大桶里面，加入腌好之生姜搅拌均匀后再放回原来桶中盖好压紧。百天后食用最佳。配方：大豆一斗，大麦一斗，水一斗，盐二升六合。若煮好之盐水有剩余，放置十天后可再加入，若还有剩余，可再次加入盐水。一次全部加入会变得太稀。故要反复数次加入，直到全部湿润为止。

请客诸品

桂圆汤　将龙眼去皮后,肉和核一起放入热水中浸泡。等龙眼肉膨胀、变白时,再用冰糖水煮,肉汁同食。煮冰糖水时,要先在铁锅中把白水煮开,再放入冰糖块,等全部溶化后品尝味道,若甜度足够,就用筛子滤去尘渣等,再倒回锅中,加入龙眼煮开即可。

扁豆汤　将药用的白扁豆用热水煮软后去皮,再用冰糖水煮开,肉汁同食。冰糖水煮法与前面相同。

○**杏酪**　将药用的杏仁浸泡至热水中使其变软后,再用研钵磨碎,加入冰糖至足够甜度。分量可酌情而定。

○**鸡豆汤**(一名芡实)[①]　芡实生长在水池中,叶子形状类似丝菱,根部呈四五六[②]寸大小之圆形块状。根上有很多个核状物,也叫鬼菱。制作方法与扁豆汤相同。

○**雪粉糕**(又名雪粉团、百果糕)　在等分量之糯米粉和粳米粉上面撒上少许水,掺和均匀后,用米筛筛至蒸笼中,使之厚度大约至两三分。蒸熟后,放到木制方盒中,稍微冷却,再撒上一层白砂糖,此外,还要放上一些红线(即将梨切成薄片用胭脂染红,再放至砂糖里腌,腌好后切成细丝状)、瓜子(西瓜子)、橙子(在橙子[③]还是青色时,将皮薄薄地剥下,在砂糖里腌好后,再切成细丝)等,然后将它切成一寸四五分长之方块即可。

○**饺子**　用水将小麦粉和成较硬之面团,然后用小擀面杖将面团擀成薄片,形状为圆形,直径大约为三寸左右。将猪肉丝和切碎之香菇、大葱放在一起搅拌,包入圆皮中,放在蒸笼里蒸熟食用。

○**红粉糕**　将三分糯米和七分粳米放在一起用石臼捣成粉,再用热水将生胭脂化开,用化开之胭脂汁和前面捣好之米粉揉合均匀后,用蒸笼蒸。像做馅饼

[①]　(一名芡实):中译本混入正文。参见中译本第256页。
[②]　四五六:日本国立国会图书馆藏《续清朝探事》(索书号:わ382-5)作"四五"。中译本作"五六"。参见中译本第256页。
[③]　橙子:日本国立国会图书馆藏《续清朝探事》(索书号:わ382-5)作"一个一个"。

一样,在里面包上红豆馅,如图所示包好后放到盘子里,稍蒸片刻取出食用。红豆馅做法:取红豆制成豆沙,在豆沙里加入白糖、猪油,搅拌均匀。配方:一升红豆馅加白糖三斤。

○蓑衣饼(又名太史饼) 用等分量之菜籽油和水将白面粉和好,加入少许白糖,用擀面杖擀开,擀成圆形如饼状,然后,用手将面团压扁,再用油炸至焦黄起锅,撒上白糖食用。

○藕粉糕(又名蕨粉糕,用蕨粉做成) 先用水将藕粉化开,加入砂糖,上火熬。再另将藕粉块研磨成粉,放入前面熬好之藕粉汤中,充分搅拌,再加入红豆馅。红豆馅制作方法与前面相同。

○肉馒头 此种食品做法与馒头做法相同,将猪肉、大葱剁碎,加入少许白砂糖,调制成馅,包在里面即可。

○水晶糕 糯米七分、粳米三分磨成粉,用冷水搅拌,再加入白砂糖和少许猪油揉拌均匀,蒸熟晾凉后,切成长条形食用。

○糖糕 将等份之糯米和粳米磨成粉,用水搅拌后,上蒸笼蒸熟,后加入白砂糖,再捣碎揉合均匀,摊成薄饼。

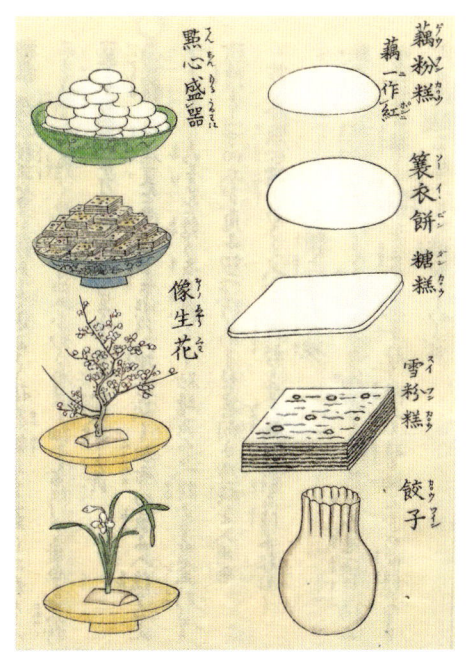

藕粉糕(藕一作红) 蓑衣饼 糖糕 雪粉糕 饺子 点心盛器 像生花①

将薄饼切成一寸四五分长之方块后,放入油锅中炸。配料:大约一升米粉中加入半斤左右白砂糖。也可酌情增减。

○扁豆糕 将白扁豆煮熟去皮、加水磨碎,装入粗布袋子中挤压,挤干水分,加入少许面粉和砂糖搅拌均匀,蒸熟取出放凉,然后切成一寸四五分长之方块,

---

① 像生花:古代文献中,真花被称为"生花",人工仿制的假花则称为"像生花"或"彩花"。其质有罗、帛、纸、绒、通草、宝石、珍珠等等。中国古人仿制鲜花的历史从汉代就已开始,魏晋成业,隋唐兴盛。直至宋代,由于经济富足,文化昌盛,贵族生活的奢靡超越前代,这不仅使养花业繁荣,更促成了像生花行业的兴盛。明清时期亦流行簪戴假花。

165

每两块合在一起,中间加入白砂糖食用。

除此之外,还有各种点心,但不知详情。制法大致与前面相同。

菜类上等十六碗

熊掌 将左右两只熊掌去毛,用热水煮,去掉汤汁,用酒、酱油煮熟,加上烘干之小虾米。配方:酒二分,酱油三分。但是,也可根据自己口味酌情调理。

○**鹿尾** 将带尾巴之鹿肉用热水煮至半熟后去汤,再用酒、酱油煮熟,煮熟后,加上烘干之小虾米,最后撒上切碎之韭菜。酒、酱油配方与前面相同。

○**燕窝汤**(又名大菜) 将燕窝用水浸泡一夜后,再用热水洗净,除掉上面之毛和灰尘后撕碎,浸泡至热水里备用。在鸡汤中加入盐和酒,味道要极淡。将鸡肉、火腿(腌猪肉干)、鲜肉等切成丝,煮熟后放入碗中,盛入煮好之燕窝,撒上少许葱末。配料:七分鸡汤,三分酒,盐少许。

○**鱼翅汤** 将鱼翅浸泡至水中,浸泡方法和燕窝一样。将鸡肉切成小方块,倒入锅中用油迅速翻炒,加入酱油、酒和水调味后,用小火煮熟,再加入鱼翅、香菇和葱,再稍煮片刻,盛出时将鱼翅放在上面。配料:水、酒各四分,共八分,酱油两分,调至较淡口味食用。

○**海参汤** 将海参竖着切成四份,用热水煮熟。在火腿高汤中放入酒和酱油调至咸淡适宜,再放入鱼圆(用鱼肉制作的糕)、香菇、葱等煮。酒、酱油配方和鱼翅汤相同。

○**羊羔** 将羊肉切成一块二斤左右之大小,用水煮透,倒掉汤汁,将肉清洗干净,加入白萝卜、生姜、大葱,再用酱油、酒充分焖煮,去掉骨头,晾凉后切成薄片食用。配方为:酒七分,酱油三分。特别不好煮时,只加入酒,煮熟后,再将酱油撒至煮熟的肉上即可。

○**猪蹄**(又名东坡肉) 将猪大腿肉切成五寸之方块,用热水煮透,放入酒、酱油,加入白砂糖、茴香少许,将带皮部分的肉煮至发红后,放入木耳、山药①、大葱等。酒、酱油配方与羊羔②做法相同。

○**野鸡** 雉鸡去皮,将鸡脯肉切成薄片,在锅里加入少许油翻炒,待肉片变软

---

① 山药:日本国立国会图书馆藏《续清朝探事》(索书号:わ382-5)作"山菜"。
② 羊羔:日本国立国会图书馆藏《续清朝探事》(索书号:わ382-5)作"羊羹",当讹。

后,在酒、酱油中加入少许葛粉,倒入锅中翻炒收汁。配方为:酒八分、酱油二分。

○**鲥鱼**　用酒娘①将鲥鱼蒸熟后,加盐即可。

○**鹿筋汤**　将鹿筋浸泡至水中,泡好后切成一寸左右之长度,用火腿高汤将其煮熟,加入酒、酱油调至咸淡适宜后,再放入肉圆(猪肉糕)、香菇、干笋、葱等煮,煮好后食用。酒、酱油配方与鱼翅汤相同。

○**炒鸡**　将鸡肉和骨头一同切成一寸左右之长度,在锅中用油翻炒。稍加水,炒至半熟,加入少许酒、酱油和猪油,再加入板栗、山药、大蒜煮,煮至汤汁全部吸入肉中。酒、酱油配方和东坡肉相同。

○**全鸭**　将鸭子去毛,但不要损伤鸭皮,去皮后洗净,在鸭子腹内填入糯米、莲子,用稻草缠起来放入热水中煮至七分熟且变软后,倒掉锅中汤汁,将酒、酱油加入火腿高汤后,再一起倒入锅中,调好咸淡,继续煮至烂熟后去掉稻草,注意要保持鸭体完整,加入木耳、黄花菜、大葱等稍煮即可。高汤、酒等分,酱油十分之一。

○**鹅**　将鹅肉连骨一起切成块状,用热水煮软,再用酒、酱油②煮熟即可。

○**蟹羹**　将蟹煮好后去壳,取蟹肉放入鸡汤中,加入酒、酱油、葛粉,再将大葱、生姜切碎后加入,煮熟即可。配方为:鸡汤、酒各四分,酱油二分,葛粉少许。

○**蛏干**③　将蛏子浸泡至水中,去沙、洗净。再将猪肉切成薄片放入锅中煎出油,用锅中之油将蛏干和猪肉一起炒熟,加入酒、酱油调至咸淡适宜后,加入葱丝稍煮即可。配方为:酒八分,酱油二分。

○**鱼肚**　将鱼鳔在水中浸泡后,放进热水中煮软,然后再放入用鲜肉或火腿煮的高汤中,加入酒和酱油煮熟,最后放入香菇、干笋、木耳等。酒、酱油配方与蟹羹相同。

○所有炖菜中均多加酒、少加酱油,所有菜肴均宜味淡。无论何时均需用小碟盛放酱油,根据各人口味调理咸淡,喜欢咸味之人可以添加酱油食用,不喜欢可以不加。配方也无规定之分量。多数人喜欢较淡之味道。

---

① 酒娘:即酒酿,用糯米和粳米、泉水或井水、天然酒曲(客家话称为酒饼)为原料,采用传统酿造工艺发酵产出的原酒。
② 酒、酱油:日译本作"油",参见日译本第二册第 24 页。
③ 蛏干:又名蛏子干,是蛏肉的干制品。

中等十碗或八碗（八碗时去掉羊肉和鱼翅汤）

○**燕窝汤** 燕窝煮法与前面相同。加入榆肉、干笋、鸡皮。

○**全鸭** 煮法与前面相同。只是鸭肚里不装东西。上面放莲子、木耳、大葱。有时也用酱油加冰糖来煮。

○**鱼翅汤** 煮法与前面相同。放入鱼圆、鲜肉、火腿、大葱等。

○**猪蹄** 煮法与前面相同。放入虾米、海粉①、大葱。

○**鹿筋汤** 煮法与前面相同。放入肉圆、大葱。

○**海参汤** 煮法与前面相同。放入虾、鱼圆、大葱、香菇。

○**羊肉** 炖法与前面羊羔相同。炖时加入山药。

○**鲫鱼** 清炖鲫鱼，加入香菇、肉圆、韭菜，最后洒上一些酱油。或者将鲫鱼油煎后，再用酒、酱油炖熟。

○**鲍鱼** 将干鲍鱼用水浸泡后，切成薄片，在锅中放油煸炒至变软，再加入新鲜肉片，用酒、酱油煮熟，加入大蒜即可。

○**炒鸡** 鸡的炒法和前面一样，加入炸熟之鱼肉、板栗、大葱煮熟。

○**醒酒汤** 将鸡清炖后取出鸡肉，在汤中加入少许盐及少许葱末即可。

回千（即撒羹盘②。每样各装一盘，摆到桌子上。）

○荔枝　龙眼　松子　榛子　莲子　橘饼　胡桃　枣子　雪梨　杏仁　云片糕　落花生　瓜子　栀子　柿饼　明姜　太史饼　芝麻扁③　连环　冰糖　火腿　鸡鸭蛋　眉公饼　冬瓜糖　枇杷根　夹砂糕　桂花糕　佛手柑　玫瑰糖

---

① 海粉：海兔粉。为海兔科动物蓝斑背肛海兔的卵群带。2—3月及9—10月兔产卵期间，于海中插入竹竿或投入石块等附着物，使产卵于上，收取后晒干。大多分布于我国东南沿海。
② 撒羹盘：中译本作"撒羹盘"，当讹。参见中译本第267页。原日语旁注"サカンハン"，即"撒"读作为"サ(sa)"。
③ 芝麻扁：中译本作"芝麻片"，参见中译本第267页。

168

风雨梅　山查糕①　造花五六种(用白萝卜做成菊花、牡丹、水仙花等时令花)

除上述外,常使用的还有时令水果,如桃、李、花红②、香圆、橙子等果品,随季节不同而分别使用。

宴席用品排序

茶　桂圆汤(盛到带盖之茶碗里,放上勺子,再放到托盘上,每人前面上一碗)　扁豆汤(同上)

○**桌子**　熊掌　鹿尾(同上)　燕窝汤(盛到大碗里)　鱼翅汤(同上)　海参汤(同上)　羊羹(盛到饭钵里)　猪蹄(同上)　野鸡(同上)　鲫鱼(盛到大碗里)　鹿筋汤(同上)

四点心(四种小吃)　雪粉糕(盛到小钵里)　饺子(同上)　红粉糕(同上)　蓑衣饼(同上)

醒酒汤(盛到茶碗里,每人一茶碗)　炒鸡(盛到饭钵里)　全鸭(同上)　鹅(同上)　蟹羹(盛到大碗里)　蛏干(同上)　鱼肚(同上)

四点心　藕粉糕(盛到小钵里)　肉包子(同上)　糖糕(同上)　扁豆糕(同上)

○**茶**

○**饭**

上述菜上完后,将桌子撤掉,端出回千。

在上八碗菜、十碗菜时,菜数上到四五碗后,拿出点心,端出醒酒汤,然后再接着上菜。

平时早晚食用之菜一般为鲜肉、鸡、鱼之类,时常加入时令蔬菜等一起煮,煮好后盛到三四个大碗中。没有点心等。但早晨吃粥和干菜、酱瓜、萝卜干等咸菜。鱼、肉、蔬菜类只是午饭、晚饭时食用。

○一般乡村小户人家,在吃饭时将各种食物掺和在一起吃。所谓麦饭就是

---

① 山查糕:"查"应为"楂"之讹。用山楂果实为主要原料熬制成的糕,红色,味甜酸。是一道流行于北方地区的传统民间糕点,取山楂果汁,配以白糖、琼脂,冻结成板。口感爽滑细腻,甜美冰凉可口,是一种很不错的药用食品。其味甘洌微酸,具有消积、化滞、行瘀的食疗价值。

② 花红:又名小苹果,俗称海棠、沙果、蜜果、林檎,是蔷薇科苹果属植物。

在煮饭时,趁水还未干,将麦粉倒入锅中搅拌,焖蒸一会食用。分量有所不同。没有混入整粒麦子做的。此外,亦随时令掺入大豆、红豆、黑豆、粟、黍等食用。但是,城镇之人除极其下等人外,无食用此类食物者。即使从事体力劳动者也多吃米饭。

月饼的做法

○第一,馅。用熟面(在甑中铺上布,将面粉放在上面干蒸而熟)一升五合、菜籽油半斤(芝麻油亦可)、白砂糖三斤,将此三种东西掺在一起,再与橙子丁、红子、瓜子、核桃、茴香五味合在一起搅拌均匀,搅至成为一体后,装入模型中压实,再从模型中倒出来。从模型中倒出来的馅,每个重量约十勺。先将此馅做好备用。

○第二,酥。将一斤二合五勺[①]生面(即用麦子磨出来的生面粉)和半斤菜籽油搅拌均匀,和好备用。

○第三,皮。生面一斤八合七勺[②]五才[③]、菜籽油三合、白砂糖半斤及温汤(指温水。加入温水是为了调节面粉和油比例,使其和在一起软硬适中)。像擀荞麦面条一样,将上面第二中的酥用擀面杖擀成薄片,切成八十个约一寸之方块,再将第三中的皮搓成圆柱形之长条,将长条切成八十个面团,再将每一个面团压平,并且在上面各放一个酥,与面皮一起擀,撒上一层面粉卷到擀面杖上,再迅速把擀面杖抽出来,面就像煎饼卷一样了。再次擀压,酥和皮就多层重叠在一起了。再将此擀圆擀大,里边包上第一中的馅,揉成馒头状。然后,用生胭脂汁印上花形,再用板子将其压平。下面铺上已经剪成小方块之宣纸,放入点心锅中,上下两面烧烤。

雪片糕的做法

糯米二百目(碾成精米,在水里浸泡两三天后,洗净晾干,在太阳下晒。晒干后,再大致地炒一下,磨成极细之粉状)、熟面一百二十目、白砂糖一百六十目(油半碗、水适量。和成硬而黏之程度即可)。把上面三种东西掺匀和好,放入锡制模型中,制成如图之物,压实压紧,在上面盖上厚纸,放入锅中煮,将里边的粉通

---

① 勺:中译本作"钱"。参见中译本第 271 页。
② 勺:中译本作"钱"。参见中译本第 272 页。
③ 才:容积单位,十才为一勺。中译本作"厘"。参见中译本第 272 页。

过蒸汽蒸透取出即可。但是,将模型放入锅中时,锅内之水要适量,不能漫过模型内粉高度,此项最为重要。若锅内水太少,模型上面高出来的粉就不容易蒸熟。水太多,模型内容易进水,一进水,雪片糕就会变湿。火力大小也非常重要。需用炭火慢慢地烧,不能让水滚开,火太大水会翻花,进入模型内,将雪片糕泡碎。锅盖用稻草编成。此种锅盖之形状和农家所用锅盖相同。粉蒸熟后,在模型内切成三段,然后倒出来,将其放入面粉中,待放凉后取出切成薄片食用。

连环的做法

○生糯米粉一斤,面粉八夊,白砂糖二十目,糖稀少许,水少许。将糯米粉、面粉、砂糖均匀地和在一起做成饼状。做成直径为二寸四五分左右之饼后,用热水煮熟。另外,把生糯米粉五斤、面粉四十目、白砂糖一百目、糖稀一碗均匀地搅拌到一起,再倒入两碗前面煮饼之汤,将面和好后,用糯米粉做面扑,将和好之面擀开,切成绳子样粗细,搓成细长之圆柱状,再做成像下图所示之形状,用油炸熟,冷却后撒上白砂糖食用。

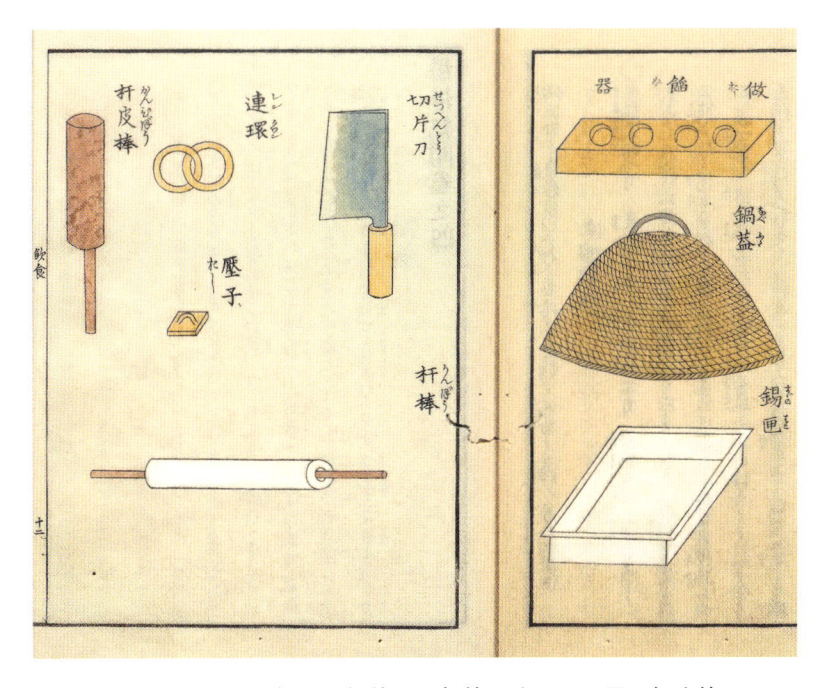

做馅器　锅盖　锡匣　切片刀　杆棒　连环　压子　杆皮棒

火腿的做法(又名为腊干。因为是在寒冬腊月制作,故也称为"腊干")①

○在寒冷季节中,将带胯猪腿砍下来,洗净去毛,晾晒一段时间。按每斤肉二十目盐之比例,将盐抹到肉上,在太阳下晒。在迎着寒风处挂晒十天左右。或将盐水晾凉,将猪腿浸泡进去,每天浸凉四五次,干透后,像前面一样挂起来存放。

○为了将肉类快速煮烂,可在锅内放入两三个肉豆②蔻,就会马上煮烂,但肉之味道不好。不如用文火慢慢煮,效果更好。

---

① ( )中的内容,中译本未译出。参见中译本第273页。
② 豆:中译本作"荳"。参见中译本第273页。

卷之五　闾　　学[①]

○所谓闾学，即在一乡中设馆，教授同乡子弟之场所。先生当然都是无官无位者。自家房子或住所狭小时，也有租借他宅将学生集中起来进行教导者。此类地方称为学馆。没有规定之式样风格，庭庑门墙无固定制式，也无春秋祭祀之礼节，故祭祀在学宫举行。但是，有志于文学之人，在每年十一月四日孔子圣诞日，焚香礼拜，而不进行祭祀。借用神庙祠堂或寺院僧房等讲授孔子之道的习惯，不知是从什么朝代从哪个祠堂或僧房开始的。明朝时就曾有过借用神庙祠堂或寺院僧房，聘请博学先生来教育当地初学幼童之事。此事现在也相当盛行。一般来说，男孩子到五六岁后，要看其天资，天资聪明者五六岁，或根据其天资也可到八岁再让其进入学馆学习文章读法，此事均需根据个人天质来决定。古代虽有八岁入学之说，但何时改为此种教学方式，就无法知晓了。一般来说，父兄先去先生处说明，孩子今年几岁，还未曾受过任何教育，欲从师于先生门下，敬请关照。然后，非常尊敬地向先生行礼，并向先生奉上拜帖。此时先生也会站起来作揖行礼，若先生说"随时可以来学习"，父兄也要作揖

居宅之图

[①]　闾学：日本国立国会图书馆藏《续清朝探事》（索书号：わ382-5）作"闾学俗礼式"。

行礼,还需说"若那样,就于本月或下月某日吉日(选择适宜入学或诸事皆宜之日),带孩子来"。或者在入学前选择好黄道吉日与先生约定,几月几日家备薄酒,敬请光临。此时,先生也行礼寒暄"谢谢拜望,但不必费心"。父兄也行礼,然后告别先生回家。入学前宴请先生没有固定形式。富家孩子在入学前宴请先生,目的是让先生多多关照自己的孩子。此时,作为第一次学习,有的先生教孩子读书,有的不教,均由先生随意而定。

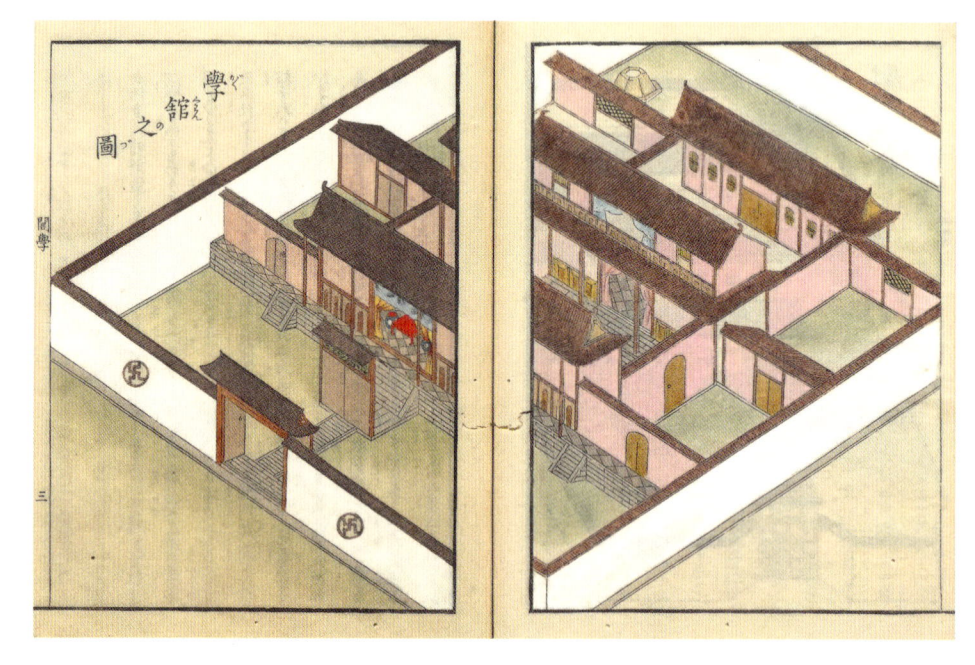

学馆之图

○若选定某月某日为黄道吉日邀请先生,在先生到来之前一天就需打扫庭院,当天要特别做宴请之准备。主人一定要用心,千万不能有不敬之事发生。快到约定时间时,主人需派家仆前去邀请。此时,有先生和仆人一同到来者;也有先生听到仆人口信后,说"就来",让仆人先回者;也有不等邀请而自来之先生。先生到来时,主人需到门口迎接,或到外厅门口迎接。宾客和主人互相行礼,如先生对主人说:"前日特蒙下临,所以今日踵门拜谢。"主人也作揖回敬:"岂敢。"然后请先生上座,将先生让到椅子上后,再向先生敬茶。主人向先生说"请茶"。此时先生站起来回礼,然后再坐到椅子上互相寒暄,接着开始攀谈。主人带小孩拿着书本来到先生面前说"上次烦请您教诲者为此小儿"。然后让孩子向先生作揖行礼,此时先生也会起身拱手。接着,孩子从书包里拿出书本(第一次读的书往往是《三字经》《千家诗》《千字文》《百家姓》等,各有不同),先生一句句地口授,初次试读,是一行一行地或是四个字、六个字地口授。也有来学馆之日进行试读者,此均由先生随意而定。当日先生只教授五六遍,并不强迫孩子读。之后,孩子收拾起书本,陪坐在那里。也有侍立于身旁者。此时把准备好之桌子摆上,开始酒宴。一般来说,杯子摆在桌子上,宾主同饮。此时,主人领受客人之杯,称为"领杯",将"返杯"称为"回敬"。此时,主人还需叫来自己的孩子向先生奉敬、领杯。也有不让孩子参加酒宴者。酒宴结束后,收拾桌子,再摆上各种点心糕品向先生劝茶,此为规矩。接着,宾主开始谈话,客人对当日之款待道谢:"多多搅扰,重来拜谢。"若告辞,主人站起来说:"岂敢怠慢。"且相互作揖。先生若离开座位,主人需带着小孩将先生送至门口。也有在门内告别者(此时宾主只作揖)。之后,选择入学日期,让孩子去学馆学习。身份卑微之人或者是贫穷之人,一般不宴请先生。若是孤儿①等,只要其兄长或叔伯等向先生告知、选择入学日期即可,不用宴请先生。

○孩童初次入学时,需与父兄一起,拿着各自之名帖去学堂。若学堂之建造很普通,就无东阶西阶之分。进门后,可从相当于外厅出入口处直接进入。孩童入门时穿的衣服与宾客往来时穿的衣服式样相同,平民百姓礼服无另外制式。先生吩咐书童管童(书童、管童均指侍

招饮先生之图

---

① 孤儿:原文作"孤独",意为孤儿和没有子女者。中译本作"寡妇"。参见中译本第282页。

从)在圣像(画像或至圣先师书写之文字,多为燕衣幅巾[①],也有着色之泥塑圣像,此种圣像在苏州府一个叫虎丘的地方有售,可供附近学堂供奉。据说其他地方也有出售之处)前铺上毛毯,摆上香烛,另将糕、粽(糕粽与高中发音相近,表示祝贺入学之意)准备完毕后,孩童先拜圣像(此拜沿用的为汉朝之礼节,跪兴四拜),拜完圣像之后再拜先生。此时,作为礼物,将适合自己身份之七八匁或十来匁银子装到信封里,将红色宣纸剪成小方块,贴在上面作为标签,纸上需写"贽仪"之字样,呈给先生,作为初次见面礼。此时先生会将同门学生集合起来,一起饮和气汤(做法为用白糖水煮瓜子仁和红枣肉)。此为朋友之间和睦相处之意。但并不是所有学馆均采取同样之方式,此为江南一带做法。

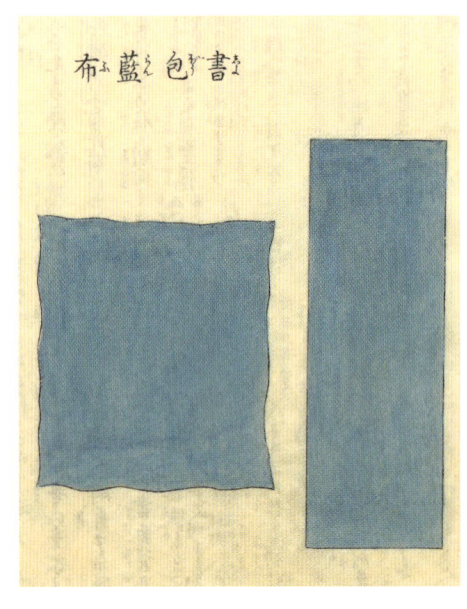

书包蓝布

其他地方也有类似做法。从此以后,每天需按照功课安排进行学习。早晨来到学堂,首先对座上之圣像作揖,再到先生桌前作揖,然后坐到自己椅子上,将书本放到桌子上休息。不久,先生招呼学生说"来来,读书"。此时,先从老生开始学习,也有根据早晨到馆次序站起来者(没有签到簿等)。所有学生均将自己书本放到先生桌子上,打开书包取出书本,先将前一天学习内容读上三四遍后,先生拿起该书本让学生背诵。此时,学生要背对先生,背诵前一天学过的内容。每天如此。背诵时,若一个字读错,需回到自己座位,接着就会叫下一个座位上的学生来教授读法。教授读法,首先,由先生逐句口授,一同读三四遍后,就让学生一个人读。这期间用红笔标出句读及点圈。句是在行右加圈,读是在行正中间加上一个点,或者加一个小圈。如一字两音且意思不同,

---

① 多为燕衣幅巾:日本国立国会图书馆藏《续清朝探事》(索书号:わ382－5)作"画像多为燕衣幅巾"。

需按照四声分为平声、上声、去声和入声,点上小圈。此为门生十人以上三四十人以下之教授方法。另外,如学生为十人以下,初学时,就要用块头字(所谓块头字就是将红色宣纸剪成一寸见方之纸片,逐一写上文字)每天一个字、两个字、三个字地逐渐学习,谓之认字。比如,第一天认了三个字,第二天也认三个字,而且还要把前一天认的三个字混在一起认。此为对天资较差或年纪幼小者以及门生少、不能教授朗读前的教授方法。一般来说,识字超过三百字以后,就开始教授朗读,随着学业不断长进,再逐渐学习四书五经。而且每天早上读书时,均要容貌整齐、志向坚定。注意文章读法,领会每个字之字意。读书时不能左顾右盼,不能玩弄他物,并需详细地记住读书之遍数,读满规定之遍数还难以背会时,则应继续诵读,直到背会为止。但是,即使未读满规定之遍数就会背者,也要读够规定之遍数。

温习前面学过之书,每天如此。听课时如有不理解之处,可先问年

书生礼拜之图

长同学,不直接问先生。如不得不问先生时,则需先整理好自己的仪表,离开座位来到先生面前说"某于某事未明",或者"某书未通,敢请先生"。如先生作以回答,学生需潜心恭听,先生讲完后,学生回到自己座位上。

○到了中午,来自附近之学生,经先生允许可回家吃饭。吃过午饭后还需马上回到学堂。距家二町、三町之学生,家里需将午饭送来,故不用回去。午饭后练字。下午两点左右先生开始上课,学堂学生要端正地坐在位子上听讲。先生讲完后,学业优秀者需将先生当日所讲内容轮流讲解。完毕后,再熟读当日先生讲过之内容。一般来说,练字不拘好坏,主要是笔画要求严格,还要注意不能出现歪斜高低不齐等毛病。在使用笔、墨、砚台等时要安静,严禁在砚台上写

《清俗纪闻》研究

兴① 拱手 跪 拜

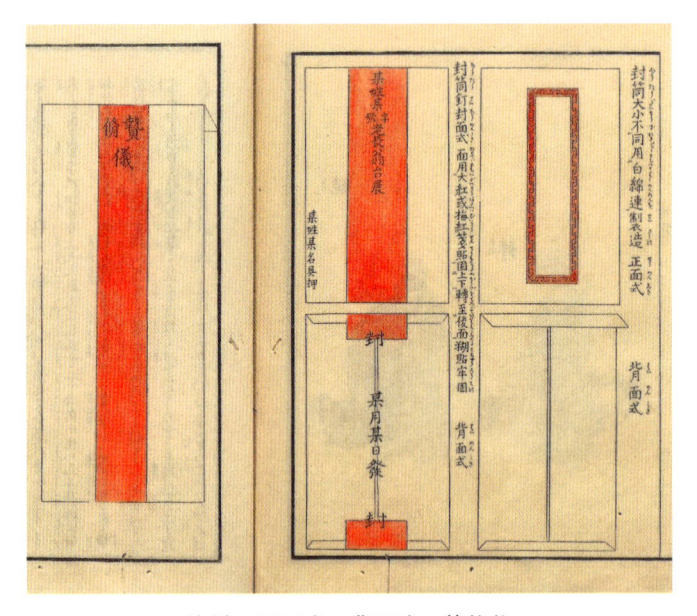

信封 正面式 背面式 赘修仪

---

① 兴：汉族在祭祀或非常敬重的场合中所行之礼仪。正规拜礼：直立，举手加额如揖礼，鞠躬九十度，然后直身（这段叫鞠躬），同时手随着再次齐眉。然后双膝同时着地，缓缓下拜，手掌着地，额头贴手掌上（这叫拜），然后直起上身，同时手随着齐眉（这叫兴）。然后根据礼节，平身或再拜……平身时，两手齐眉，起身，直立后手放下。（清）黄六鸿《福惠全书·莅任·谒庙行香》："如行汉礼，唱跪兴四拜；行满礼，唱三跪九叩头。"

178

画。习字之初,先教"上大人、孔①乙己、化三千、七十士、尔小生、八九子、佳作仁、可知礼也"②。此为固定之格式。先生用红笔书写,学生需用墨笔填写。毛笔握法是用大拇指、中指、食指握住笔管中部,使握笔之手掌内呈空状才好。称此为"把笔"。研墨不能反着研,需按顺时针转着圈来研,称此为"磨墨"。"清书"之法是将同样之字写三遍或四遍。比如,将"上"字写三遍时,第一遍为填写,剩下两遍由自己书写,此为"清书"之法。如此这样,每天清书,再请先生修改,最后才让其练习千字文或古人字帖等。学习字帖时,先将油纸盖在上面,透过油纸描写下来。到了黄昏让学生回家。也有在学馆住宿一个月或半个月者。但是,每天回家之学生多为十四五岁以下者,路途较远者一般由家仆按时来接。送午饭时一般用锡制器皿装着拿来。而且,从学生入门之日起,就需教给学生放学回家,首先要拜神(一般为土地神或灶神),接着再向父母、兄弟姐妹行礼,进退周旋之礼不可懈怠。

　　○学习诗作,首先要学对句。方法为先写出二字三字之古人诗句,让其对句,逐渐再教其五字七字之对法,并进行修改。其后让作五言七言绝句。习作时,还需根据其人之好恶使用韵书或类书等,但需用什么书并无规定。而且,在此期间让学生们背诵《唐诗三百首》者最为常见。关于文章作法,若为天才之幼童,从十二三岁开始教其熟读《左传》《史记》《汉书》之类的书籍,并且逐渐教授义理体裁,或是让其轮流讲习先生所讲之书籍,如有道理不通之处,讲完后则由先生逐一讲解。如此这样,在大体上懂得句意文法后,先生再出题让其作文,为其订正文法照应等方面之错误。

　　○在学馆供奉之圣像左右,安放的为文昌帝君、魁星像。此二神均为掌管文明之神,故读书之人多以礼敬之。但是,也有不祭祀的地方。

---

① 孔:一作"丘(邱)",孔子名为孔丘。丘读作某,为圣人讳。此讳乃为尊师重道也。
② 这些字笔画简单却蕴含我国文字之基本笔法,故学童习字描红常用。南宋陈郁《藏一话腴》载:"孩提之童才入学,使之徐就规矩,亦必有方,发于书学是也。故:上大人,丘己己。化三千,七十士。尔小生,八岁九子。佳作仁,可知礼也,殊有妙理。予解之曰:大人者,圣人之通称也。在上有大ül人,孔子是也。丘是孔子之名,以一个身己教化三千徒弟,其中有七十二贤士。但言七十者,举成数也。尔是小小学生、八岁九岁底儿子,古人八岁始入小学也。佳者,好也。作者,为也。当好为仁者之人。可者,肯也。又当肯如此知礼节,不知礼无以立也。若能为人知礼,便做孔子也做得。凡此一段也,二十五字,而尔字君其中。上截是孔子之圣也,下截是教小儿learn做孔子。其字画为省者,欲易于书写。其语言叶韵者,欲顺口好读。己、士、子、礼四字是音韵相叶。也之一字乃助语以结上文耳。言虽不文,欲使理到,使小儿易通晓也。"

《清俗纪闻》研究

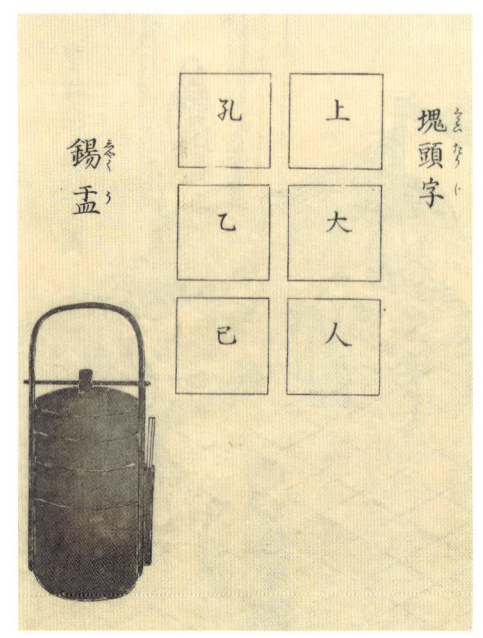

块头字　锡盂

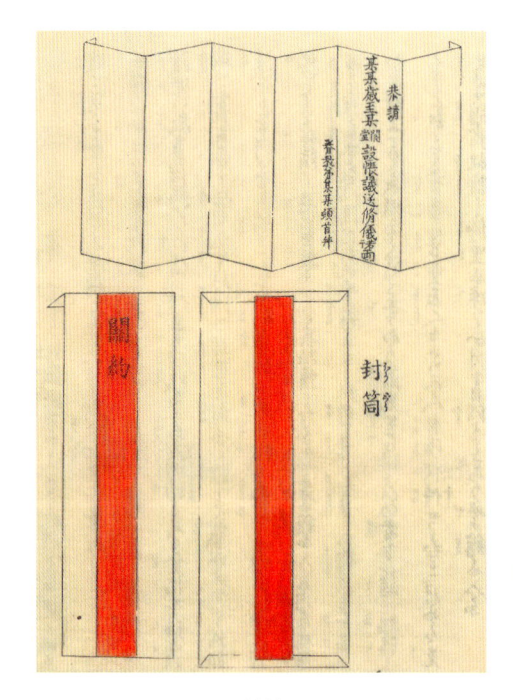

学馆诸生列位之图

封筒

○先生如有接待宾客之事，学生将按照顺序排成一列，等待先生与客人礼毕后，诸位学生再向客人作揖行礼。宾客离开时也要作揖相送。宾客和先生如吩咐诸位学生"不用出门了"，学生们伫立在各自位子上，先生送宾客回来，命令学生坐下后，才能坐下。

若宾客希望见到诸位学生中之某人时，则应向先生行礼，完毕后，再向宾客作揖。宾客离开时不得远送，除此之外，不得亲近。

○知县、同知及其以下之官员，或富豪之家等，会将博学之先生请到家里来教育自己的孩子。其礼仪完全相同。但是,需向先生呈送称作关约之全帖。或者三家五家协议共同聘请先生来教授孩子。总之,聘请先生来家之事,始于何时何代,已不可知。如当地无可充任之先生,则要从其他地方聘请先生来教孩子。其聘请先生之家需安排学馆、内房和卧室,从而让自家孩子每天去学馆学习。特别是先生每日伙食需由主人家准备,也有根据季节赠送衣服等事。如先生没有仆人侍候,则由聘请之家派遣两三个书童、管童来照顾。十二月,先生收拾学馆返回乡里,正月初十左右再回到学馆来。

○女子求学之法,与男子相同。但是,作为女先生,一般为有才学之寡妇或已婚配之妇女来教授各家女子。她们每天来到女子家里教授功课。初次教授《女训》《孝经》,之后再让其读《千字文》《百家姓》《四书》等,这些均与男子相同。赘仪、束修之礼也相同。习字之事,最初也由女先生来教"上大人"等。其后,不论男女均需师从善长书法的先生学习书法。而且,富家女子也有教以诗作与文章者。小户人家女子若志向远大或由于其父兄之爱好,也有要求先生教授诗作等者。除此之外,没有女先生教授女子之事。娴静、顺从等之事,平时则由女子母亲来教授。时常也有由女先生教授者。

功课单　戒方　竹片①

○将学馆之壁书称为功课单。将此张贴到墙上,是为了让学生经常可以看到。如有违背规定偷懒捣乱者,要用戒方(又名戒尺,为木板制作)或竹片(此为竹板制作,用于重罚)打手心。而且,重罚时还要打屁股。

---

① 功课单内容为:"夫书生每日清晨上学,宜整顿几案,令洁净,端正平心意气,将昨日所教之生书读熟背诵,仍理温读过书每本正文十张。然后,方教生书再读计遍数成诵。午饭后,习字,笔砚墨锭须顿放有常处,不可散乱。未时,讲书,又熟读旧时读过之书,务要读得字字响亮,不可错误。夜间,在家亦读到二更。凡在本馆受业者慎之毋忽。"

○据说每年规定放假之日为三月清明节、五月一日至五日、七月中元节、八月中秋节、九月重阳节、十一月冬至及十二月二十日左右至来年之正月初十前后,为一年中规定放假之日。但是,也有地方只在每年端午节和中秋节放假。其余日食、月食、国丧等节日也不放假,与平时一样上课。先生从每年十二月二十日左右停止教学返回乡里,正月初十前后,回到学馆。到了规定日期,要在门口张贴写着"当月几日开始上学"之红色宣纸。看到此日期后,学生们就会来上学。此时不举行开学仪式。但是,如有新入学者时,要在圣像前摆上香烛、供品等进行拜祭,与平常举行之仪式相同。除了前面之假期外,一年中无其他假日。如先生或学生家中有事情,也可以放假。但是,如学生有特殊情况时,只该生不来上学。

开馆票

○每月初一、十五,学生早晨来到学馆,需相互作揖。全都到齐后,由年长学生带领诸位学生来到圣像前焚香礼拜,礼毕后向先生行礼,此时先生也站起来作揖回礼。

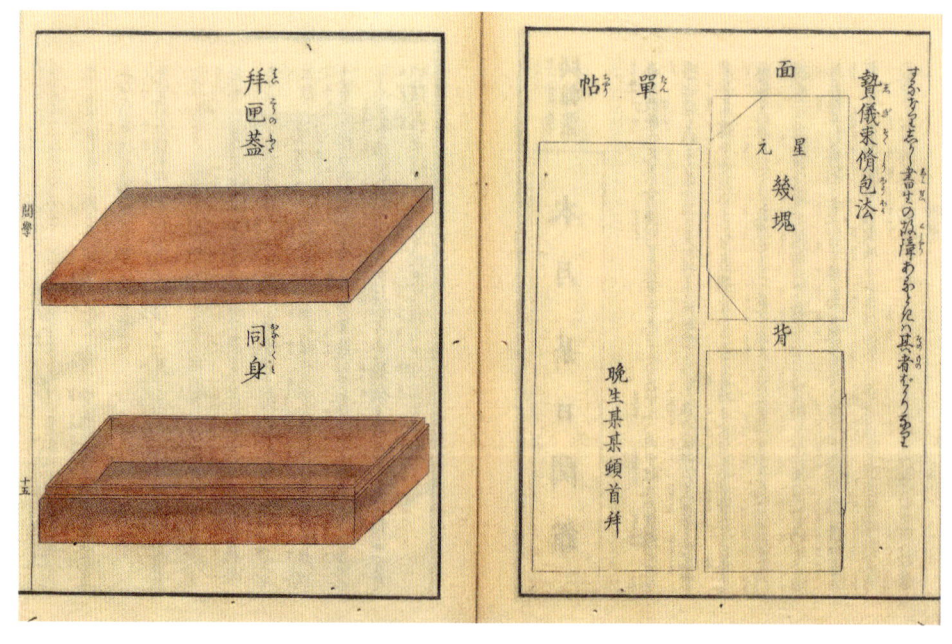

赘仪束修包法　单帖　拜匣盒　同身

卷之五　同　学

○单独请先生到家中者，一年大约要出谢礼为五百目或六百目的银子。三家四家共同聘请时，每家一年各出一百目或二百目银子送给先生，此需事先协商好并得到先生同意。学馆诸位学生之修仪要与身家相称，一年银五十目至一百目不等。不管大户或小户，每年均需分三次（端午、中秋、年末）或五次（立夏、端午、中秋、冬至、年末）按比例付给先生。在封礼银时，如有碎银，还要写上"星几块"，整银时，写"元几块"，不写重量。需用红色宣纸做银包，将前面所说之银装进去封好，上面再贴上标签，标签上写"修仪"字样，然后再装到一个称为"拜匣"的盒子里，让仆人送去。此时先生需写收取之谢帖。

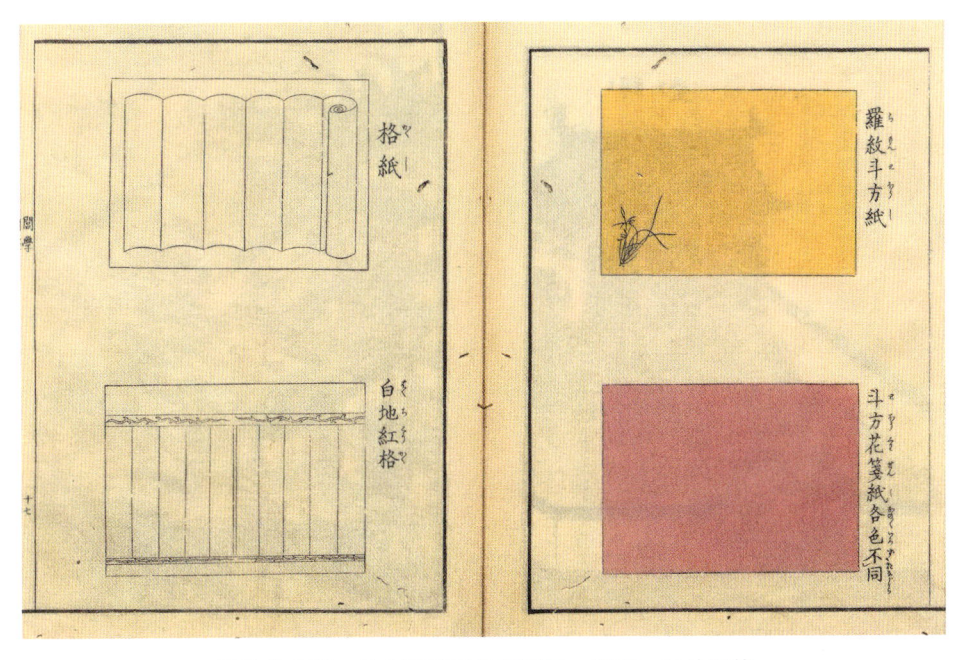

祠堂

罗纹斗方纸　斗方花笺纸各色不同　格纸　白地红格

《清俗纪闻》研究

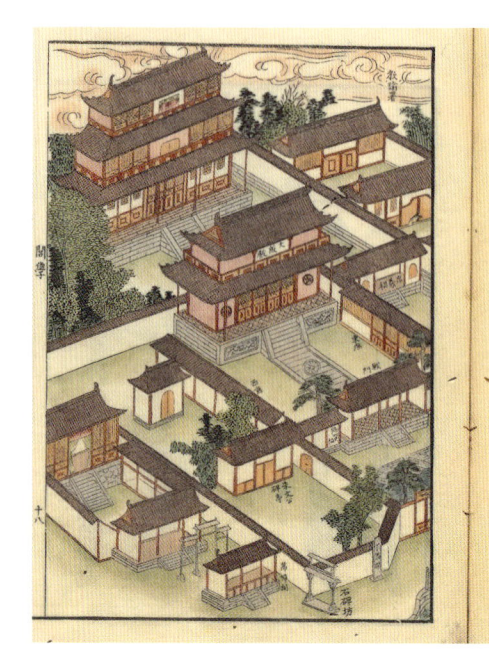

县学

石碑坊东位　石碑坊西位①

---

① 内阁文库藏彩色刻本中无此图。黑白线描本中，石碑坊东位图与石碑坊西位图均在第 19 页。但内阁文库藏彩色刻本中，少石碑坊西位图和下马牌所在页。应是装帧时遗漏了一张纸。

184

下马碑① 　　　　　　　　　　谢帖

○义学各地都有。在位高官或当地豪家等出银聘请先生，借用乡里祠堂等作为学馆，收纳因贫穷请不起先生的学子进行教导，此称为义学。教授方法及其他做法等与间学相同。

○大凡学生学业长进，诗作、文章等学习大致熟练后，可据个人意愿，跟随良师进一步讨论经义，其后去参加乡试，以备选拔。此惟有志之士而已。主持乡试之官员被称为主考官。这些主考官均曾经过考试，在当时翰林院或詹事、科道、六部、九卿等之内当差，他们被称为钦差。乡试第一场以《四书》之文句为题，作文章三篇、五律诗一首。第二场以《五经》为题，围绕每经作文章一篇、论一篇。第三场要做策五道、表一道。称此为乡试。后还要参加县、府之考试，考中后即及第。

---

① 内阁文库藏彩色刻本中无此图。

卷之六　生　　诞①

○大凡妇女怀孕四五个月左右,均需用绉绸、纱、绫、棉布之类,做一幅大小适合本人肥瘦之肚带(即腹带),裹到肚子上。平时需保持身体安静,不能疲劳,也不能拿重物或向高处抬手。饮食也要清淡,以养胎气。尤其是从开始怀孕就需请稳婆(又名收生婆),隔三五天来按摩一次肚子。

○到临月,就要准备草纸②、襁褓,发现快要分娩时,要赶快在床上铺好褥子,让产妇静卧在床上,叫来稳婆为其按摩肚子。临产时,稳婆要抱住产妇的腰,看准时机为产妇助产。产后,稳婆接住小孩,观察小孩手足及全身各部位,用竹篦③切断胎衣,用丝带扎紧脐带切口,包好缠到肚子上,而后用甘草汤将新生儿大致清洗一下,还需将手指插入新生儿口中,洗出淤血等,最后擦干新生儿身体,用棉布或绢布包起来,外面再包上襁褓,大人横着抱在怀中,将母亲送至产屋(又名产台)。所谓产台,是指在平常之床上左右叠放多层被子,让产妇坐在里面不要动弹。一般来说,十天或七天左右不让平躺。如没有血晕,也有过五六天就可平躺者。坐在产台上后,需马上让产妇吃糯米粥。不过,不能让产妇吃得过多,让其每个时辰逐次少量进食。糯米粥一般来说吃一次即可,其后就可以让其吃饭了。三十天内忌鱼肉油物,五至七日内忌姜、辛咸之物。五至七日过后,可以让其食少量咸味之物。在七日期间,要用砂糖汁煎益母草让其饮用,可去除淤血。如没有血晕,可以不用汤药。在产台上时,要有老妇、阿妈等昼夜护理,注意不能让产妇头部下垂、身体偏斜,并注意不能让其受风寒,家中也需保持安静,禁

---

① 生诞:日本国立国会图书馆藏《续清朝探事》(索书号:わ382-5)作"生诞俗式"。
② 草纸:用稻草秸秆、芦苇、杂草等植物秸秆为原料制成的纸,质地粗糙,多用来做包装纸,卫生用纸或祭奠亲人,祭祀之用。
③ 篦:一种用竹、木、象牙、金属等削成细长、扁平、尖锐成刃状的用具。

止高声喧哗和其他响声,让产妇心情平静,安稳地休息以保养身体。

○将胎衣装到一个小陶罐中盖上盖子包好,在自家宅基中选择一块洁净空地挖开,挖三四尺左右之深度后,将瓷罐埋进去,永远都不能动。无须选择掩埋方位,也无须埋入附加物。据说古代有同时埋入一文钱之说,但当今已无此习惯。

○在清洗婴儿时,需在甘草汤中稍微加一点食盐搅匀,放入小盆中来洗。只大概洗一下,洗掉血污即可。洗完后将腻粉弄成细末,擦遍全身,包到襁褓里。(擦粉是为了祛除身上潮气。)

○脐带切断后,用绢布包扎好切口,贴近脐旁,外面缠以绢布条。六日后,解开绢布条看一下干否。如已干,就会自然萎缩进去,此时可以解下布条。(剪切脐带时,一般留两寸长左右。过长的话干后还会出问题,过短容易患风湿。)

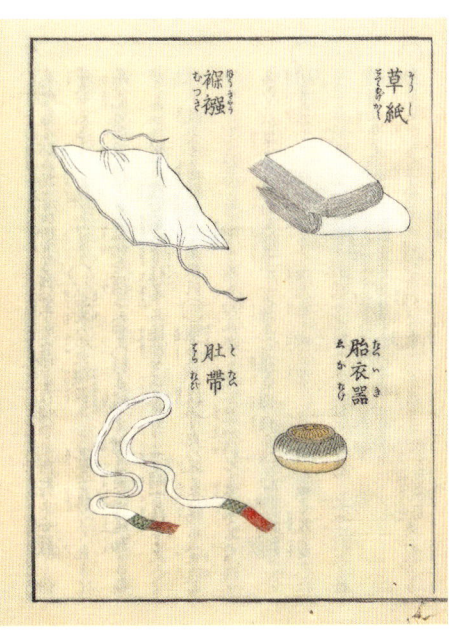

草纸　胎衣器　襁褓　肚带　产屋

○给婴儿喂奶,需等二十四小时后(也有一日之内喂乳汁者)。在此期间先给婴儿喂牛黄黄连汤等,或者是将葡萄、大枣捣碎熬汤喂给婴儿喝,可去胎毒。胎毒少时可不用牛黄。母乳出来时,最好喂母乳,若母乳没有出来,用亲族妇女之奶水来喂养。

○第三天或第五天需用面粉做饼子来庆贺。称此为汤饼会(又称三朝)。在这一天要给男孩子起名。男孩子名字多用阿福、阿寿、官哥等吉利之字眼(所谓吉利之字眼,即为可喜可贺之文字)。女孩子,通常不起名字,到十四五岁时,如喜欢诗作或经常练习书法等者,可起名。除此之外,大都叫作"一娘""二娘""大姐""二姐"(长女叫"一娘"或叫"大姐",次女叫"二娘""二姐"。"娘"为尊称妇女之俗语。但孩子也称母亲为"娘"。父母称女儿为"娘",则是爱称)。出嫁后,需冠上娘家之姓。比如,王氏就叫王娘,张氏即为张娘。余皆准此。一生不用名字者,也有很多。在汤饼会之日,需给新生儿沐浴(冬天擦拭一下即可),而后给新生儿穿上带袖衣服。邀请亲友摆设酒宴祝贺。亲友家要赠送三个或五个染红之鸡蛋或鸭蛋。主人家也需赠送鸡蛋和饼子。即使是亲友,也无在"三朝"之前赠送新生儿衣服等事。(此种礼物双方均不用礼品清单,按照时节使用鸡蛋或鸭蛋。)

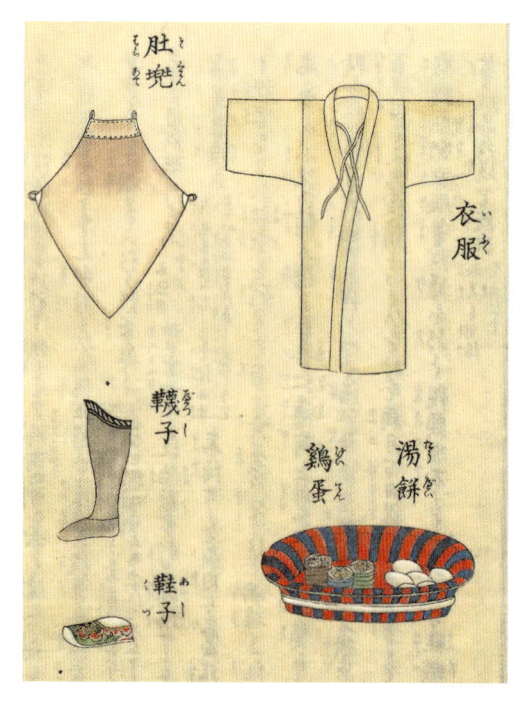

衣服　汤饼　鸡蛋　肚兜　袜子　鞋子

○将第三十天叫作满月(又称弥月)。在这一天不管男孩还是女孩均要剃去胎发,进行沐浴,参拜寿星菩萨(各地寺院中均安放有寿星菩萨,用于表示南极星),并且还需在家中设宴席,宴请宾客。剃完胎发后,马上将用嘴嚼碎之茶叶碎末抹擦于小孩子头上。也有用杏仁、薄荷者。将全部胎发用五彩线紧紧扎起来,挂在小孩子睡觉之帐子内。

○第一百天时,再宴请宾客进行祝贺。祝贺满月、百天时,客人均赠送鞋子、袜子、肚兜、衣服等礼物。所有亲戚朋友均赠送鱼肉或鞋子、袜子等物品,以示庆贺。(此节也不用礼品清单。)

○周岁时(指第一个年头),为考察孩子的成长方向,在房间里摆上桌子,在桌子上铺上毛毯,再摆上笔墨、书籍、金银、算盘等物品,让婴儿去抓。若婴儿抓取笔墨,将来一定文笔通达;若抓取书籍,将来一定喜欢学问,教习书法,训以儒学。若抓取了金银算盘,将来可能会从事商业买卖之类。该日也设宴邀请亲友祝贺。亲友赠送之礼物与满月时相同。

周岁拿周图

○胎发有全部剃掉者,也有在颈窝或额头、头顶等处留少许头发,扎起总角①者。或四五岁前全部剃掉,到四五岁时开始留头发,扎总角。从婴儿开始均戴花帽子。女孩子要在额头上面或颈窝处留少许头发,留到十岁左右,将额前之发作为刘海剪成五六分之长度,披散在额头上,如日本之"切秃"式样,再带上包搭(类似额头巾之饰物)。到十三岁,则需将头发全部养起来,使用包头(包头即包搭。大的称包头,小的称包搭)。盘成云髻,戴上金银珠玉等发簪。发髻形状可因个人爱好而不同。并使用香油来润色头发。到老年,冬天寒冷季节,还要戴一种叫作浩然巾之帽子。一般说来,不管男孩女孩出生后一年均庆贺周岁,其后每年生日不再庆贺,只是长至十岁,再宴请宾客庆贺生日。以后,每十年设宴庆贺一次生日。

---

① 总角:古代八九岁至十三四岁的少年,将头发分作左右两半,在头顶各扎成一个结,形如两个羊角,故称"总角"。

○所有女孩到七八岁时,均用裹脚布(裹脚之棉布)将脚紧紧地裹起来,不能让脚长大是最重要的事情。故七八岁后不能随便外出。去远路时均要坐轿子,不能步行。步行到近处时,均有侍女之类跟随左右,搀扶同行。但是,小户人家之女子不裹脚,行走自如。(女子裹脚习俗始于哪个年代,无详细记载。)

○婴儿枕头外套用棉布缝制,枕芯装入茶叶或菊花等清凉之物。不能将装有红小豆等之袋子压到小孩肚子上。在小孩周岁前均须横抱,不能竖起来抱。再者,孩子出生五至七日后,需在下面多铺几层褥子,让其在上面安睡。

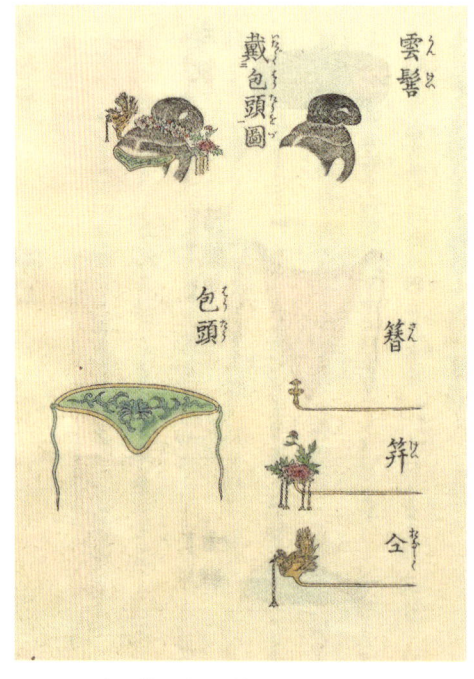

云髻　簪　笄　戴"包头"图　包头 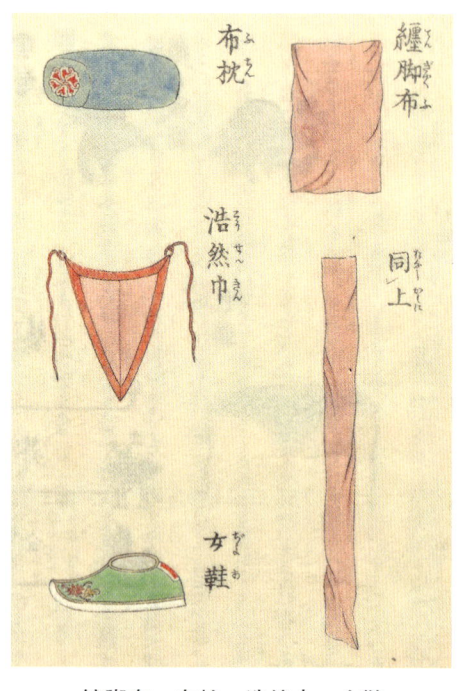　　　　**缠脚布　布枕　浩然巾　女鞋**

○送给稳婆之谢礼,根据主人身份不同,有送三十目左右银子者,也有送五十目或一百目左右者,数量不等。大户人家也有送衣服绸缎者。

○生产时均无请医服药之事。产前产后,若无其他疾病则不用请医生。只在出现血晕或者难产等危险时才请医生。发生血晕而医生还未赶到时,则多用火烧石头或铁块,并将醋倒入瓷器中,将烧热之石头或铁块放入醋中,靠近产妇鼻子处,让产妇嗅到这种气味后苏醒。另外,据说产后立即饮一盏(一大茶碗)童便,也可治疗血晕。

○没有产绳及天儿①之类的护身符或鸣矢等。

○据说古时候,生男孩时,用父亲旧衣服做襁褓。生女孩时,用母亲旧衣服做襁褓。不过,当今均无此做法。

○婴儿出生后,若没有母乳,则需请乳母(又叫养娘)给婴儿哺乳。到孩子五六岁断奶后,再让乳母回去。若这个孩子长大做了官员或者是家道繁昌,其乳母又没有子孙而且也没有其他依靠时,就把乳母接到家中为其养老。大多是孩子长到五六岁时,辞退乳母。薪金大约一个月三十目或四十目银子。乳母自己准备衣服行李等。若是雇佣乡下穷苦之人作乳母,一个月薪金大约为七八匁或十匁。衣服等大多为主人家提供。若无特别情况,无终生雇佣或主家令其嫁人之事。

---

① 天儿:作为孩子的保护神,放于枕头下面的人偶。

卷之七　冠　　礼[①]

○当今之清代,冠礼之古式丝毫没有流传下来。没有规定男子几岁加冠,故也无十三四岁内看情况庆祝元服之事。女子也无几岁上簪之仪式。十岁以上若许嫁,则上簪。此日需进行祝贺,但并非为上簪而祝贺,而是为许嫁设宴祝贺。

○男孩子从三四岁开始将头中部的头发留起来扎成总角,或者分成两半扎成两个总角。将剩余部分之头发剃至发际,并戴花帽子。到十三四岁后,选择天德、月德等吉日,进行加冠。

○加冠元服之日,需将剃头匠叫至厅堂或房中,先让仆人在脸盆中倒上热水,让孩子坐在椅子上。剃头匠先用热水给孩子湿润头发,将头中央头发留成圆形,其余部分全部剃掉。然后,先用木梳将正中央头发梳通,再用竹篦子梳掉头皮上之污垢。梳理整齐后,再将中央头发等分成三股编起来,称此为辫子(此即《法苑珠林》所载之周罗[②]发)。并用红蓝黄丝线扎住发梢,再戴上帽子。至二十多岁时,则需换成花色或黑色丝线。在家时需换上睡帽,外出时则要戴上大帽子。元服之日也无邀请亲戚进行祝贺等事。所谓剃头匠均为下贱之人,以剃发梳头为生。剃一人之工钱一般为五六十文,于每次剃头时给付。元服之日第一次剃头时,一般要付给一百文。孩子幼小时,不必请剃头匠,大多让家中奴婢等剃。一般每个月剃梳两三次。不过也有剃头店。店内雇有两三个帮手,下贱之人去剃梳时,付给十文或十五文,无固定之价钱。

---

①　冠礼:日本国立国会图书馆藏《续清朝探事》(索书号:わ382-5)作"冠礼俗式"。
②　周罗:意为小髻。《起世因本经·阎浮洲品》:"如此小千世界,犹如周罗。"原注:"周罗,隋言髻也,外国人顶上结少许长发为髻。"《释氏要览·剃发》:"周罗发,即今亲教和尚最后为剃顶上发也。梵语周罗,此云小髻。"

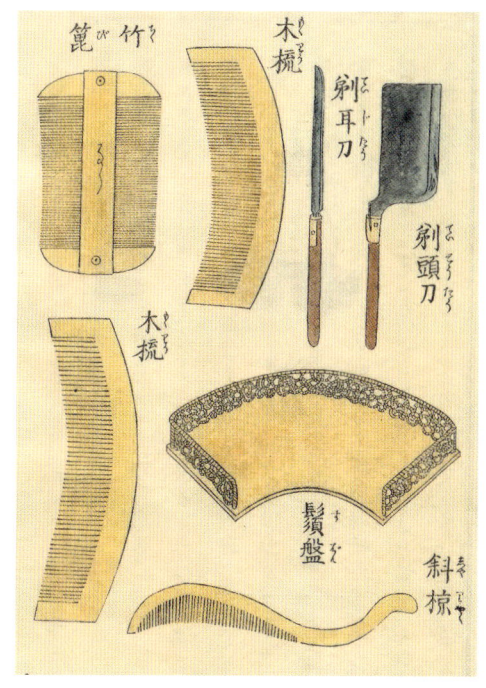

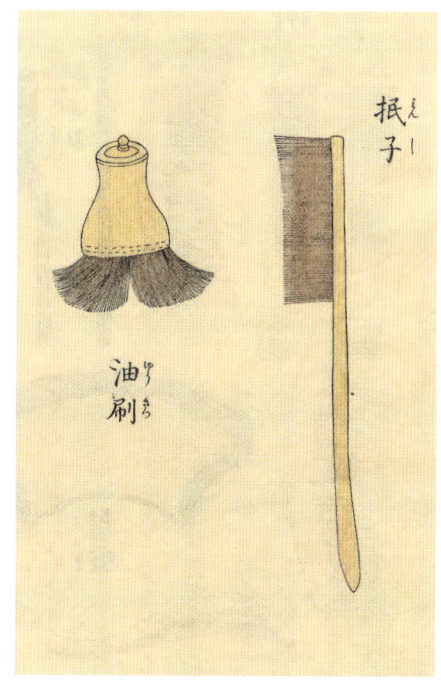

剃头刀　斜掠　剃耳刀　须盘　木梳　竹箆　　　　　抿子　油刷

○女孩子要在额头上或颈窝处留少许胎发，从四五岁时开始将头发留起来。另外，为了不让脚长大，还需用绢布将脚尖紧紧地缠起来，称此为缠足。从十岁左右开始披发，前额头发剪至五六分长，整齐地披散在额头上，再戴上一种叫包搭的额头巾。到十二三岁后，把头发全部留起来，并用菜油润色头发，盘成云髻，戴上一种叫包头的发包。若许嫁，需在聘纳后选择吉日，剃刮脸部、头发边沿以及眉毛等处，并插上簪子，此为上笄。此时需设酒宴，邀请亲戚朋友[①]等进行祝贺。女人头发要婢女来梳理。

○男孩子至三四岁自己可以吃饭时，需坐在母亲身边。首先，教其右手持筷、左手持碗之正确用餐方式，只许一日三餐，不许随意饮食。父亲则教以各种礼仪之道。如亲戚到来时，作揖（揖即先把双手合到一起，再弯腰垂手至膝盖以下）、叉手（与拱手相同，两手相合弯腰）、叩首等礼仪以及尊敬长者、不与兄弟相

---

① 邀请亲戚朋友：日本国立国会图书馆藏《续清朝探事》（索书号：わ382－5）作"当日邀请亲戚朋友"。

辫子　花帽　总角

争等和睦相处之道。至五六岁时，士族阶层自不待言，农、工、商家庭之孩子也要开始学习读书写字。到七八岁时，教以修身正行、尊敬祖先和兴家之道。若是富贵人家，需将先生请至家中，贫穷人家将孩子送至义学。中等人家则送子弟到学馆，学习理解诗书、赋诗作文，还需专门教导举止应酬等礼仪。若有不良行为发生，或被斥责，或挨打以示警诫，不许再犯。尤其禁止谎言。射弓、骑马、算盘等事，根据个人喜好来学习。

○女孩子需专门置于母亲身边，教其饮食等做法，与男孩子之教法相同。五六岁时还要教其起居行为等各种礼节，不可随意喧哗，否则斥之，注意言语温和、心灵纯朴。至十岁左右再教以刺绣、针工、纺织等方法。大户人家的衣服多由裁缝制作，故只教以缝制荷包、烟包等做法。但是，根据情况也适当地教一些衣服之缝制方法。若母亲不擅长绣花之道，则需聘请附近之妇女或绣娘(以刺绣为生之妇女)之类的人来教。再者，也有从七八岁开始请女先生教其写字、读书、作诗之人家(详见闾学部分)。到十二三岁后，则不许出闺门见人。多将女孩房间设在楼上，另建门户严格限制出入。成人后，不得与男人同席。做菜烧饭之事，则顺其自然，不需特意教导。

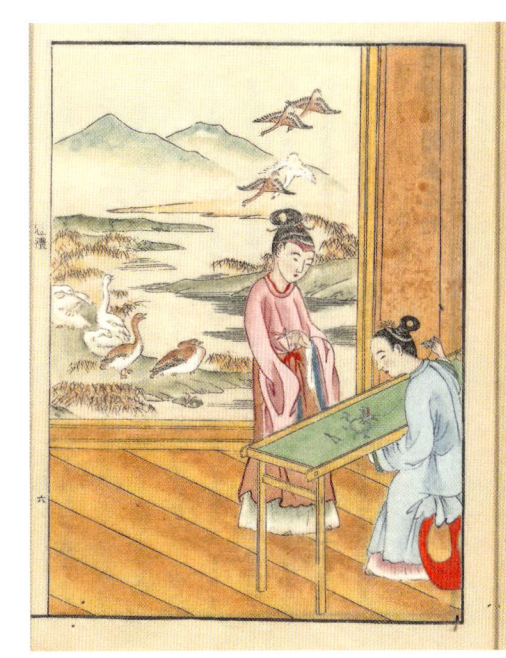

绣花之图

卷之八 婚 礼[1]

○大凡男子到了二十多岁以后,其父兄就要为之娶亲。若想娶某家姑娘,首先要委托一位对男女两家都熟悉之人前往提亲。若媒人来到女方家要求与主人面谈时,主人需到客厅迎接,且说:"先生劳驾,有何见教?"寒暄后,主人若说:"请坐。"客人则回答:"有坐。"鞠躬行礼后坐到椅子上。若说:"某某之公子欲娶令爱为妻,令某来作伐。"女方家长听后若回答"小女不才,难备箕帚"等,则有拒绝之意。若媒人一再恳求,主人也有回答"那么,我与父祖伯叔们商量后再作答复"来打发媒人。也有马上请出父祖伯叔等列席商量而许诺者,或其后主人再到媒人处答复。如无父祖者,由叔伯兄长等出面接待。另外,若媒人为特别亲近之人,则不需坐在外厅,直接在内厅、后轩接待。既有男女从小就聘定(又称订姻)者,也有到十四五岁来提亲者。虽说幼时就已聘定,但若其中一方在未婚前就死去,另一方需穿规定之丧服为其服丧。等规定丧期已过,如欲将女儿再嫁他家时,则需到男方家私下协商,若男方家没有异议,即可将女儿再嫁,称此为"再醮"。若男方家提出"一旦娶过来,则一定会招赘,娶女为妻",女方家即使有异议,也不得不等女儿长大后如约将其送往男方家。若死者为女方时,等丧期过后,若女方有妹者,男方则娶其妹,若没有妹,则另行提亲。结婚时,所有平民均无须向街长报告,官人也无须向长官报告。

○媒人(又名"冰人"[2]或"中人"),若是向与两家都很熟悉之亲戚朋友等,或是方便出入两家之阿妈、收生婆(又名稳婆)等人拜托,或是由阿妈等私下对女主

---

[1] 日本国立国会图书馆藏《续清朝探事》(索书号:わ382-5)缺失本卷。
[2] 冰人:旧时称媒人。《晋书·艺术传·索紞》:"孝廉令狐策梦立冰上,与冰下人语。紞曰:'冰上为阳,冰下为阴,阴阳事也。士如归妻,迨冰未泮,婚姻事也。君在冰上与冰下人语,为阳语阴,媒介事也。君当为人作媒,冰泮而婚成。'"后因此称媒人为冰人。

卷之八　婚　　礼

人说"某家有位多大之姑娘,贵府可否愿娶之为儿媳"。也有先通过私下周旋之后,再从亲戚朋友中找一位合适之人选,委托为正式媒人,正式去女方家里提亲之事。媒人取得女方家回复后,再去男方家回信,这时男方家里需准备酒席等进行宴请。另外,也有另择吉日进行宴请者。女方也一样(婚姻谈成后,需向阿妈等帮忙之人进行答谢,谢礼之多少根据家庭贫富各不相同)。

　　○双方完全同意后,过两三天即可选择吉日(天德、月德等吉日)送去准备娶亲之书信。此时还需给女方送去茶叶,茶叶装在小锡罐中,一次送几十罐至百罐不等。而且,送茶叶时,不能说"送茶",需说"授茶"(茶不是移根而植,而是生籽而种之。故古人在结婚时以茶为礼。此必为遗留之风俗)。

　　○送书信和茶叶时,一般都是打发奴婢(奴指男下人,婢指女下人)送去或委托媒人前往。也有媒人坐轿而往者。来到女方家门口需问:"有人在吗?请教。"

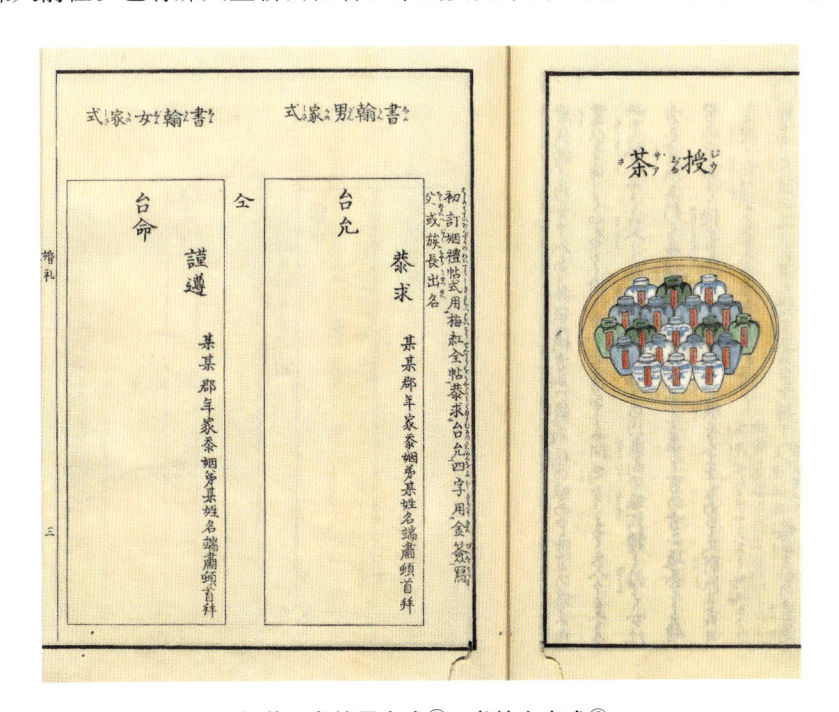

授茶　书翰男家式①　书翰女家式②

---

①　右侧写有"初订姻礼帖式用梅红全帖,恭求台允四字用金签写,父或族长出名"。封面写有"恭求某某郡年家眷姻弟某姓名端肃顿首拜,台允"。
②　封面写有"谨遵某某郡年家眷姻弟某姓名端肃顿首拜,台命"。

197

主人家负责接待之仆人就会出来,接过书信和茶叶(礼品交接也无固定之规矩),并将口信之大意传达给主人。主人接到书信后,需马上写回信,再由负责接待之仆人将回信送给男方之使者。若是媒人来了,主人需亲自接见。

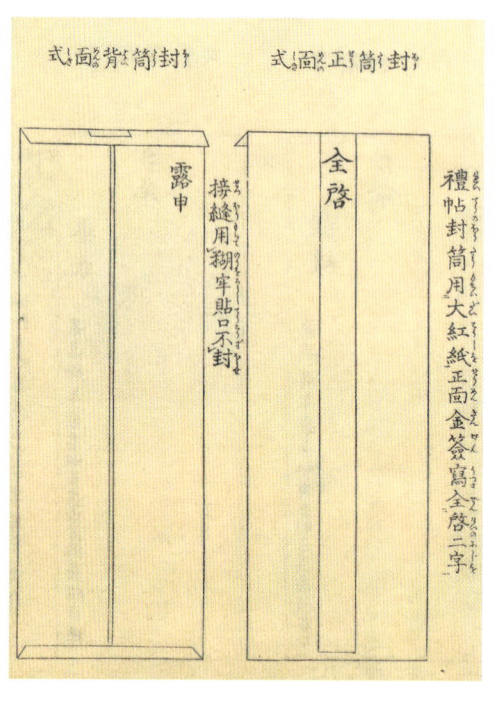

　　○另外,几日后,再择吉日送盘(所谓送盘指送聘礼,又称迓盒)。礼品包括绸缎布匹、珍珠玉石、工艺品、笄、戒指等。将送笄、戒指等称为上笄(女人第一次插簪,故称上笄)。此时需选择结婚吉日通知女方家里,称此为道日(所谓道日即用俗语称呼日子之说法,意为将选定之日子告知女方)。男方将定好之吉日通知女方家里时,若女方家里也无不便,马上着手准备。若是女方家里多有不便,还需与媒人商量另择吉日(此种吉日之选择要委托阴阳先生或道士)。此时女孩剪去额前头发,在额头上带上包头,再插上簪子(此相当于日本的"颜直")。

封筒正面式①　封筒背面式

　　○此时,派使者前往女方家中送信函并附带送去礼品清单,也有委托媒人送去之事。男女双方作为谢礼均需给送信函之使者一些银子。信函均以父亲之名义送去,若没有父亲,则以叔伯或兄长之名义送去(交接聘礼时,也无固定之规矩)。

　　○收到上述聘礼后,过四五天女方也回赠礼品给男方。回赠之珠玉缎匹之类有不同,绸缎珠玉之类不能与男方送来之品种式样相同,称此为回帖(所谓回帖也就是回信之意)。此时还要送去女方生辰八字。

---

① 右侧写有"礼帖封筒用大红纸,正面金签写全启二字"。

卷之八　婚　礼

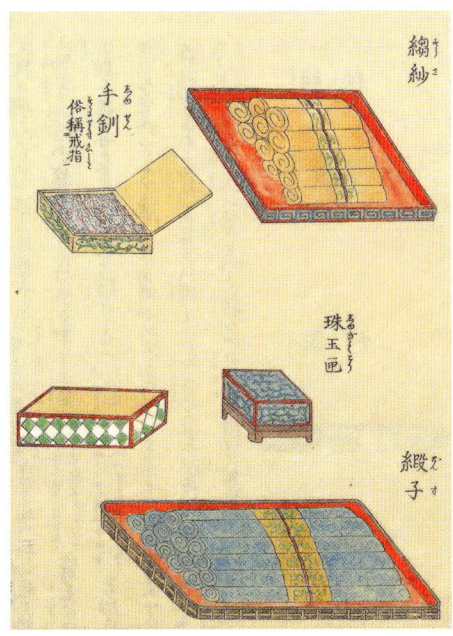

绉纱　缎子　　　　绉纱　珠玉匣　缎子　手钏（俗称戒指）

送妆奁

《清俗纪闻》研究

　　○互赠礼品后,开始准备婚礼用具。女方家将各种用具准备完毕后,在男方通知之婚礼吉日前三天左右,送去妆奁。

　　○妆奁清单,要由使者送至男方家里,由男方家中之接待者按清单查收,且摆放好,并需付给使者赏钱。嫁妆等不放在抬物架上,而是两人抬一件,以很多人搬运嫁妆为体面。

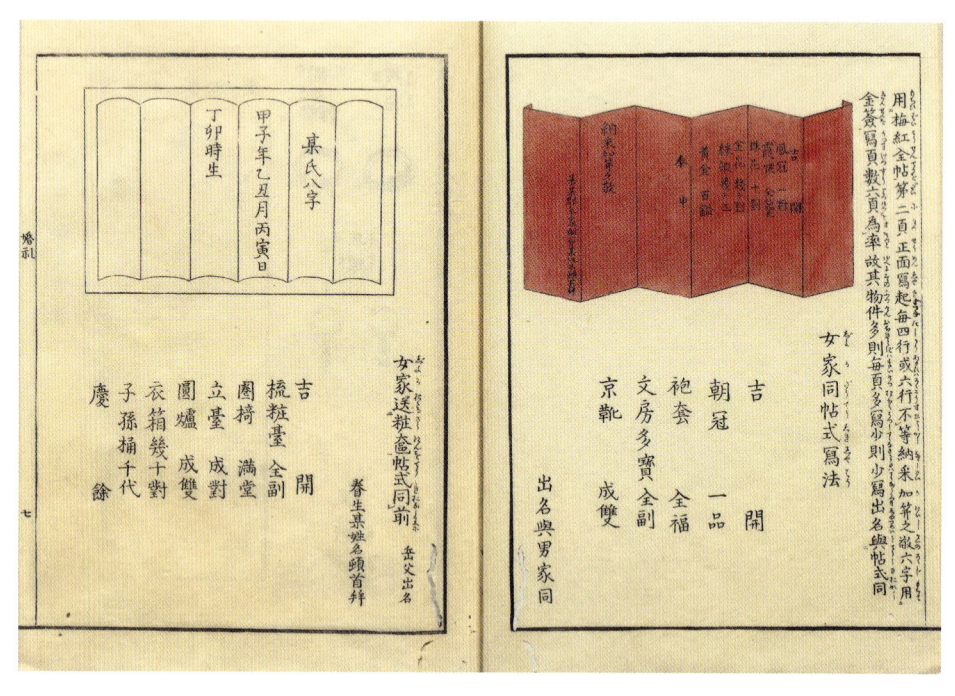

女家同帖式写法①　女家送妆奁帖式②

　　○娶亲之日,早上五点左右,媒人会来到男方家中,若说"做好准备,一同出发吧"。于是,新郎再换穿新郎装(新郎装只是比平常衣服漂亮些,无规定之色调与款式等),准备花轿(花轿是用缎子或绉绸等装饰得非常漂亮的一种交通工具。由新郎家准备),带上乐人(乐人一般为法师或艺人之类,其中也有盲人等,

---

① 用梅红全帖,封面书写"吉开/朝冠一品/袍套全福/文房多宝全副/京靴成双/出名与男家同",第二页正面每四行或六行不等,书写内容为"吉开/凤冠一对/霞披全袭/珠花十对/金花几十对/彩缎几匹/黄金百镒/奉申/纳采加笄之敬/某某郡年家娅弟某姓名顿首拜","纳采加笄之敬"六字用金签写,页数六页为率,故其物件,多则每页多写,少则少写。

② 封面书写"吉开/梳妆台全副/圈椅满堂/立台成对/圆炉成双/衣箱几十对/子孙桶千代/庆余"。

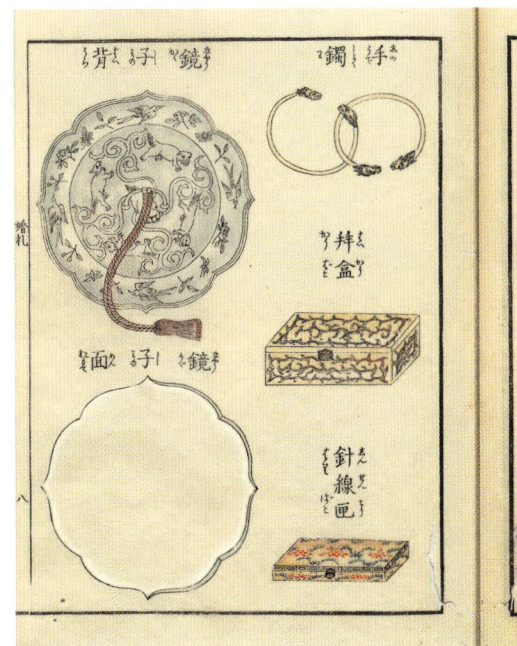

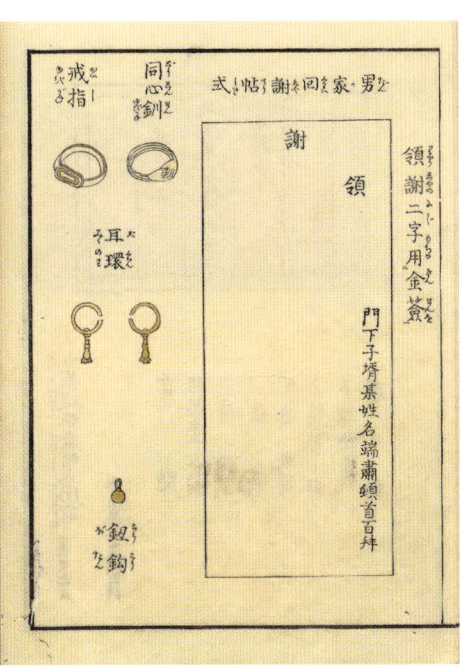

男家回谢帖式① 同心钏 戒指 耳环 钮钩 手镯 拜盒 针线匣 镜子背 镜子面

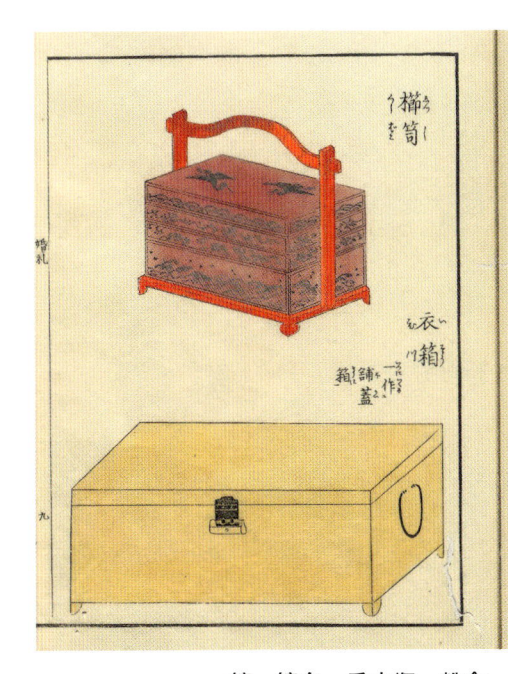

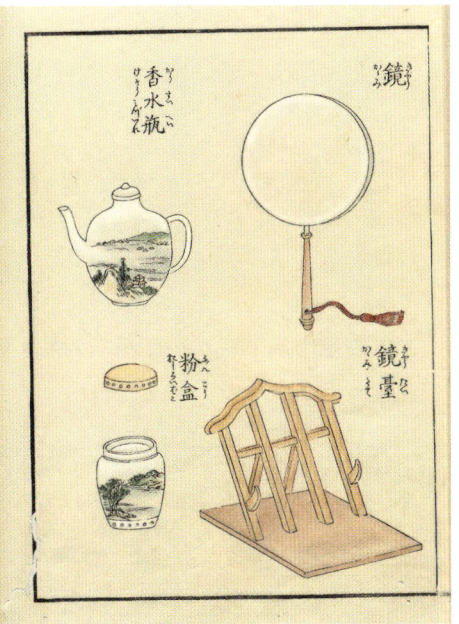

镜 镜台 香水瓶 粉盒 梳笥 衣箱(一作铺盖箱)

① 右侧书写"领谢二字用金签",封面书写"门下子壻某姓名端肃顿首百拜"。

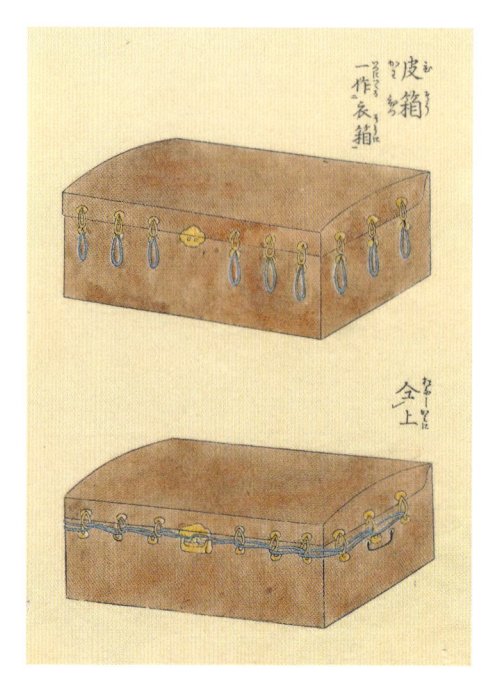

皮箱（一作衣箱）

试才

他们通常以演奏乐器为职业）到女方家里去，称此为"亲迎"（此时，也有新郎不去，只媒人前往之事。媒人、新郎均乘轿而去。媒人轿子在前面带路，其次为新郎轿子，让花轿跟随其后）。若新郎前来迎娶时，岳父要在客厅中央摆上书案，准备好文房四宝（笔墨纸砚为文房四宝），然后在云笺上写上诗或文章之题目，让新郎作诗或作文，以测试新郎才艺。诗文题目由岳父来出。另外，若女儿喜欢诗文，也可由女儿来出。

○若是大户人家（将十四五口人以上之人家称作大户人家），则需两个媒人。男方家之媒人不到女方家中去，女方家之媒人也不与男方家面谈。而中户（将六七口人以上之家庭称作中户人家）以下人家，则不需如此。但是，婚礼宴会自始至终，双方媒人均需来帮助筹办宴席。但媒人之妻则不来。

○若看到新郎轿子来到女方家大门前时，女方家之奴仆为向新郎讨赏钱，就会锁紧大门不开。此时，新郎随从就会给新娘家之仆人发放赏钱，发过之后说"请开门"，新娘家仆人才会把门打开，让新郎轿子进入门内。（此项赏钱根据家庭之贫富程度，为五十目、一百目、二百目不等。）

卷之八　婚　礼

○此夜，新郎家需向女方家中发送三道信函。第一道为"打发轿子去迎娶"之信函，第二道为"催请准备"之信函，第三道为"派遣迎接合卺①"之信函。来到离女方家半町之处，媒人就会从怀中拿出第一封信函，放到拜匣里派人送到女方家中，女方家接到信函之后，主人到门前迎接。

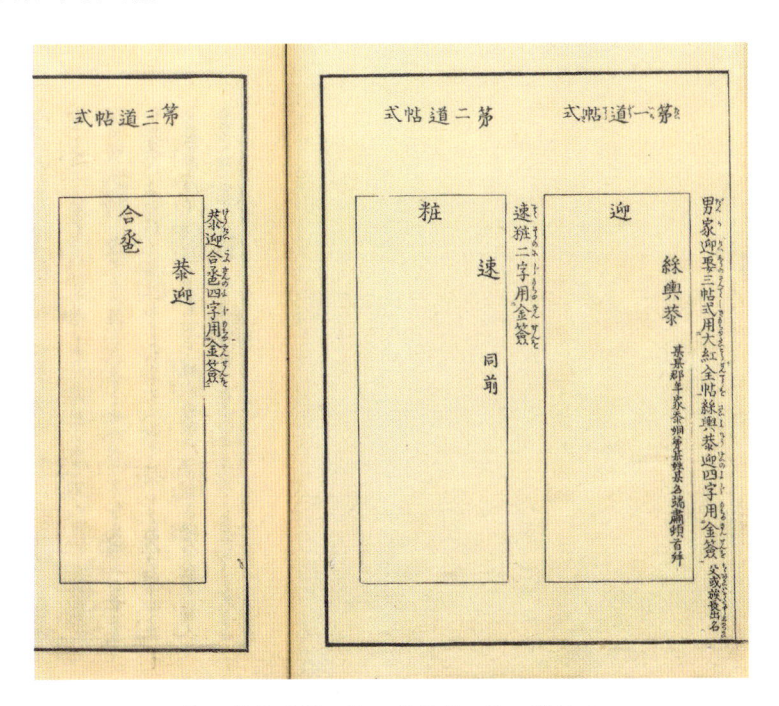

第一道帖式②　第二道帖式　第三道帖式

○媒人和新郎来到女方家附近，均需下轿步行来到女方家门口，此时主人出来迎接，将媒人和新郎领到厅堂（又称外厅），且说："请上坐"，之后拱手寒暄。媒人也需回礼说："今日恭喜。"若主人说："且请坐"，媒人则需拱手说："得罪了。"然后坐到椅子上。新郎始终跟在媒人后边，诸事情均听凭媒人之吩咐。

○花轿需抬至新娘之内房门口（内房即为女人卧室）。

○乐人在里院的一间房中等候。

---

① 合卺：卺，亦作"巹"。合卺为古代婚礼中的一种仪式。剖一瓠为两瓢，新婚夫妇各执一瓢，斟酒以饮。后多以"合卺"代指成婚。《礼记·昏义》："妇至，婿揖妇以入，共牢而食，合卺而酳。"《孔颖达疏》："卺，谓半瓢，以一瓠分为两瓢，谓之卺。婿之与妇，各执一片以酳，故云'合卺而酳'。"

② 右侧书写"男家迎娶三帖式用大红全帖、彩舆恭迎四字用金签"。封面书写"彩舆恭某某郡年家眷姻弟某姓某名端肃顿首拜"。

○主人亲自端茶向媒人劝茶,且说:"今晚多劳,且请拜茶。"此时媒人则需从椅子上站起来,双手接过茶杯,并回礼道:"得罪,多谢。"然后,坐回原位喝茶。作陪之亲戚、朋友等也要逐一出面向媒人寒暄道:"今晚劳驾,种劳玉成,请啊!"此时媒人站起回敬道:"请啊!恭喜恭喜!"相互拱手逐一寒暄后,媒人还像刚才一样坐回原位。主人进内宅后,作陪之亲戚、朋友等也坐到椅子上。此时,仆人将茶端出来,并逐一让茶。茶毕,再端出桂圆汤、扁豆汤或杏酪、鸡豆汤之类一两种饮品(均用砂糖煮)。完毕后,仆人首先在媒人面前放上桌子,其次在各位客人面前放上桌子。此时,主人出面寒暄道:"请,请!"等各位客人分别落座后,拿出酒瓶向媒人前面之酒盅里斟酒。媒人站起来寒暄道:"得罪。"然后接过酒盅放在桌子上。主人再向作陪者逐一斟酒。作陪者接过酒杯后,向媒人寒暄道:"请,请!"媒人端起酒杯饮酒,作陪之人也一同饮酒。此时,若主人说:"上菜。"仆人们就会马上端出菜来,放到桌子上。主人说:"请菜。"媒人就会站起来说:"多谢。"作陪之人拿起筷子指向最易取之菜,向媒人劝菜说:"请,请。"媒人也向作陪之人辞让说:"请先,请先。"谦让后,媒人先夹第一

花轿　亲迎　媒人新郎进门之图

筷,在座诸位随之下筷,每夹一筷子菜后,一起喝酒。(酒宴之仪式详见宾客之式。)酒宴中,需说喜庆之事,避免忌讳之词句。一般不说水酒、寡酒等之类的词语,需将一双说成"成双",将收席说成"成席"等,需避免所有单数,凡数字均使用双数。

○媒人视时机拿出第二封书函。此封书函拿出来后,新娘换衣服。估计新娘装扮完毕时,媒人又拿出第三封书函。此时,媒人客气地说:"多蒙盛设,深感厚意,且请成席。"主人及时撤掉酒席。让已经准备好之新娘在内房门口直接上轿,仆人们等抬起轿子送至厅堂。媒人起身辞谢,先行走出厅堂,此时立刻抬出新娘之轿子。亲戚中妇女们送至内房门口,其他亲戚朋友们等也送到外厅门口。其后,新郎起身向主人说,"多谢丈人错爱",再向同席之客人说,"各位先生少陪",然后再离开。大家均起身相送,此时新郎需说:"不敢不敢,请留步。"新郎走出厅堂门口时,主人要站在堂前施礼。媒人也需在堂前向主人和亲戚朋友们辞谢,然后再到门前上轿子。新娘轿子等候媒人轿子抬起后,加入行列。千万不能倒着抬出新娘轿子。另外,先祖曾升职至四品以上官职者,其子孙可采用执事等仪仗(四品以上之官职即知府、布政司之类)。

红灯　执事(一作鸾驾)　鼓乐　旺相　红黑帽　喝道

○新娘轿子起轿后,新郎(又称花婿[1])上轿。

○来到离男方家大约一町时,媒人需差人先去报告新娘到来之消息。

○男方需差人在家门前等候新娘到来之消息。媒人所派听差到达后,立刻向院子里边通告。院子里也需准备迎接,主人为迎接媒人到来,需至门口拱手站立。媒人下轿来到主人面前时,主人说:"劳驾。"媒人回答:"岂敢。"然后,主人在前面带路将媒人请到厅堂,说:"请上座。"媒人回答:"不敢当。"主人再次说"请坐请坐"时,媒人就说"得罪",然后坐到椅子上。此时,主人和新郎进入内宅。此期间新娘轿子到达后,则由傍娘(侍女之类)将新娘从轿子上搀扶下来,在厅堂门口由傍娘等左右搀扶,引至媒人之后站立。养娘(即乳母)等跟随左右。新娘内穿一种叫作"披风袂衣"之平常衣服,外穿大红圆领上衣,头上盖着一件名为"头面覆"之红盖头。

---

[1]　花婿:在日本称新郎为花婿,称新娘为花嫁。

○媒人起身至内宅,陪着新郎来到厅堂,让新郎去见新娘。此时,需挑选两位亲戚中的幼童或仆人,二人手持一对烛台,烛台上插着用金银色绘制出各种花草之大红蜡烛,两人需左右并排拿出,立于二位新人面前。称此为花烛。新娘面向新郎行礼,新郎还礼后在椅子上就座,而新娘不坐。

○二位新人相见完毕后,父母来到厅堂,坐在椅子上。二位新人并排站在一起先拜天地,再拜家庙,后拜父母。拜完后,傍娘、养娘们带着二位新人进入内房。此后,母亲离开厅堂进入内厅。父亲招呼媒人和众亲友等说"请宽[①]",随之也进入内厅。外厅之客人们各自坐定后,开始谈话。仆人们端出茶来,向媒人劝茶,接着再向其他客人劝茶。茶毕,再上桂圆汤、扁豆汤、杏酪等,尔后搬出饭桌开始酒宴。此时主人出来端起媒人之酒杯给媒人斟酒,斟完酒后再双手端着酒杯给媒人敬上,同时道谢说:"奉敬一杯,种种费心,多劳多劳。"并向其他客人劝酒说:"众位相烦奉陪,请宽畅饮。"

新人花轿　女妇送出内房之图

---

① 宽:放松,放宽。清·方苞《狱中杂记》:"则械系不稍宽。"

○新娘先来到房中,新郎随后进来,养娘说:"相公请坐。"新郎即坐于床边。此时,傍娘陪伴着新娘让其与新郎坐到同一张床上。傍娘拿出"合卺杯",分成两个杯子拿在手中,丫鬟等将酒瓶中的酒酌量倒入两个杯子,将杯子交替移至新人面前,让二位新人同时饮用,称此为"合卺"(此酒杯系用瓢或金银制成,从中间分成两个使用)。合卺完毕后,方可掀开新娘之盖头,脱去大红圆领上衣,换上天青色(类似红桔梗色,是清朝之吉祥色,男子不得随便穿用。如先祖受过天子赏赐,即使庶人也可穿用)上衣。此时,母亲和亲戚中妇女姐妹等皆来房中谈话、推杯换盏。新娘不答话,凡事均由傍娘或养娘等代其回答。

○在外厅,媒人及其他客人之酒宴延续至深夜,酒酣之时,管家(年纪比较大的伙计)拿出用纸糊好的狮子,放到厅堂正中间,众客人乘酒兴争抢狮子之手、足、头,分取之。

○新郎不在外厅陪客人。拜完天地、家庙后,即进入卧房。但第二天早上之酒席(新郎一人单独进入卧房,此夜不陪客)需陪坐。酒宴一直延续至第二天早上。次日,广招乐人等。过了中午让新娘就座于外厅之上座,父母及亲戚朋友等一起推杯换盏,奏乐舞蹈。该日傍晚撤掉桌子。然后,端出大约十六盘回千(所谓回千即在盘子等器皿中放上水果、山珍海味,也称撒羹盘)。一般来说,端出回千时新娘需回房中,不在外厅露面。到了晚上,傍娘为新娘脱去新娘装,送其进入卧房。当日,即使白天,也要点燃烛台上之蜡烛。一直到夜里(指第二天夜里),酒席才结束。

○第三天新娘早早起床,来到父母起居之处进行参拜,然后回房。新郎也需早起,整好衣装参拜父母后回房,二位新人同桌吃早饭。从此日开始,亲戚朋友均来道喜,且会送来祝贺之礼品。均需回谢帖。也需给送礼之使者封赏。(也有婚礼之日送礼品者,无统一规定。)

○婚礼结束后第三天或第五天,新郎需下请帖,宴请岳父岳母。此称为进门(请帖需以父亲名义发出,向岳母发请帖则需以母亲名义发出)。此日需设酒宴,也宴请亲戚朋友。并且,也需请乐人等演奏。岳父、岳母于天黑前出门,若路途遥远则乘轿而去,路近则步行。但是,无论远近,岳母均乘轿。新娘兄弟姐妹也一同前来。妇女均乘坐轿子。

亲迎　归路　行位　鼓乐　执事　红灯　喝道

吉期　鼓乐待客

卷之八 婚 礼

新人拜天地

合卺

○新郎家门前有仆人等候,看见新郎之岳父岳母到来,立刻向院中禀报。主人和女婿等到厅堂门口或大门口迎接,主人需拱手向客人说:"敢劳移玉。"客人则回礼说:"岂敢岂敢。"主人将客人带到客厅,堂客(所有妇女均称为堂客)、养娘等到客厅迎接,站在那里寒暄片刻。其间,养娘等陪伴新娘出来,跟堂客们寒暄后,再陪新娘回到内厅。主人向岳父、小舅子等寒暄后,请他们坐到椅子上。新郎在下座向各位拱手,站立(此次宴请与婚礼吉期时相同)。

回千

○在内厅,也需为新娘兄弟的妻女和姐妹等摆上桌子进行宴请。并由新郎姐妹和新郎兄弟妻女等作陪。母亲需出面向亲家母劝酒。(此次宴请与婚礼吉期时相同。)

○酒宴延续至深夜,若客人寒暄问候,主人需看情况撤席。

○进门数日后,也有岳父宴请新女婿之事。此时新娘也同行,称此为回门。(此与日本的"里归"相同,此时不宴请亲戚。)

○女婿进入岳父家门时,岳父需来到厅堂门口迎接,将女婿请到厅堂后,女婿在下座拱手站立。若岳父说"请坐",女婿会谦让说"不敢"而不坐。岳父再三说:"请坐请坐,我也要坐。"女婿说:"得罪。"若岳父先就座于主席时,女婿也就座。亲戚朋友等也在席上与女婿见面。女婿需站起来逐一谦让说:"请坐请坐。"然后再一同就座。

○将新娘之轿直接抬至内厅门口。新娘下轿子后,由养娘等搀扶进入内厅。在内厅,由新娘母亲、姐姐、妹妹、嫂子等作陪,设宴招待新娘。父亲也不时来劝酒。外厅酒宴结束后,内厅也视情况收席。女婿起身向丈人行礼,离开客厅。其后,新娘也与其姐妹辞别,从内厅出来,在外厅门口上轿,养娘等随其离开家门。

卷之八　婚　礼

○结婚后一个月左右，新娘要回娘家。此时，作为"人事"①，需带各种礼物（水果、时令物及火腿之类，各不相同）。在娘家逗留一个月左右，女婿家来人接回去。此时，岳父岳母家也要给亲家带礼物回去（物品各有不同，此乃古代归宁之遗风）。

○岳父欲见女儿时，先派仆人等前去通知。新娘需请示公婆，然后再请示丈夫，允许回去几天，规定好日程后，再给娘家回信。至日，需向公婆及丈夫辞行。无亲戚朋友宴请新娘之事。第二年正月或寿诞等时，顺便宴请新娘，无特意邀请新娘之事②。

纸狮子

---

① 人事：指走亲访友所带的礼物。
② 此处中译本译为："亦无在第二年正月，或于寿诞等时藉机邀请新娘前往之事。"参见中译本第387页。

211

卷之九　宾　　客①

　　〇请客时,须事先将写有某日备粗酒欢迎光临的请帖派人送去。在得到赴宴的答复后,再向陪客发出请帖。当日,将厅堂、大门等处里里外外全部打扫干净,备好酒宴。

　　〇请帖用红纸,正楷,要装于白纸信封中给贵客送去,普通客人则不用信封,但也须派小厮(称为"小者")送去。

　　〇给陪客的请帖式样也相同。帖中写明于某日请某人须劳驾作陪之意,派人送去。但不得约请比主宾地位更高之人为陪客,以免对主宾失礼。

　　〇无宾客在宴会前派人或自己前往道谢之事。若宴请当天因故不能赴宴时,则备谢帖,派人送去以表歉意。应邀赴宴后,本人亲自前往道谢。即使延后,也无派人先去道谢之事。

　　〇贵宾当日前去时不带礼物。即使首次谒见贵人,也无带贽仪③之事。礼物均在二三天以前送去,但也有不送者。筵席情况不同,礼物品种也不相同。例如,寿筵送寿面、寿桃

请帖②

---

① 宾客:日本国立国会图书馆藏《续清朝探事》(索书号:わ382-5)作"宾客礼俗式"。
② 内容为:"谨卜某日,敬具杯茗,奉迎高轩,侧聆鸿海,伏惟惠然早临,曷胜荣感之至。右启,大德望某号某姓老大人台下。眷晚生某姓名顿首拜。"眷晚生,乃是相对于对方而显示晚辈立场的自谦用语。
③ 贽仪:为表敬意所送的礼品。

等。汤饼会①、满月等筵席时,则赠送猪肉、鸡蛋以及送婴儿花帽子、护胸等。如为临时请客,则送鱼肉、猪肉或时令鲜果等。

〇厅堂摆设,首先于正面挂蜂猴图("蜂猴"与"封侯"同音,为对宾客表示尊敬的心意而挂此图)或吉祥字句、花鸟等字画,上悬匾额。字画左右悬挂吉祥语句或由贵人、有德者书写的楹联。前面置高桌,桌上铺挂桌帏②。桌上摆放宣德炉等,用来焚香。在锡制的一对烛台上插红烛,在一对花瓶中插各色时令草花。接待中等以下的客人则不用香炉、烛台,只于字画前摆放插有多种花卉的青铜或陶瓷花瓶。桌帏用红缎子、呢子等制成,表面以金线绣上麒麟、雨龙、蝙蝠等,内用布里。

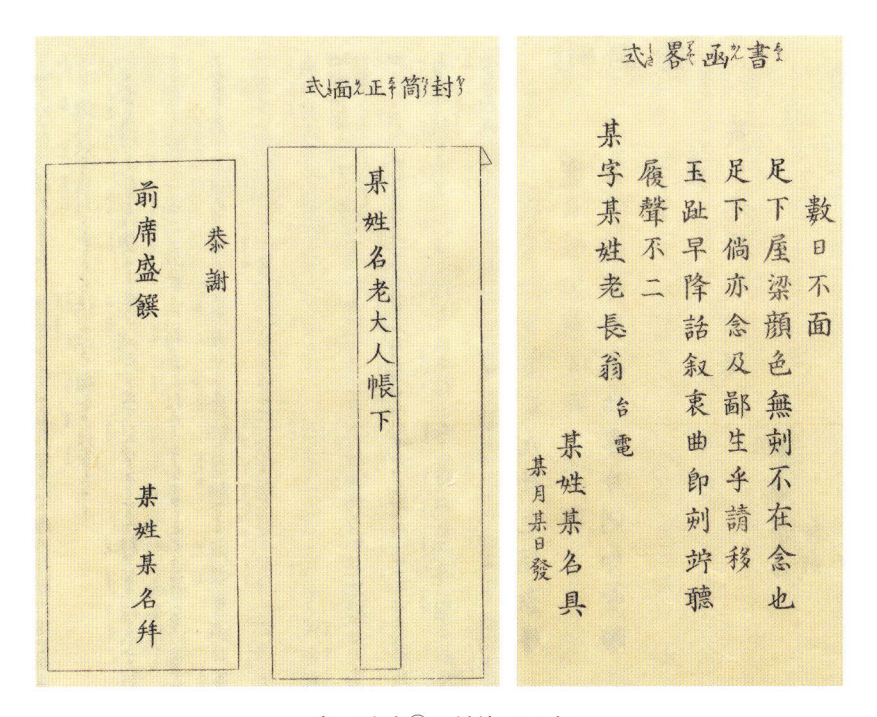

书函略式③　封筒正面式

---

① 汤饼会:旧俗寿辰及小孩出生第三天或满月、周岁时举行的庆贺宴会。因备有象征长寿的汤面,故名。
② 桌帏:亦称"桌帷"。亦称"桌围"。围在桌子边的装饰物,多以布或绸缎做成。
③ 内容为:"数日不面,足下屋梁颜色无刻不在念也。足下倘亦念及鄙生乎,请移玉趾,早降话叙衷曲。即刻竚听,履声不二。某字某姓老长翁台电。某姓某名具,某月某日发。"台电,与台展意义相同。

《清俗纪闻》研究

同答覆①

〇厅堂四周上挂红绸帷幕,每隔一二间结彩吊垂。地面铺砖,上覆红毡。冬季寒冷时节则不用厅堂,使用暖阁。暖阁下铺有木板,四面均不透风,座席下铺毛毡。若无暖阁,则在厅堂砖地上铺毯子,上面再覆毛毡。结彩以红绸制成,呈牡丹花状垂下。正面的桌子前放椅子,椅上铺二三层坐褥。按照人数,于正面设上宾坐席。两侧按照陪客人数放置椅子,并同样铺坐褥②。厅内画盖(即房屋中有画的顶棚)处挂有红灯、纱灯、羊角灯、耀丝灯等。门前也挂有同样灯笼。椅子的方向与外厅的方位相应。坐褥按照椅子的尺寸,用缎子、天鹅绒制作,内装棉花。夏季在上面铺筕篖③、香牛皮。红灯为红绸糊制的灯笼。纱灯用纱糊成,绣有花卉、人物。羊角灯是将羊角加工成玻璃状而制成的灯。耀丝灯为用线将各色玻璃珠串在一起而制成的灯笼。此四种灯笼均有四角、六角、圆形等不同形状。

〇坐席以厅堂正面为上座,右侧为次座,左侧为三座。如无可坐于正座的宾客时,则以右侧为上座,左侧为次座。

〇面对上座的下座方,竖有屏风、大插屏等。屏风前置桌子,桌上的大花瓶中插放鲜花,或排列放置各种假花。

〇厅堂两侧的书房、小阁等房中,正面挂书画挂轴,桌上摆放文具、书画卷轴、书籍、珠宝摆饰等物。

〇客人中有妇女等时,则于内厅设席,诸摆设饰品与外厅相同。

〇菜肴按照客人多少准备,主人不另订菜单。菜肴有固定的菜谱,即六碗、八碗、十碗、十二碗。如六碗时有何菜品、点心为何,八碗时为何,均有定式。故

---

① 此乃上述邀请信函的答复。内容为:"别来数日,真若九秋之隔,忽辱宠召,恨不能支飞,左右适缘冗羁,姑容片刻,即当趋命此覆。某某老长兄台展,某姓某名即刻。"
② 坐褥:日本国立国会图书馆藏《续清朝探事》(索书号:わ382-5)作"坐褥、铺席"。铺席,古丧礼之一,大敛前在尸体下铺放垫席。
③ 筕篖:竹编的粗席。《方言》第五:"筕篖,自关而东,周洛楚魏之间谓之倚佯,自关而西谓之筕篖。"郭璞注:"似籧篨,直文而粗。"明李时珍《本草纲目·服器二·簟》:"籧篨、筕筜、笋席。"

只要嘱咐做几碗菜,厨子即可制作。菜肴的品种、做法等详见饮食部。

○邀请地位高贵之人时,为上客一人单设一桌,而在另外桌子上由一位或两位陪客陪坐,主人则于下座奉侍。若为中等以下客人,在同一张桌子上坐一位或两位客人,主人一方一位或两位陪客同桌相陪。如是贵宾,则在桌子上铺呢子桌布等,并使其边缘向四面垂下,桌布上摆放菜肴。一般客人则不用桌布。桌上摆有牙箸、酒盅、瓷碟、调羹。每副筷子均用纸包裹,并附有牙签一根。包纸叠成四方形,上刻福寿等字样,文字下面以红纸补垫。按照客人人数,为每位客

结彩挂灯之图

人摆放酒盅一个、匙碟一套,并按照每桌几人的安排,设两桌、三桌、五桌不等。官、民均在桌上进食。即使宴请高贵客人,食器也均为瓷制菜碗、茶碗、碟盘等。食用方法为:先用右手持筷,直接向菜碗内取菜肴肉类。吃完放下筷子,用羹匙喝汤。喝汤后,无再吃肉之事。开始时即喝汤,为失礼之举。上菜时,上一碗后就将以前的菜撤去。如有客人少动之菜,则可不撤而留在桌上。即使留于桌上,上新菜后再吃前菜,也属失礼。对于炖菜、烧烤之类的菜肴,无谁先下箸、谁先吃的规定。在上点心及其他品种时,也无上宾向陪客寒暄之事。菜肴上齐后,陪客向贵宾让菜"请请"。此时贵客也道:"请请。"而后下筷。当主客、陪客同桌,炖菜上来时,陪客须用自己的筷子选取美味之处向主客让菜:"请请。"主客即下箸食用。冬季寒冷时节,从厨下送来的"间食"[①]菜肴为避免冷凉,须盖上盖子,放到桌上后,再立即把盖子撤下取走。

○至恰当时刻,主人派人催请"好时候,请过来"。客人来到时,主人重新更

[①] 间食:消闲的食品。

《清俗纪闻》研究

宾客坐位　桌子排设①　　　　　　　厅堂下首排设②

衣、戴帽,穿新做的华丽衣服。宾主均无特别的礼服,也不拘颜色等。即使是官员,除朝见、大祀外,均不穿朝服。民间谒见高官贵人,也不穿常服以外的礼服。如为贵客,则到门外迎接;若是一般客人,则在厅堂门口迎接。客人来后,双方一揖(揖为合双手曲身,垂手至膝部)。主人说:"今日屈驾,不胜感激。"客人则答:"今日相扰,不必多烦。"主人拱手道:"且请厅上坐。"于前面领路,客人随后至厅上。主人站于下首道:"请上首座。"客人则再三谦让:"不敢。"而站在椅子旁。陪客出来后,客人离开椅子拱手说:"恕罪。"陪客也拱手施礼。双方礼让后,叙谈"天色和暖""好热啊""凉快""冷得紧""好天""下雨""久违""尊翁好么""尊体没有违和么""长久不得拜候,恕罪恕罪"等(问候忌烦琐鄙俗,只说必要之话)。之后,相互说"请坐",客人先在椅子上就座,陪客后于两侧的椅子上就座。如为贵客,则陪客不得坐下,而应侍立。若是一般客人,均就座。主人也坐于下首的椅

---

① 右上为主宾的正面上座,桌帏为青天彩云纹饰,桌上中央为大菜,四周为调羹,正对面桌上摆放为爵杯和筯(箸)包。主宾后面的桌上置有香炉、插有红烛的锡台以及插花的花瓶等。

② 此乃为主宾席对面的下座席。桌上的酒杯不是爵杯,而是称为猪口的小酒盅。站立者为仆人,手持酒瓶准备添酒。对面坐的两人似乎在划拳。

216

子上。坐定后，主人吩咐"上茶"或"献茶"，客人则谦让"不劳赐茶"。仆人用盘子将茶逐碗端出（将茶叶放在茶碗中，浇入热水，盖上盖子后，再端出。无用茶壶沏茶斟给客人之事，也无浓茶、淡茶的定式）。如主人离座接过茶碗送至客人面前，客人则应站起用两手接过，左手持茶碗，用右手取下碗盖放于椅子旁边。众客人也一一各自取茶。取到茶后，主人拱手说："请用茶。"贵客、各陪客均施礼喝茶，主人也喝茶。客人手持茶碗说："请收茶碗。"仆人捧盘出来，按照顺序将茶碗收起，轻轻放入盘中，尽量不发出声音。仆人捧取茶碗时，不得背向客人，须逐渐后退捧走，此乃款待贵客之礼节（仆人在厅堂门口等待，视客人喝完茶后，即捧出盘子。此外，也有上两次茶之事，皆在尊敬客人时，平时酒宴则不同）。之后，将龙眼汤、扁豆汤等点心盛入带盖茶碗中，置于盘子上，附以银或锡、陶瓷制的羹匙捧出，由主人向每位客人劝让。客人吃完后，仆人出来将碗撤下。此时，客人之随从取出烟管、烟包（又称烟袋），请求转交自家主人。主家仆人收下后，即分别呈交各位客人，并在手炉中生火，放到客人面前。客人边吸烟（唐国[①]无类似烟盆之物，虽有烟盘[②]之语，但不知其制。主人方面提供放有火的手炉或痰盂，但无提供烟叶、烟管之事。自己携带痰盂，主人提供之事甚少。烟灰多掷于手炉中），边相互交谈。主人在适当时候道"请进书房少叙"，则客人站起，进入书房，稍谈片刻，期间，主人吩咐仆人摆桌。桌子摆到厅堂上后，主人对客人说："请上席。"客人答道："多谢。"各自坐到以前的席位上。仆人拿出锡制酒壶，主人接酒壶，拿起桌上的酒杯，自贵客起依次为客人斟酒。客人站起说："多谢。"接过酒杯置于桌子上。为众客人斟完酒后，如主人陪饮则斟满自己酒杯后端起，向客人道："请干。"饮干后，将酒杯前倾使客人看到，于是客人也拿起各自酒杯饮用。

客人全部饮完后，主人吩咐"上菜"。仆人捧出菜肴。主人接过放于桌子中央道："请菜。"客人也站起施礼。每次上菜时客人均须站起施礼。在客人将站起时，主人向客人说："不敢。"而阻止其站起。主人在适当时候吩咐取另外的酒杯（此杯为银或锡制的带脚酒杯，或为犀角杯等。此称为"爵杯"），向客人说："要奉敬一杯。"向杯中斟满酒后，双手捧给客人。客人双手接过后说："敬领。"饮干后，

---

① 唐国：盛唐时，中国声誉播及边疆及海外，故后世少数民族地区沿称中原为唐，国外则径称中国为唐。此处"唐国"应为"清国"。

② 烟盘：置放鸦片烟具的盘子。也指吸烟时用来盛烟灰、烟蒂的小盘子。

立即斟满酒向主人说:"回敬。"把杯还给主人,主人双手接过饮干。然后,陪客也用此杯逐次向贵客敬酒。主人再向陪客敬酒。陪客之间也相互奉敬、回敬。敬酒时,须斟满酒杯奉劝,回杯也须同样斟满回敬。

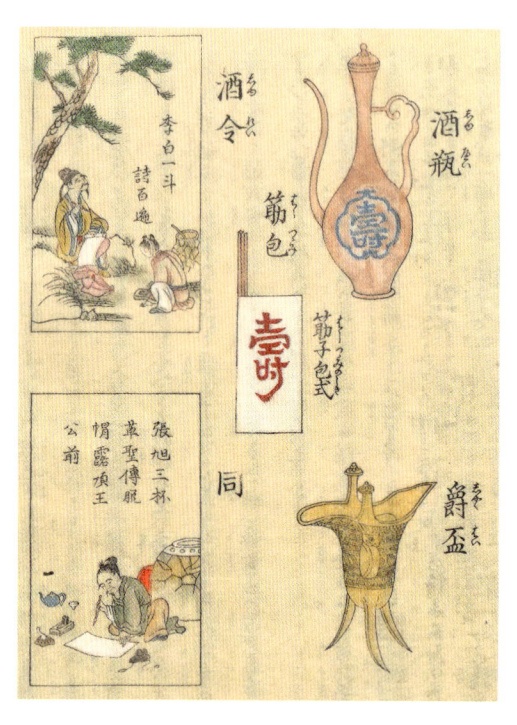

敬酒时自己向对方说:"奉敬。"并捧之呈上,是为礼节,而无自己向对方领杯之事。如对方说:"奉敬。"则自己应说:"领杯。"而后接杯。为表示心中敬意,自己向对方劝酒最为重要。菜肴可按照自己喜好随便食用,无每杯酒均吃菜肴之事。不再拿出其他酒肴。以桌上的菜为肴。酒酣后,则令鼓乐人出场鼓乐唱曲(鼓乐多奏"迎仙客"之乐,曲儿用"醉花阴""醉扶归""集贤宾"等曲。此外尚有多种曲目,名目繁多,不及详载)。或豁拳酒令(酒令是小骨牌,牌上有画,众客人各取一枚,按画决定喝酒或不喝酒)、猜三以劝酒(猜三则为取桌上之瓜子或黑豆,立即让人猜测。其方法为一人在手中藏西瓜籽问:"几个?"对方也出西瓜籽答"一个""两个"或"五个""六个"。若认为对方手中无物时,自己则不出瓜籽而叫:"没有。"以猜准数目为胜,负者喝酒。若未猜准,则连续猜下去。由于双方各持取数目只限于三个,故只回答在六之内的数字)。菜数过半时,客人则道:"酒已过量,真已是酒醉肉饱,不必再费心。"主人则说:"岂敢,无甚可口菜蔬,怠慢得紧,请宽怀畅饮。"菜上至四五碗后,须上点心及醒酒汤、茶,然后再上菜劝酒。上完规定菜数后,客人说:"请收席。"主人认为酒已经喝得差不多时,则说:"请吃饭。"此时,客人

酒瓶　爵杯　筯(箸)包　筯子包式　酒令　同①

---

① 酒瓶的瓶体部为"寿"字。筯包,把红糖纸折成四角,其表剪为寿字,内放筷子一双、牙签一个。酒令,上图为李白作诗,图中文字为"李白一斗诗百遍(篇?)";下图为张旭脱冠写字时情景,图中文字为"张旭三杯草圣传,脱帽露顶王公前"。

多说:"酒已过量,不须再用饭。"而辞退。也有酒量浅者,吃少许饭。饭后即收桌。因是以款待饮酒为主,故无日本"本膳"①那样一开始就上饭之事。

　　○收桌后,仆人将盛有热水的铜或黄铜面盆放在台上,置于厅堂一侧,向客人说:"请解②手。"客人站起洗手后(洗手时客人站立,将手放入面盆中洗,无仆人在旁边浇热水之事。每人洗后,仆人更换热水,众人依次洗手。但均不漱口,更无用酒漱口之事),回原来椅子上就座。此时,须上一道茶、出回千(即将糖、点心、水果类及腌猪肉、蛋等置于碟中,摆在桌上)。然后,主人拿出名为"十锦杯"的大杯(十锦杯是三个一套、五个一套或七个一套的瓷杯,十锦乃瓷器名称,五个一套则烧成五色,三个一套则烧成三色,每杯的颜色均不同,故称"十锦"),斟满酒向客人劝酒。客人饮后,陪客也领杯,后食用回千中的点心及菜肴。至适当时候,客人说:"多蒙盛设,实不敢当,好收杯。"主人则答:"岂敢,再请。"再三劝酒后收席,撤去回千后再献茶。茶毕,客人站起向主人说:"今日相扰,蒙赐佳肴,多③谢多谢,要告辞。"即站起身。主人则答:"岂敢,今日特蒙光临,多④慢多慢。"相互作揖。客人拱手向众陪客一一道谢:"多⑤蒙款待。"陪客也拱手道:"岂敢岂敢。"而起身相送。客人说:"请留步。"而阻止相送。陪客送至厅堂门口后,客人向主人说:"不劳远送。"主人则答"再容少送",一直送至门外。客人如乘轿、马来,主人则拱手说"请坐轿""请骑马"等。客人也拱手说"不敢,请回"之类。如主人再三强请,客人则说"得罪"而步行于轿、马停泊处,等待起身上轿或乘马。主人此时可回到门里。此是官员等迎宾送客之礼节。

　　○座位顺序:主宾坐于首位,年长者坐第二位,年轻者坐于其次。如是亲戚同桌,则女方亲戚坐在次座,男方亲戚坐于下座。当父、叔、舅、先生等同桌时,子、侄、婿、弟子等不能在椅子上就座,只可在长辈让坐后,才能就座。高官贵人以及有官尊长自不必说,在无官职的尊长、年长的宾客前,主人也不能就座。宾席设于厅堂正面,主人则在下座侍立。宾客命坐后,才可在侧方坐下。对身份相等的宾客,则可对坐相见。有两位尊贵客人的席上,正面为首席,右侧为二席,左

---

① 本膳:即放在客人前面的主要菜肴。正式的日本料理要具备本膳、二膳、三膳。
② 解:分泌汗液;排泄大小便。此处乃清洗之意。
③ 多:日译本作"外",参见日译本第二册第120页。
④ 同上。
⑤ 同上。

侧为三席。侍坐的席位,右方为一席,左方为二席。之后三席设于右方,四席设于左方,依次类推。宾主相对坐时,规定右方为宾位、左方为主位。但无论宾客多么高贵,也无在宾主之间设障子隔开之事。

　　○白昼来客只留到傍晚。客人离去后,当晚陪客或亲友聚集一堂,首先说:"恭喜。"祝贺招待客人成功,然后均来到厅堂,重设酒宴而饮,此称为"洗厨"(厨即厨房。清扫厨房,清理全部剩余菜肴,故称洗厨)。虽意在用剩余菜肴举行酒宴,但不用剩余菜肴而另有准备。若是晚间来客,洗厨则在次日举行。陪客之中有滞留至洗厨者,也有立即归去者。

　　○于客席上鼓乐或做戏进行款待,但无在席间舞蹈之事。在厅堂之外院,搭戏台供舞蹈。舞蹈在贤人聚集或时来运转等场所,从古史中选出。如只有鼓乐等响器,则在席间举行(戏台之图,详见祭礼部)。

　　○客人来时如在晚间,则在大门口悬挂一对点燃的灯笼。

门灯

　　○客人如是贵宾,主人则于次日立即登门拜谢,说:"昨蒙光驾,蓬壁生耀,特来拜谢。"客人如在家,则请至堂上见面,说:"昨蒙厚待盛设,多谢多谢。"并献茶,叙谈片刻而后告辞。若不在家,则请接待者转达谢意而归。客人也在第二天或一两天内前往拜谢。双方拜谢时,均持红纸名帖前往。亲友间宴请之礼,不用名帖。但对贵客,必须使用名帖。

　　○妇女无宴请亲族以外人士之事。即使是亲族,男女也不同席。妇女须在内厅、内房举行酒宴。

　　○对前来拜年及其他庆贺或探望的客人,主人如在家,则请至厅上见面,奉茶。如为亲近友人,则拿出现成的点心二三种叙谈。客人走时,主人送至厅堂门口。身份相同的宾客,则对坐相见。

○对于吊丧之客,如非亲友则不相见。若为亲友,则请至苫①室相见。吊丧之客离去时,无主人相送之事。吊丧之客来后,对主人一揖而哭曰:"不淑②。"主人答礼而哭曰:"特蒙屈驾,多谢。"相互施礼后,请于椅子上就座谈话。

○长官、头领等对于不熟之人,则不去吊丧。吊丧客人的衣着与平时无异,只取下帽子上的红缨而已。

○举行法事时,只邀请亲族及好友,宴席为素菜。其他礼让、应对语言等,与一般酒宴无异。但不得鼓乐、豁拳等。

○拜见贵人时,平民事先递上名帖。相见时,贵人拿起名帖看,问:"是某某吗?"平民回答:"小的便是。"无旁人介绍之事。拜揖之礼,按贵人品位,有一拜两揖、三拜两揖、三拜叩首、四拜等不同。若地位高贵之人光临时,主人须至门外迎接,揖见后拱手说:"请,请。"客人答礼而立。主人在前面领路,引导从大门中间通过,客人随后步行。主人打开仪门的中扇,沿中间的道路把客人请到厅堂。此时,主人站在厅堂外侍立说:"请,请。"客人即进入厅堂,在正面椅子上就座。主人进厅堂,在下座作揖相见,客人坐在椅子上拱手答礼。客人随从至仪门外即止步,不入仪门之内。主人家的主管人至仪门外,请客人的随从等到外房就座。平民不得建造仪门。除官府衙门之外,只有绅衿③之家建造仪门。民间富家豪门虽也可建造大门、二门,但仪门则禁止建造。大门常开,而二门经常关闭,家人

门前迎客④

---

① 苫:古代居丧时,孝子睡的草垫子。
② 不淑:吊问之词,犹言不幸。
③ 绅衿:绅,绅士,有官职而退居在乡者;衿,青衿,生员所服,指生员。泛指地方上体面的人。
④ 贵宾前来时,主人至门前作揖拱手相迎。主宾身后的一仆人手持烟枪,烟枪的烟包有两个。

从两角门出入。如来客,则打开二门,供客人通行。民家很少有地位高贵的客人光临。有九十岁以上的老人之家,或因有功德及孝子贤孙等特别缘由而朝廷给予旌赏的家庭,才有官员来临。倘若官员光临,则允许其家建造仪门。因仪门仅供官员通行,故平时经常关闭,只在官员来临时才打开。

○倘若先生身份的年老之人等光临,虽非地位高贵之人,主人亦至门外出迎。其他朋友亲戚到来时,则在厅堂门口迎接。也有先请至厅堂后再出见者。接待方式不一。亲戚也有不进厅堂直接到内房内室者。主人若不在家,则由妇女出面接待。但除亲戚外,妇女均不出见。

○客人如骑马、乘轿前来,则在大门前下乘,带领小厮一人至厅堂。小厮立于厅堂门口。主人登堂时,小厮将靴子收拾放到门侧,然后立即退至耳房(指小房间)或厨下休息。平民无带数人随从之事,只带小厮一二人。未事先约定去访问时,如有看门人,则先派小厮询问:"某相公在吗?"("某"称呼姓)主人如在家,看门人则回答:"相公在家,请进。"并立即向主人禀报。若无看门人,则派小厮入内询问。若主人不在家,则仆人出来说:"东人不在家。"此时,客人则告诉仆人:"某特来问候。"("某"即自己的姓名)请仆人转达。若不带随从,单身前去拜访时,则自己按上述方式询问。若无看门人,则向内高声询问:"某翁在么""某兄在么。"宅内听到后,主人或奴仆出来相见。如主人不在家也无奴仆时,妇女出来,在内房门口的布帘内说:"主人不在家,是哪位?"如是亲友,则回答:"是某。"如有事,则请转达。如看望主人,则留言后立即归去。妇女不与客人见面。如是亲友,则直接请到内房。当然也无须在门口设座或由看门人转达之事。除富家大户外,民家不设看门人。

○坐轿、乘马前往官府时,均在大门前下乘。即使大官,也不得乘轿骑马进入衙门之内。于大门前下轿、马时(轿无定式,出发时,放下轿子),执凉伞、旗、执事等道具及喝道(指在前面开道步行的皂隶)等随行人员,分列于门前左右两侧。主人入内时,四五个亲随(指近侍)跟随进入(此时主人无更换靴子之事)。主人至厅堂时,亲随也随同进入,侍立于主人左右。至举行宴会等时,主人吩咐退下,亲随方由堂上退至耳房休息。但此礼仪是官员光临民宅之定式,若官员之间会见时,亲随则不得登堂。至仪门后,立即退到门外伺候,待主人进门后,即将各种用具插于架子(各官府门前设有插用具的台架,称为"架子")上,然后进入皂隶房

卷之九　宾　　客

（相当于公差房的场所）休息。如宾主谈话长达数刻，或因宴会等而延迟回归时，则有随从人等先回或由主方提供酒饭之事。随从人等有时在附近饭馆吃饭。随从虽回去，但亲随不走。主方须向亲随提供酒饭。宴请时应立即将亲随请至耳房款待。看门人看到宾客来访时，立即进内告知"何官来到（何指官职）"。再由亲随往里禀报主人。白天各官府大门均敞开，只关闭仪门。除高官外，不得从仪门出入。当有须从仪门出入的大官来临时，看门人打开门后，即躲避至耳房中。官员通过时，看门人不得露面。大门看门人向内通报后，也躲避到耳房中。看门人分为大门皂隶、仪门皂隶（皂隶即公差）等不同职位。民间则由奴仆充当看门人，也不分大门、仪门，均由一人兼任。衙门内部仪式礼让等事不能详知，只能举出上述所见所闻之事。

　　○患病之际，若有贵宾来访，则由子孙、伯叔兄弟等出迎，引至厅堂接待。如客人提出欲往床前看望，主方则答以"不敢"而阻止。如是熟悉亲近之人强求看望时，则礼让请至病床前。此时于病床侧面设座，病人坐在床上着衣服外套、戴帽。客人入室后，病人坐而拱手施礼"恕罪"。客人问病后，在椅子上就座谈话。子孙、伯叔兄弟等则于旁边侍立回答。客人稍坐片刻后，站起向病人道"保重"而出。主人则拱手答礼说："得罪，不能送。"客人说："岂敢，请便。"退出告别。若病体沉重，起坐不能自由，则卧在床上覆以外套，子孙等向客人道"恕罪"。客人则至病床前站立探病，不必说话，立即退出。子孙等将客人请至厅堂接待。当

问病①

---

①　此图乃探望重病之人时的场合。卧床的病人头戴小帽，被子上盖着外套，并置有大帽（官帽）以表示敬意。病情轻的话，则坐在床上接待前来探望的客人。

223

然,若非至亲好友,则不会到病床前。

○初次到他人家访问时,须持红纸名帖至门前。如是高官贵人之家,则有名为"门子"的看门人,向其投递名帖,请其转达"某特来拜望"。门子接名帖后向主人传达。主人如欲会见,则请到厅堂。门子出来说:"请进上座。"领至厅上。此时,主人有出迎相见者,也有先将客人请到厅上然后出堂相见者。主人出来后,客人一揖说:"久仰高名,特来拜识。"主人则答礼:"岂敢,有失迎迓。"而后相互叙谈。主人说:"请坐。"请客人在椅子上就座。客人谦让"不敢"而坐。主人也坐而谈话。谒见身份非常高贵之人时,客人不能坐下,主人也不出迎。主人至厅堂坐在椅子上等待客人。看到客人后,从椅子上离座而答礼。客人先侍立,并对主人说:"请坐。"主人先坐到椅子上,然后令仆人为客人设座,说:"坐,坐,坐。"客人再三谦让后,坐于侧方,而不与主人对坐。主人招客人至厅堂,是下属官员至上司之府谒见之仪。除此之外,虽尊卑不同,多由主人出迎。

○进厅堂时,东西阶①等礼节在当时尚不存在。

赴宴私行时,即使武官也不带剑。武官之外,诸官皆不带剑。民间则禁止带剑。

附　　录

○无提供台熨斗②及杂煮③、大碗高盛、菜数七五三等以及端出米汤等事。

○无引杯、重杯、伏杯、洗杯、用纸包裹长铫子之柄以及添酒等伺候之事,操作均无定式。

○无在菜肴中添加点心类之事。

○对于夜间来访客人,无由童子秉烛及捧出烛台之事。夜晚多提灯笼。

○对前来拜年的客人,无提供"食摘熨斗"④等事。祝贺时的服装,与平时衣服无异。屏风的树立式样及文字、画幅等无用处不同的差异,可因时随意使用。

---

① 东西阶:指堂东、西台阶,西阶示尊礼之位。
② 台熨斗:火锅。旧时构造形似斗,中烧木炭。
③ 杂煮:杂烩。用几种原料混合烧成的菜。
④ 食摘熨斗:鱼米丰登盘。在日本新年时用的一种装饰性木盘,盘上可放大米、龙虾、海带、鲍鱼、去壳栗子等。

○床、违棚①、袋棚②及各种棚子等物无定式。装饰无真行草书之别,三具足③、碰玲、拂子以及格架装饰、书画卷轴、文具之类也无规定制式,可按照个人爱好,布设典雅。三具足、五具足④经常摆放,也无定式。挂轴有两幅对、三幅对、单幅、字画等,无差别。总体来看,请客时,厅上要挂有庆祝之意的挂轴。书房、小阁等处,则随机应变,酌情悬挂秀雅之文字画,难以一一详述。挂花瓶则多挂在书房的柱上,也有用于厅堂的柱上者,也不固定。厅堂的柱上多挂楹联,无挂草药、香袋等现象。

○瓶花式样及插花枝数以及插放方式、赏花仪式,均不知当时情形,唯知多用时令草木之花。

---

① 违棚:博古架、多宝格。相邻搁板交错安装的橱架,一般设置在壁龛旁边。
② 袋棚:壁橱、茶橱(茶室使用的落地橱)。
③ 三具足:香炉、烛台、花瓶。
④ 五具足:香炉一个、烛台两个、花瓶两个。

卷之十　羁　旅　行　李

　　○江南、浙江等省,陆路中无相隔二十里、三十里之旷阔僻静之地(三百六十步为一里。一步相当于现在小尺之六尺四寸,小尺与日本曲尺相同,但一里约日本之六町)。隔二三里有村落。每个村落均有铺递[1]。此乃为省内传递公事文书的中继场所,设有称为"铺司"的头领一人及称为"铺书"的书吏一二人。又雇用该村百姓五人或十人为夫役,称为"铺司兵"(又称为"铺兵")。京师设有名为"提塘"的衙门。各省也均有设置,故共有十八处。为使京师的公事通达至该省,该省委派武官、举人当班负责。自京师至该省,路程远则设十四五人、路途近则设十人左右执勤。每当有文书[2]等需要传递之事,则由执勤的举人承办,经由驿站传递至该省。每八十里或一百里处,设驿站,作为车马中继场所。驿站是为了将"钦件"(天子发布的文书)、"宪件"(上司发布的文书)、公文等逐站传递至各省,或为钦差、小差通行而设置的人马分拨场所。部分驿站中继里数过远,可在中间设"腰站"作为中继场所。腰站是专为避免马匹疲劳而由各驿站设置的场所,多使用村落中场所适宜的民家。总体来看,有如日本"御证文[3]"式样的勘合。大差由兵部派差官持勘合出行。小差则由该官员本人携带出行。出发之前,须先发起马牌。所至驿站须按照此牌所列的数目准备马匹,并与该官员带来的勘合核对。至于散差,则无起马牌。在到达驿站时,只以自身所带的勘合交给驿站,使之出人出马。按照驿站的大小,马匹也有定额。或定为百匹或定为一百二十匹。驿站有头领一名,称为"驿逐"。此外有称为"驿书"的书吏两三名,称为"兽医"的马医一名。又有马夫。例如一个驿站养马六十四匹,则有马夫八人,合

---

① 铺递:指驿站。
② 文书:日本国立国会图书馆藏《续清朝探事》(索书号:わ382-5)作"文章"。
③ 证文:证明文书,文契。

每人养马八匹。此八匹马中,有称为"官座"即出使官员乘骑的马一匹,有称为"紧差马"的急用快骑马两匹,有称为"包头"的驮货用马一匹,另有小差马三匹。因非大官,其所带物品也驮在自己乘坐的马身上。散差马一匹。除上述八名马夫外,尚有四人帮助喂马。若在定数之外,还须用人用马时,则派当地百姓出马,此称为"民马"。至于民商所用的人、马、车、船①,则均自行雇用,无驿站那样可以安置的地方。各站宿地均有称为"牙行"的地方数家,民商在此雇用。民间无预先通知书、运费账等。民间私人旅行多自此上一牙行至下一牙行结束,终日雇用,至宿泊时终止雇用。上述雇用费用为骡马一天银三匁,驴则每里一文,但车须按两匹骡子计算,每日六匁。人夫每天一百文,若担货则二百文。货担重量规定为八贯。如超过八贯,则雇用骡马。骡马载货重量定为四十贯。轿子每日为六百文。但轿子有大小,民商所用者多为小轿。此外还有骡轿,由两匹骡子驮载,轿下驮货,轿中乘人。载物重量定为八十贯,一日为八百文。

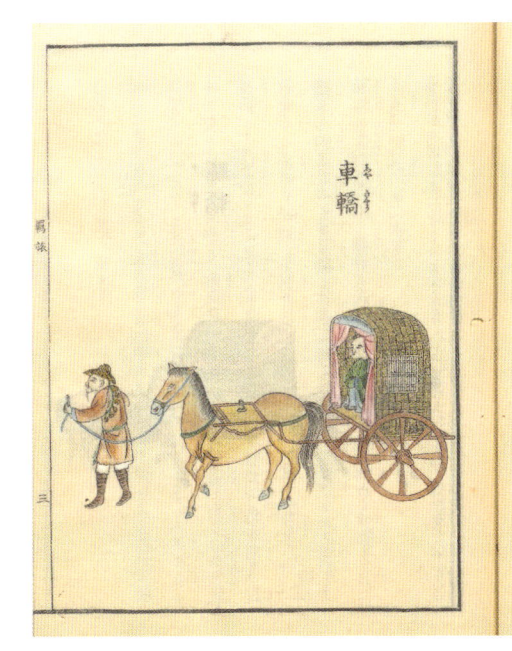

公堂　驿站　驿马　大门②　车轿

---

①　人、马、车、船:中译本作"人、马、船"。参见中译本第430页。
②　大门上挂有"驿站"二字的匾额,进门后的右侧为事务室,正面为公堂,院内有驿马三匹。大门前为乞丐。车轿,手持缰绳的马夫戴黄色的竹笠,肩斜挂黄色的铃襻。轿乃用藤条编制而成。

227

○驿站备有各种用具。如用两块木板挟放公文的挟板、带铃的铃襻①。铃襻由差官、铺司兵等携带,以便于下一站听到铃声后提前做准备。还有带穗的绥枪、绸上涂油的油绢(类似于日本的桐油②)以及"箬帽"即竹笠及蓑衣等雨具。此外,还有时针、常灯、称为"红问棒"即涂以红漆的木棒两根以及称为"回历"的账面。回历记载派出时刻,在回来后加点消去。有称为"软绢包纸"的绸子包袱之物,可包裹公文等。另备有马具或称为"剗"的切草料的器具、煮豆的釜、放置饲草的桶等。铺递也备有挟板、铃襻、箬帽、蓑衣以及常灯等物。

骡轿

○所谓里甲马,乃指边鄙州邑及未设驿站地方使用的当地民马,以备通行之用。因马为里甲即百姓头领命令百姓所出,故称为"里甲马"。

○官员因公出行时,本人须先发起马牌即日本的预先通知书。官员出行二三日前,派一名家丁沿途逐驿站出示上述牌照。各驿站的书吏将牌照文字抄在账目上,称为"抄牌"。按照牌照的记载,准备人马。

○所谓大差,是指钦命公派的大臣,或异国朝贡及督抚③往来等。随从的乘马等按其官阶而有所差别。但虽为一品、二品的大官,也分为两种,名为"官座"的主人用马与名为"散马"的随从乘马,大约不得超过十匹;其余则均使用自带的马匹。总体来看,不论大差、小差,凡属公差通行时均不给付人马工钱。故官府要给驿站提供津贴。

○所谓紧差,乃指报告军情急事等有规定期限的传递差事。武官中,有担任携带文书往来传递的差官。此种差事,规定每昼夜行走六百里。

---

① 襻:扣住纽子的套或器物上用来结系或攀手的带。
② 桐油:即桐油纸,涂有桐油的日本"和纸"。
③ 督抚:总督和巡抚的并称。明清两代最高地方官,兼理军政、刑狱。

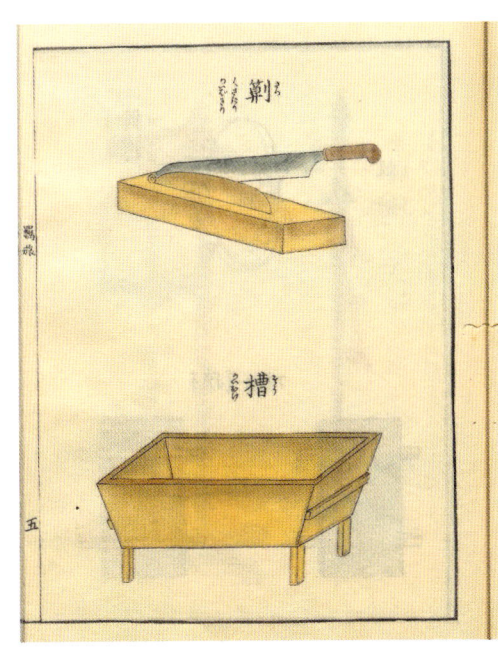

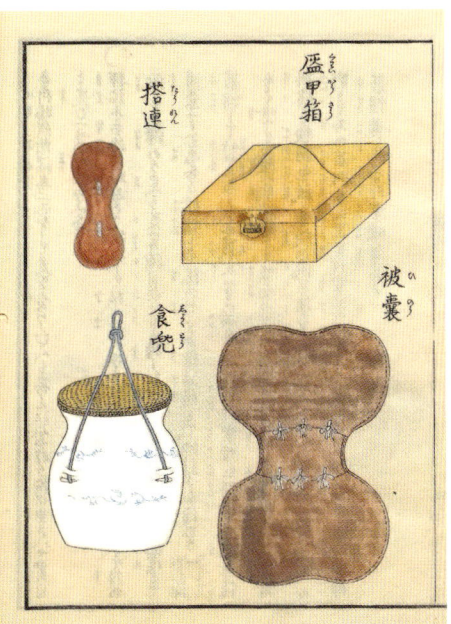

盔甲箱　被囊　搭连　食兜　劕　槽①

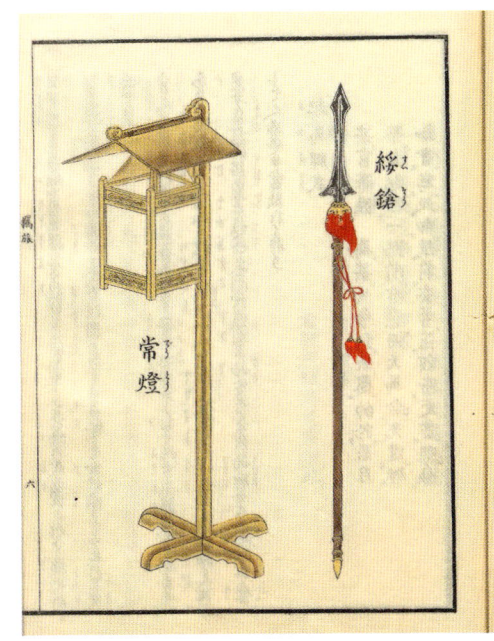

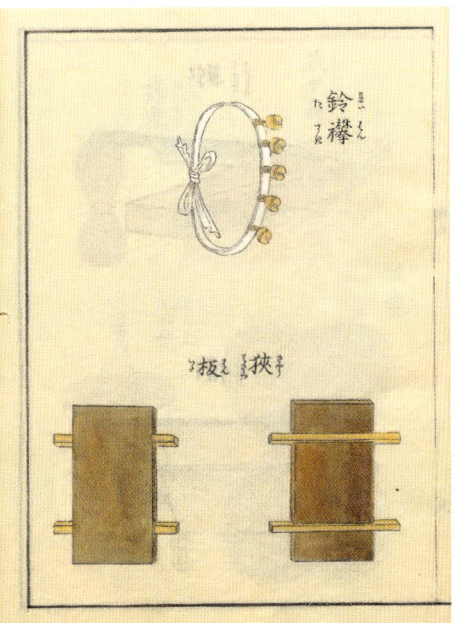

铃辔　挟板　绥枪　常灯

① 盔甲箱：存放各种小兜的箱子，驿站备品。被囊：放在马背上两侧垂下的兜袋，旅行用具。搭连：挂在肩上两端放入钱等物品的口袋。小型的挂在腰间，作为腰带使用，旅行用品。

起马牌式①

○火牌(火是快速之意)是用于传递极为紧急的公事文书。在该文书上用糨糊粘贴鸡毛,按其紧急程度增加鸡毛数量,但限于一至七根。此称为"火牌文书",由上述紧差携带。

○小差是指远方文武官员为呈报祝贺奏表及奏请批示等而派下属官吏赴京师的差事。小差每日约行走百余里。

○散差是指给勤政之人以及因父母丧事而卸职回乡者等提供人员及马匹的差事。

○省县往上级运送税款等银子时,将银子装入银鞘中,由小差沿驿站逐站押送。

○官员往来住宿的场所由各地官府建造,每个驿站内有一个八至十所的大馆,称为"公馆"。所有公派官差均住于此处。住宿、饮食费用记入当地的开销。但官差要给公馆管理人十匁或二十目银子作为小费,此称为"赏银"。

○每个村落均有旅店,称为"打火房"。打火房钱每人每晚八十文或一百文。下饭只有豆腐类一种。鱼肉则按客人要求提供,但须另付费用。

○水路有水驿。有百姓工头管理船

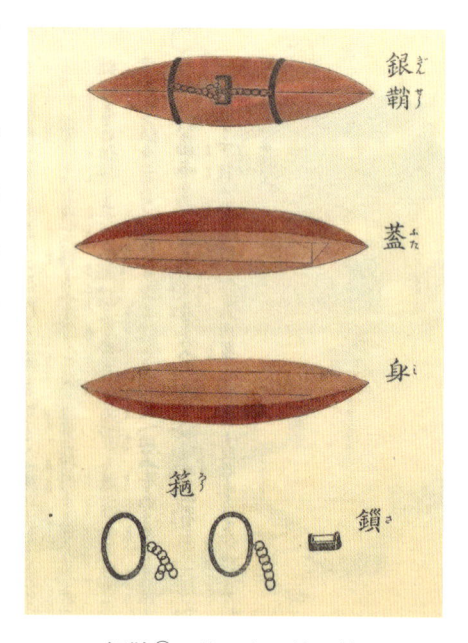

银鞘② 盖 身 锁 箍

---

① "起马牌式"的内容为"某官某姓为某公务到某处,的于某月某日起程,一路所有应用夫马,合先遣牌知会。为此,仰役前去着落,该房吏书照依后,开夫马轿槓名数一一唤备,用过领给工价,毋得迟误,须至牌者。计开轿几乘、马几匹、夫几名。右牌仰该房吏书,准此,年月日"。
② 银鞘:木制,由盖和身两部分组成,呈舟形。盖和身合严后用铁制的箍箍紧,再用锁锁闭。

只的处所,称为"埠头"。官民所须船只均在此处雇用。官船行走二三百里,大船一艘约需二百目,小船六匁。但官船之类均使用当地税收来打造,官府无须另外支付造船费用①之事。民商行走之内地水路或陆路,均设有关卡,检查货物、人数,征收税款。雇用费用,行二三里海路时,小船每艘约二百五十文。每个渡口均设有休息场所,称为"邮亭"②,以备往来客人待舟或躲避雨雪。也有地方提供茶、烟等。

公馆③　　　　　　　　官船④

○河船由河泊所或埠头所出。堰边建有河役所,称为"闸坝"。在此处将货物卸到其他船上,或将货船牵引通过。此称为"过坝",以检查奸商私运兵器及茶盐等官物。总体来看,沿海沿河每五里、十里均设有驻兵处所,称为"塘汛"⑤。

---

①　造船费用:日本国立国会图书馆藏《续清朝探事》(索书号:わ382-5)作"造船租用"。
②　邮亭:驿馆;递送文书者休息之处。今指邮局,在街道上、广场上或公园里设立的收寄邮件并办理小额汇款等业务的处所。
③　图中乃二层楼房,大门上挂写有"公馆"的匾额。
④　帆柱上最上面的短枪挂有小红旗,红旗下挂"日之丸"大旗。较早挂"日之丸"大旗的为《蒙古袭来绘词》中元东路军的兵船。日本江户幕府的官船军舰也使用"日之丸"大旗。
⑤　塘汛:明清时驻军警备的两种大小不同的关卡。亦泛指关卡。

《清俗纪闻》研究

此辖地称为"汛地",各汛设把总一名、兵士二十人值班,专为防御河道盗贼及非常事件。

〇民商至外国通商时,如为海路,则需向当地知县申请领取船牌。此船牌共四张,来自抚院的称为"部照",来自布政司的称为"司照",来自知县的称为"县照",来自海防厅的称为"厅照"。民商持上述四张牌照至渡口的坝汛,申请货物及牌照检查。此时由塘汛将盖有当地政府印章的纸张粘在县牌上,此称为"挂号"。

〇民商在内地十八省通行时不需路引①。但如去塞外,则需向该地知县申请领取路引,携带此前往至边界关卡,接受检查后,方可通行。路引之式样不详。

椗

平湖县印照②

---

① 路引:古代的通行凭证。
② 此乃平湖知县颁发船户的渡海证明。中央的"护"字和"○"符用朱笔书写,俗称护照。左侧的官印为平湖县印,呈四方形。官印下的"廿九""行"及"满"均为朱笔书写。

232

卷之十　羁旅行李

平湖县印照

浙江嘉兴府平湖县为请严造船给照之法等事,蒙本府信牌,蒙布政司宪牌,奉总督福浙部院、巡抚都察院①宪牌②,内开准平部咨覆本部院衙门会陈条议前事等因,题覆奉旨允准,钦遵通饬奉行到县,刊刻木榜,竖立城市通衢、沿海口岸晓示。又奉单开稽核各条目,又发尺式③著书大张告示通谕等因,奉此业经刊刻榜示并大书告示,通晓在案。今据本县船户范三锡呈报前来,除将该船量烙④并讯取船户、舵、水、澳甲⑤、里族、邻佑、保家各供结外,合行给照。为此照给该船户,即便赍执,依例驾赴挂验,前往贸易。如敢私行顶替及夹带违禁硝磺、樟板、钉铁、大舵、大桅、香檀、鹿茸、桐油、黄麻、棕片、农器等物,为匪作歹情弊,各口汛防暨巡司捕员五将该船户、舵、水一并拏送,以凭严究,解宪治罪,毋违,须至护照者。

计开　平字第十七号船,梁头一丈八尺〇寸〇分,配船户、舵工、水手共二十八名。又奉宪行,会同关部额颁尺式,就船头梁木量确一丈八尺〇寸〇分,系归输课。

船只　　右照给船户,准此。

乾隆六十年九月　　日给

县　定限对年对月　日缴换。

浙江嘉协右营

该船于六十年九月二十一日到口,十月二十五日(将药材等)出口往东洋,带食米一百石⑥。船户范三锡,乍浦汛⑦挂号记官商钱继善承办洋铜。

---

① 总督福浙部院、巡抚都察院:闽浙总督与浙江巡抚。时有各自兼任督察院的右都御使和副右都御使的规定。
② 宪牌:布政使司发行的许可证。
③ 尺式:当时海关税,是按照用称为关尺的尺子测量船的大小来征收的。
④ 量烙:商船建造完成时,知县亲临检查,之后在船体上烙刻船号和船户的名字。
⑤ 澳甲:与陆地的保甲制度相应,清代设立管理沿海船民的一种户口编制。亦指澳甲的甲长。船十只为一甲,百只为一长,选组头二名,由组头二人负责登记所属船及组员。船只出海时,提交保证书。如一船犯过失,则其他九船负连带责任。
⑥ 带食米一百石:根据康熙四十七年(1708)、五十六年(1717)以来的定例,商船储存的食粮为一人一日食米一升。海路的远近、人数多少也有严格的规定。
⑦ 汛:明清时称军队驻防地段为"汛"。

233

《清俗纪闻》研究

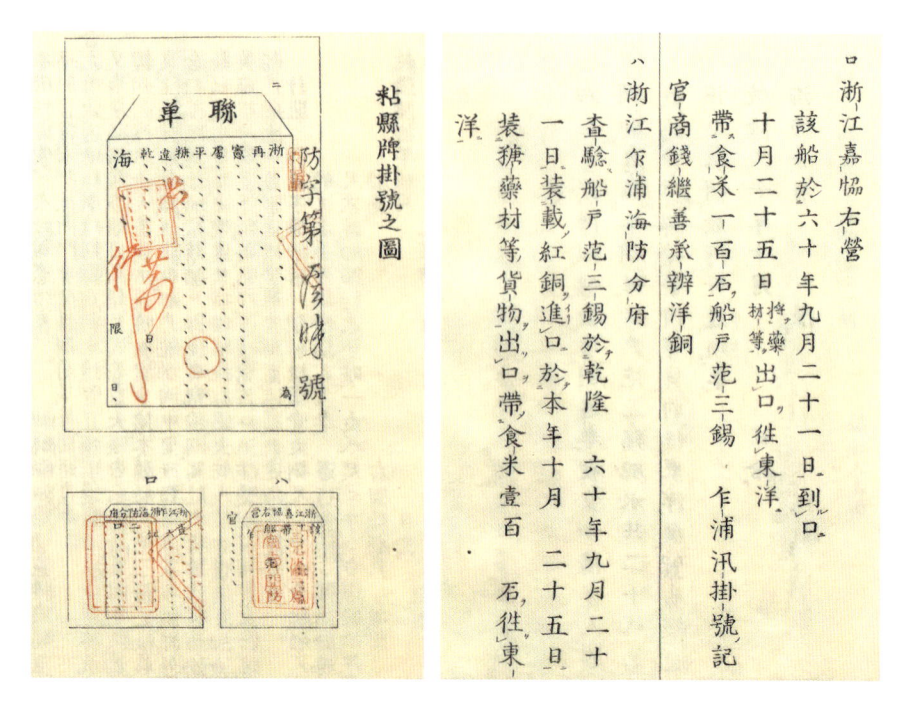

粘县牌挂号之图①

口浙江嘉恊右营

该船於六十年九月二十一日到口十月二十五日挘药等出口往东洋带食茶一百石船户范三锡乍浦汛掛号记

官商钱继善承办洋铜

八浙江乍浦海防分府

查验船户范三锡进口於乾隆六十年九月二十一日装载红铜进口於本年十月二十五日装猪药材等货物出口带食米壹百石住东洋

联单

宪行浙江嘉兴府海防总捕分府再饬汛口等专案奉经由出海船隻设立联单填明船商舵水姓名货物经所便汛稽查等同遵奉在案今据牙人譏顺具报平湖县船户范三锡舵水共二十八名装商费晴兴糖药材等货前往东洋处贸易经过汛口验明放行毋违须单

乾隆六十年十月　日给

海防分府　限二十一日　日纂

---

① 此三枚是粘贴在上述县照上方的附笺。联单为浙江嘉兴府海防总捕分府颁给各警备屯所的通告。下面右侧为浙江嘉恊右营检查内容的附笺，上押有关防二字的长方形官印。左侧为浙江嘉兴府海防总捕分府检查内容的附笺。

234

卷之十　羁旅行李

浙江乍浦海防分府

　　查验船户范三锡于乾隆六十年九月二十一日装载红铜进口。于本年十月二十五日装糖、药材等货物出口，带食米一百石往东洋。

联单

　　浙江嘉兴府海防总捕分府再饬汛口等事，案奉宪行，出海船只设立联单，填明船商·舵·水姓名、货物、经由处所，便汛稽查等因①，遵奉在案。今据牙人②谢顺兴具报：平湖县船户范三锡、舵、水共二十八名，装商费晴兴糖、药材等货，前往东洋处贸易。经过汛口，验明放行，毋违，须单。

　　乾隆六十年十月　　日给。

　　海防分府　　限　　日缴。

浙海关商照③

---

　　①　等因：旧时公文用语。常用于叙述上级官署的令文结束时。但叙述平行机关及地位在上的不相隶属机关的来文，为表示尊敬，也间有使用。

　　②　牙人：旧时居于买卖双方之间，从中撮合，以获取佣金的人。

　　③　此乃浙江巡抚颁发给行商费顺兴的渡海证明。图中巡抚浙江部院右侧押的印为巡抚使用的长方形官印即关防印。其下有"浙江海关""乍浦戳记"的官印。

235

接办官商钱鸣萃之子钱继善采办铜斤　浙海关商照

兵部侍郎、兼都察院右副都御史、巡抚浙江等处地方管理粮饷、兼理全省营务、世袭散秩大臣、骑都尉觉罗吉[①]为敬陈专一等事,照得本部院恭承特简兼理海关伏查,敕谕开载,凡海口出入船载如有夹带禁物,照例拿究。商民情愿从浙省出海贸易,登记人数、姓名,取具保结[②],给与印票,以便出入。钦此。又准部文内开船户揽载开放时,令海关监督,将船只丈尺亲验明白,取具抠、水连环互结,客商必带有资本、货物,水手必查有家口来历,方许在船。验明之后,即将船只丈尺、客商姓名、人数,并载货往某处情由及开行日期填明船单,令口岸文武官照单严查等因,遵奉在案。今据该商册报人数,并载糖、药等货往东洋贸易等情,并据商总、牙行、船户商伴各具甘保,各结前来,合行照数给牌。为此牌给该商收执,凡经过各海口、端汛处所,验牌查照人数,即便放行,毋得留难羁阻、需索分文。如敢故违,官参吏处。回浙到关,船户立刻先投,端汛营县候点,人数明确,方许登岸,以凭申报本部院存案,仍将原牌缴销,毋得违错,须牌。

计粘单　右牌给商人费顺兴,准此。

乾隆六十年十月　日给。

巡抚浙江部院

限　日缴。

浙海关商船照

兵部侍郎、兼都察院右副都御史、巡抚浙江等处地方管理粮饷、兼理全省营务、世袭散秩大臣、骑都尉觉罗吉为钦奉上谕事,案准部文,嗣后一切出海船只初造时,即令报明海关监督。及揽载开放时,令海关监督将原报船只丈尺亲验明白等因,遵行在案。今据嘉兴府平湖县平字十七号船户范三锡梁头一丈八尺○廿○分,合即给照。为此照给该船户,执持出入贸捕,防口员役验明放行。如敢藉端需索,分别参处。该船[③]务将此牌按期缴销,如过

[①] 觉罗吉：即觉罗吉庆,满洲正白旗人,乾隆五十八年(1719)至嘉庆元年(1796)六月任浙江巡抚。庆为名,觉罗吉为姓。

[②] 保结：旧时写给官府的担保他人身份、行为清白或符合某一商定的条款的文书。

[③] 该船：朱勤滨录为"该船户"。参见朱勤滨：《清代前期帆船出海管理研究》,厦门大学博士毕业论文,2018年。

浙海关商船照①

期不缴,该船户解关究治,均毋违错。致干查究,须至照者。

舵工、水手人数照县牌。

右照给船户范三锡,准此。

乾隆六十年十月　日给。

巡抚浙江部院

乍字第十八号,计完全年税讫,限次年七月初八日缴。

宪照

钦命浙江等处承宣布政使司布政使、随带军功加三级纪录十五次汪为请旨事,案照官商承办各省官铜例,应免税放行。奉准部咨:嗣后铜船出洋,按船给与承办官商印照,以杜影射等因。今据嘉防同知详,官商钱继善家人高升具呈,升主运例出洋,采办铜斤。今雇有平湖县船户范三锡,倩②

---

① 浙海关商船照:此图乃浙江巡抚颁发给船户范三锡的商船出海证明。宪照,乃布政使司颁发的贸易许可证。布政使司使用的印章为方形朱印。宪照左侧的"藩字第九十号"为布政使司发行的文书编号。布政使司俗称"藩台""藩司"。

② 倩:请。原注日语发音"ヤトル(雇用)"。

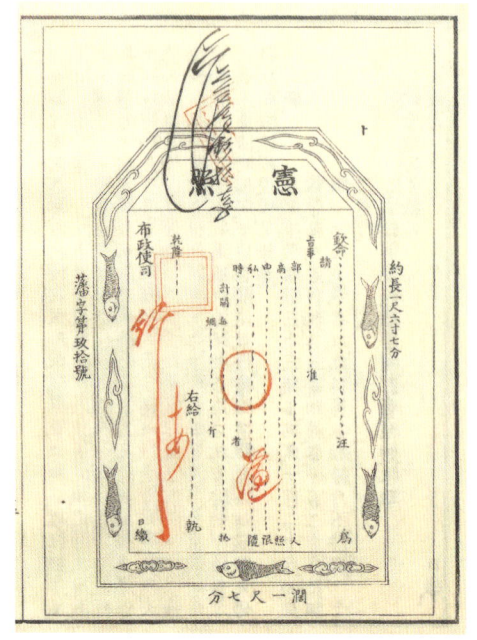

宪照

行商费顺兴执例大发，各依照由乍出口等情，请给印照前来，合行须发。为此，仰该行商即使收执领赉，往洋采办。该商不得逾限，私越禁洋以及夹带违禁货物有干严例。倘铜船遇风收泊闽浙各海口地方，验明印照，督令行商人等随时拨回乍口各关汛，毋得稽阻留难，有误报铸回日，仍将原照缴销。毋违，须至照者。

计开　每船准带绸缎三十三卷，每卷重一百二十斤。如有愿带丝斤者，许配二三蚕粗丝，每一百二十斤抵绸缎一卷。其多带者，以此抵算，每船丝斤不得过一千二百斤。

右给官商钱继善、商伙费顺兴收执。

乾隆六十年十月　日缴。

布政使司。

〇内地与塞外疆界处设有多处关卡（此关卡是为盘查过往行人所设）。守关的官员由武官之总兵官担任。若有民商需去塞外之时，关所问清某地某人因某事去某地或做某项买卖后，方允许通行。也有因本人申请，该地知县按照申请品类事先向关卡发出文书，此种文书称为"关防"①。文书式样不详。

○官民旅行前四五日，由朋友或亲戚摆设送别酒宴，此时必有贶仪②。官员之间互送银子，商人之间也皆用银子。民间则互送缎匹，而以银子为薄仪。此外，有时也携酒肴等，送至郊外或水路二三里之处。古时绾柳③等故实之事，至今已全无。

○喂养马匹，把青草或去根的蒿草切成一寸左右，筛去砂土，并选黑豆以清水煮熟，豆汁干后移置于席上晾凉。每昼夜约喂豆四升、草十五斤。但白昼少喂，入夜分多次喂食，并在草中加入少许小麦麸糠拌匀。炎热季节，草料中须加少许水。早晨少饮水，白昼稍增，入晚则饮足。每隔二三日须洗刷马匹一次，刷净皮毛，并牵引使之缓行片刻，水气干燥后，再拉进凉棚。凉棚设在房后的背阴通风处。冬天每月选择暖和之日洗马一两次，并如前述牵引缓行，后拉进暖棚。暖棚修建在向阳方向，四周不透风。用于紧差之马，不可一次喂食过多。应先喂少许草，饮少许水，之后再分次喂食。

马棚

---

① 关防：印信的一种，始于明初。明太祖为防止作弊，用半印，以便拼合验对。后发展成长方形、阔边朱文的关防。清代，正规职官用正方形官印称"印"。临时派遣的官员用长方形的官印称"关防"。
② 贶仪：送行的礼物。
③ 绾柳：绾，卷起。音同"挽留"。唐·刘禹锡《杨柳枝词九首》："长安陌上无穷树，唯有垂杨绾别离。"

239

卷之十一　丧　　礼①

○父母死去时，子孙男女号泣不止。其子穿名为"斩衰"②的粗麻布衣服，衣服下摆不收边，缝制粗糙。其他子弟按照排行，穿着以粗麻布、粗熟布等布料缝制、名为"齐衰"③"缌麻"④等丧服。家中的随从也须带孝(穿丧服称为"带孝")。发给随从、奴婢丧服，令其着之。丧服均用黑布制作。丧期中，男女不得同席。父母之丧，子孙男子于外厅铺草席昼夜居住，不得入内房。饮食为粥、素菜，不设盛馔，且只由奴仆服侍。即使妻女等，也不得进入苫室⑤。有事须向妻女嘱咐时，则至内房门口传达。妇女在内室服丧。已嫁到他家者，则穿素服奔丧。丧事时，均无关闭大门之事。父母之丧，用长约一尺之白色粗麻布挂于大门上框，其余之丧事则无须悬挂。开店商人等，虽有因办丧事而暂停营业一两日之事，但无因丧事停办买卖关闭店铺之事。小户人家不能按规定日数服丧，则穿着素服出门做买卖做工。遗体由奴仆之辈先用新布蘸热水抹浴(擦拭)。擦净全身，剃光前额头发，梳顺，重新编辫，使躺在被褥上，再为遗体穿新衣及戴新帽、穿新袜，并枕上枕头。

○入殓用具齐备后，在棺内铺二三层被褥后，用名为"衾"之物将身着衣服的

---

① 丧礼：日本国立国会图书馆藏《续清朝探事》(索书号：わ382-5)作"丧礼俗式"。
② 斩衰：亦作"斩縗"。旧时五种丧服中最重的一种。用粗麻布制成，左右和下边不缝。服制三年。子及未嫁女为父母，媳为公婆，承重孙为祖父母，妻妾为夫，均服斩衰。先秦诸侯为天子、臣为君亦服斩衰。
③ 齐衰：丧服名。为五服之一。服用粗麻布制成，以其缉边缝齐，故称"齐衰"。服期有三年的，为继母、慈母；有一年的，为"齐衰期"，如孙为祖父母，夫为妻；有五月的，如为曾祖父母；有三月的，如为高祖父母。
④ 缌麻：古代丧服名。五服中之最轻者，孝服用细麻布制成，服期三月。凡本宗为高祖父母，曾伯叔祖父母，族伯叔父母，族兄弟及未嫁族姊妹，外姓中为表兄弟，岳父母等，均服之。
⑤ 苫室：古代在亲丧中所居之室。苫，古代居丧时，孝子睡的草垫子。

遗体包裹，放入棺材。多在夜晚聚集亲戚，共同入殓。棺材用楠木、杉木等不易腐朽的板材制作。板间接缝需用漆涂填。也有按贫富，以朱砂填塞者，也有用砂糖或白灰、木炭填实者。盖上盖子后，用钉加固（此钉称为"长命钉"，造棺材时使用苏木钉）。除入殓时穿着的衣服外，棺内不再放入任何物品。富家等也有在死者口中放入珍珠一粒者，但颇少见。

○有人于六十岁时准备棺材板，且每年对板加以整修，此称为"寿板"。俗称棺材为"太平车"，称棺材板为"太平板"。若生前未能备齐，死后由子弟操办。但此时棺材不使用苏木钉，而用铁钉。

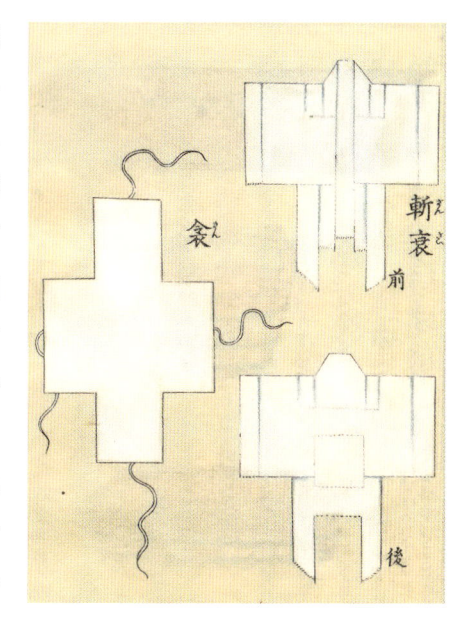

斩衰　衾①

○用于抹浴的浴盆、提桶有新制者，也有使用旧物者。

○入殓后，于厅堂上挂起白布或白纱绫、白绉绸②等帐幔，中间放置带脚的支架，于上面放置灵柩。灵前置高桌，安放木主③，摆放香炉、花瓶、烛台，并点燃灯笼。四十九日之内，每日以蔬菜、水果类及素食素菜供奉，并奠酒，同住的亲属朝暮祭拜。四十九日过后，方可供奉荤菜（荤指鱼肉之类）。

○每七日请僧侣诵经。诵经后，请至厅堂吃斋。五七当日，请道士举办超度法会，并出斋招待。七七法会之际，须请亲友、僧侣与道士一起吃斋。无在死去时到寺庙请僧或送葬时经由寺院以及僧徒来送丧之事。每七日请僧道诵经吃斋，为古礼所无，乃新兴的风俗，全国均如此。

○有朋友等人前来吊祭灵柩之事。此时，死者子孙跪于灵柩前左方，向吊客答拜。祭拜后，吊祭之客向死者子孙哭拜道"又逢不淑"。主人则答拜而哭泣。吊客来时，须除去帽子上的红缨。衣服则为平时常服。

---

① 斩衰：丧服，全白色，父母三年丧中穿着的衣服。衾：包裹尸体带扣的白布。
② 白纱绫、白绉绸：日本国立国会图书馆藏《续清朝探事》（索书号：わ382-5）作"白纱绫"。
③ 木主：木制的神位。上书死者姓名以供祭祀。又称神主，俗称牌位。

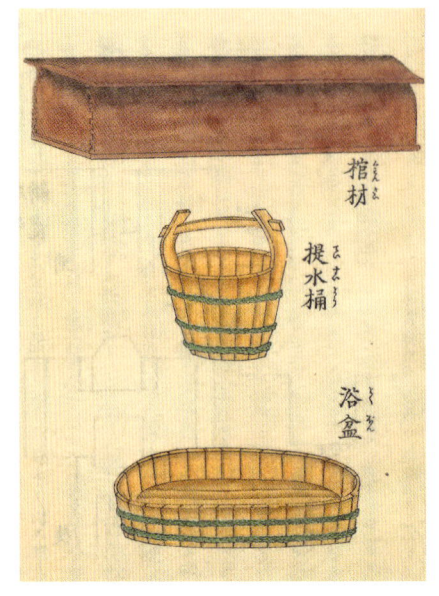

棺材　提水桶　浴盆 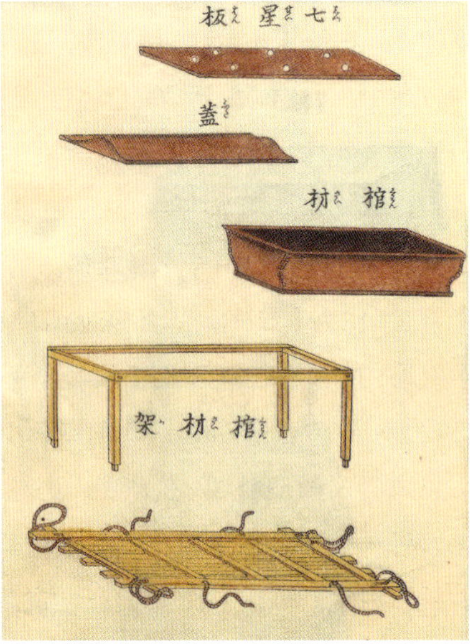　　　　　　　七星板　盖　棺材　棺材架①

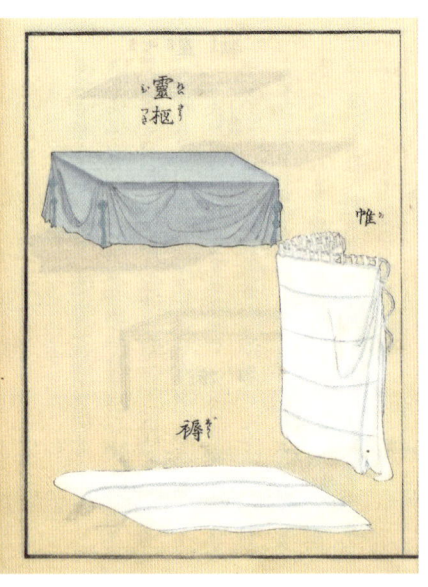

灵柩　帷　褥　木主　灵柩②

---

① 七星板，旧时停尸床及棺内放置的木板。上凿七孔，斜凿枧槽一道，使七孔相连，大殓时纳于棺内。棺材底铺上干草，上洒银纸灰粉，其上置七星板，再铺被褥，后放遗体。遗体左右装满银纸、灰包、草包，纳纸钱后再盖上盖子。
② 灵柩后置木主，灵柩前的桌子上摆放锡制的五具足，桌帏为青龙刺绣。帷，在放置灵柩的房间搭建的幔幕。褥，放在灵柩内，上置尸体。

○出殡时按照家境贫富不同,有即日或一二日,三、五、十日,百日或一年、二年方出殡等不同情况。但即使在三年之后出殡,出殡之日儿孙也须穿着素装。民间有时因不能殡入吉地,入殓后将灵柩安置于外厅直至出殡之日。若将父母灵柩留置一年以上时,则暂时埋于外厅的庭院中。

○大户人家(指家口在十四五人以上者)也有于出殡之日前,先用锦缎、罗纱等制作柩罩者。按照家境贫富的情况,小户人家(指家口在五六人之下者)或用毛毯覆盖或用棉布覆柩,并挂以淡蓝、浅黄色绸子做成的结彩。灵柩前放高桌,供奉整只羊②、猪、鸡、鸭等以及各种山珍海味、水果之类的供品,奠酒焚香,子孙侍立于柩旁。送殡之人到灵柩前祭拜后,奴仆侍立于侧方,向每位吊丧客人奉给一块长约一尺二三寸的白布。吊客行礼后,将此白布取走并带回家。此布称为"利市布"。因丧事并非吉利之事,故反以利市③字样命名(鸡、羊④、猪谓之三牲)。

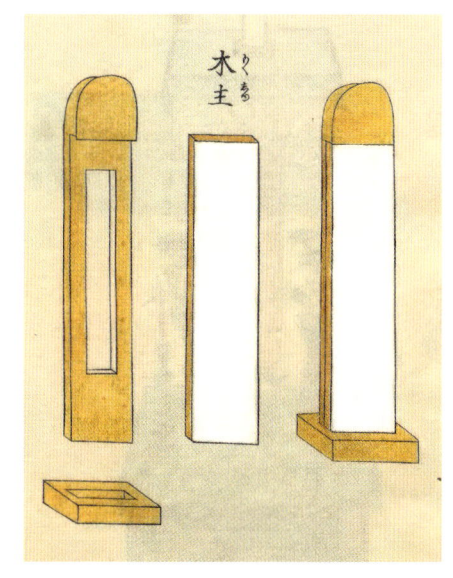

木主①

○出殡时,吊客来行礼,丧主就位依次答拜。此所谓之"位",在柩前左方。以头触地而拜,此称为"稽颡"⑤。

○吊客也有带一二种供品者。按每人心意,或带荤物或带素菜(荤指羊⑥、猪、鸡、鱼肉,素菜指水果、蔬菜、年糕等)。

○出殡行列,前为用竹竿撑起并两端垂下的红白绸旗帜若干,其后是灯笼、

---

① 中间的板表面书写死者的名字,里面写死去的日期。右侧上面的板中央穿通以便可以看到里面板上所刻的日期。这两块板与右下的座盘一起构成左侧那样的牌位。
② 羊:原文作"野牛",旁注读音"やき",意指山羊。
③ 利市:吉利、好运气。
④ 羊:原文作"野牛",旁注读音"やき",意指山羊。
⑤ 稽颡:古代一种跪拜礼,屈膝下拜,以额触地,表示极度的虔诚。
⑥ 羊:原文作"野牛",旁注读音"やき",意指山羊。

243

香亭、鼓乐、彩亭、灵柩。灵柩上覆以锦缎、呢绒,四面挂有淡蓝、浅黄颜色的绸子结彩。前后左右捆有绳索,用类似杠头之物抬起。子孙随从于灵柩左右,以白布六七尺自额前缠至脑后系结并垂向两侧,跟随灵柩沿道哭泣。侄亲等则用白布制成头巾形状戴于头上。一人持铭旌,其余人等跟随灵柩,手持捆绑于灵柩的绳索,以牵拉其身之心情持绳前进。此绳索称为"绋"②。香亭(一名香轿)形状如轿子,挂有各种浅蓝、浅黄绸绢做成的结彩装饰,亭内安放名为"灵牌"的木主。前面放有焚香的香炉。彩亭也制成同样的形状,原本应是担抬灵柩之物,但因体积过大,故分离出来,列于出殡行列之中。行列中有高举铭旌而行者。其装饰与香亭相同。鼓乐指笛、大鼓、箫、云锣、唢呐等。

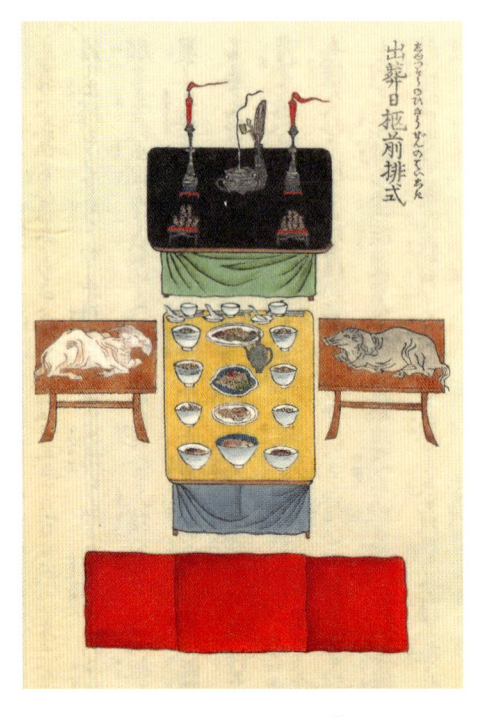

出葬日柩前排式①

○出殡日期由阴阳师选定。日期选定后,再通知亲戚朋友等人。但日期无刚日③、柔日④的差别,时刻也可随意选择。

○妇女前往送葬时,乘用暖轿(妇女轿子称为"暖轿")。轿外以白布遮盖,直至墓地。

○灵柩至墓地后,儿孙叩拜,再葬于土中。先用大块石板覆盖,再覆以土,上立石碑。葬柩的墓穴古时称为"圹",俗称"金井",也称"地宫"。

○地宫于前日派人挖成。四壁以石砌起,底面也用石块铺垫。放入灵柩后,

---

① 出棺之日摆放在柩前供物的配置。最前面为供吊客稽颡所用的绯毛毯。其后的小桌上放置盛有饭菜的碗和碟子、盛有酒的锡壶。左右两侧桌上供奉蒸熟的全猪和全羊,最里面的黑色桌子上摆放的是三具足。
② 绋:通"綍"。指下葬时引柩入穴的绳索。后泛指牵引棺材的大绳。
③ 刚日:犹单日。古以"十干"记日。甲、丙、戊、庚、壬五日居奇位,属阳刚,故称。
④ 柔日:古代以干支纪日,凡天干值乙、丁、己、辛、癸的日子称柔日。因均属偶数,也称偶日。

上面以黄土及石灰夯实,再立石碑。富贵人家事先选定墓地,掘穴砌石,并将蜡烛放进底部以试干湿。如有湿气则另寻他处挖掘。此均为忌讳湿气之故。石灰及黄土中搅拌入乌樟树的树叶,或在红土中加入石灰搅拌成名为"亚马港石灰"者,用于潮湿之处。均为此类。此乌樟出于杭州境内龙井县一带。

○有将灵柩送至祖先墓地后再考虑地点或风水的善恶。此时,在灵柩的前后方放石块。在灵柩的上面覆盖稻草席,建起暂时停柩的小屋,再考察地面方位。此称为"权厝"。

○葬毕,焚香燃烛,烧冥衣纸、大金纸(冥衣纸是用纸制成的衣服、帽子、袜子、靴子等,大金纸为贴有金银箔的纸)。此乃是送给死者金银、衣服之意。

鼓乐　香亭①

---

①　立葬式行列前头的五位乐人分别演奏月鼓、横笛、唢呐、笙以及云锣。香亭内放置香炉和木主。前面的四人身着白衣白头巾,手持挂有挽联的青竹和象征丧主家人眼泪的白色雪柳。

《清俗纪闻》研究

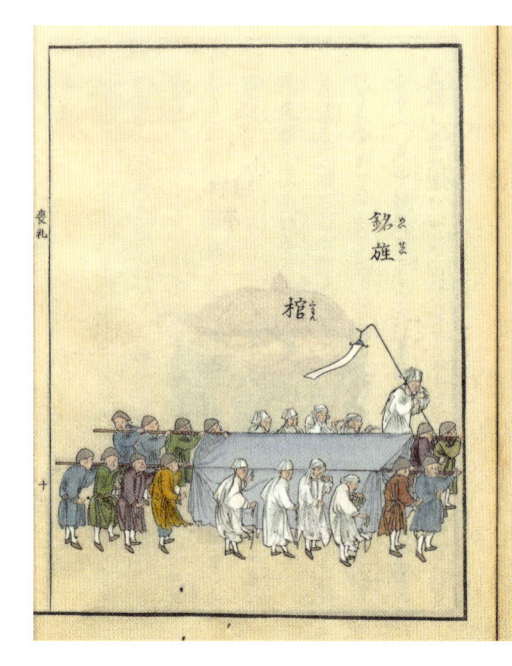

暖轿　铭旌①　棺②

彩亭③

---

① 铭旌：竖在灵柩前标志死者官职和姓名的旗幡。多用绛帛粉书。品官则借衔题写曰某官某公之柩，士或平民则称显考显妣。另纸书题者姓名粘于旌下。大敛后，以竹杠悬之依灵右。葬时取下加于柩上。

② 暖轿：葬式的行列中女子乘坐的轿子。铭旌：竖在灵柩前标志死者官职和姓名的旗幡。通常由丧主所持，图中持铭旌者，白衣白头巾，手持手帕边走边拭泪。棺材的两侧，戴孝的家人边哭泣边用右手持系棺材上的绳索前行。

③ 彩亭：原本为盛放棺材的亭子。但在棺材很大的情况下，则作为驾笼入葬式之列。

246

○石碑乃事先由石匠刻成,于埋葬之日立即树立。铭文处,镕入金箔。

○丧期中,有亲戚朋友赠送蔬菜、水果及糕点、食物等事。此时无须写下物品目录。

○死于他乡者,在送葬时须在灵柩上拴只活白鸡,此称为"领魂鸡",意在将魂魄唤回故乡。

○墓地有葬在祖先兆域①者,也有鉴于风水而另择墓地者。墓地均挑选靠山的宽阔处所,周围以石砌起,后面隐藏于山中,并在上面种植树木。墓内用名为"方砖"的方形石料铺垫,并设石栏杆。丧式及兆域等无官定式样。平民死亡时,无须向官府、里长申报,但乡绅之类则须向官府申报。

○父母丧期五十天过后,前往朋友家对病丧期间吊唁之情道谢。此时,于红纸名帖上贴以写有自己姓名的蓝纸,在门口请接待者转达。此时,主人不出来会见,但如为近亲、好友,也有进门相会者。

○斩衰、齐衰、大功②、小功③等服丧之际,在致他人书翰中,期年之丧写"期某",大功则写"大功某",小功则写"小功某"。印章用黑色印泥。

○改葬之际,选择吉日,在墓前备置三牲等供品、奠酒,烧金银纸、冥衣纸进行祭奠后,掘出棺木,加以修整。若有损坏,则进行修补,后移至改葬墓地,重新按照本地习俗安葬。树立石碑后,再次供物祭祀。石碑有新建者,也有仍用原碑者。如无严重损坏,一般均用原碑。

○除丧④后,仅于正式忌日向家庙上供,奠酒、点烛祭祀。年忌只于周年、三年⑤、十年、二十年、三十年、四十年、五十年、百年、二百年时吊祭。此时祭奠有请僧道诵经者,也有不请者,做法不同。还有于亡人生日在家庙中供物、奠酒等

---

① 兆域:墓地四周的疆界,亦称墓地。此乃自先祖起数代直系亲属合葬的墓所。此乃模仿长崎市夫妇川町春德寺内的唐通事东海氏的墓而作。

② 大功:丧服五服之一。服期九月。其服用熟麻布做成,较齐衰稍细,较小功为粗,故称大功。旧时堂兄弟、未婚的堂姊妹、已婚的姑、姊妹、侄女及众孙、众子妇、侄妇之丧,都服大功。已婚女为伯父、叔父、兄弟、侄、未婚姑、姊妹、侄女等服丧,也服大功。

③ 小功:旧时丧服名,五服之第四等。其服以熟麻布制成,视大功为细,较缌麻为粗。服期五月。凡本宗为曾祖父母、伯叔祖父母、堂伯叔祖父母、未嫁祖姑、堂姑、已嫁堂姊妹、兄弟之妻、从堂兄弟及未嫁从堂姊妹;外亲为外祖父母、母舅、母姨等,均服之。

④ 除丧:由着丧服变着吉服或由着重丧服改着轻丧服。

⑤ 三年:日本国立国会图书馆藏《续清朝探事》(索书号:わ382-5)作"二年、三年"。

《清俗纪闻》研究

兆域

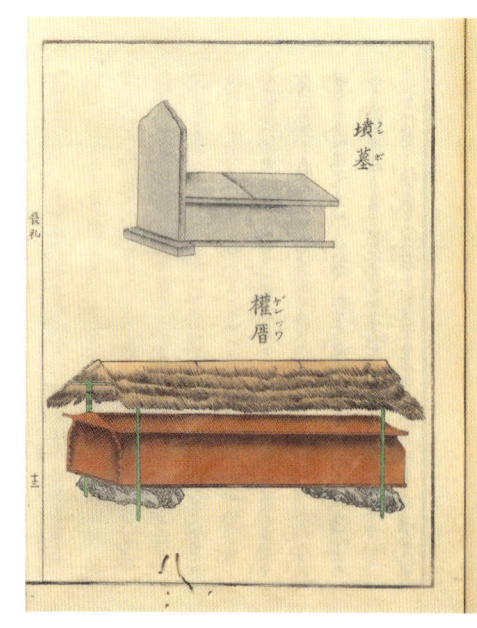

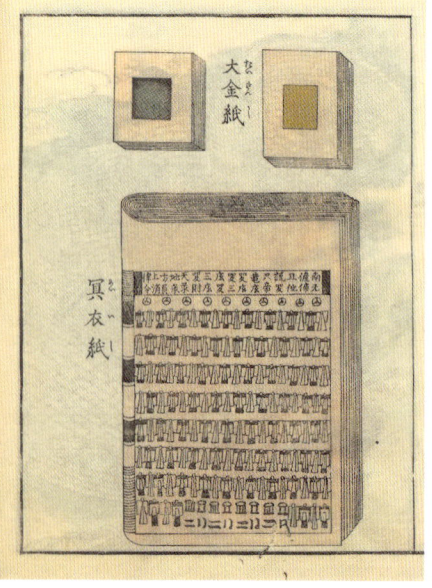

大金纸　冥衣纸　坟墓　权厝①

---

① 大金纸：福建人葬礼所用的金箔纸。冥衣纸：乃把多种衣服的画绘制在木版上印刷而成，此也为福建人常用之物。坟墓：正面立石碑，后设石室纳棺材，此乃福建一带风格的坟墓，现长崎稻佐的国际墓地等处也可见到。权厝：临时置棺待葬。此图乃在查看墓相确定墓所安置棺材之前，临时用青竹搭建、用蒿草作为屋顶的小屋。

进行祭祀,此称为"冥期"。如有画像,则挂起祭奠。年忌、冥期皆以荤物为供品。

〇极贫贱者,则在各种用具齐备后,立即入殓。若当日来不及,也有隔二三天再入殓者。即使是父母之丧,也不得服丧,须即日送葬。送葬次日,即出门做买卖或做工。

〇无初死之奠、葬后回家祭奠、属纩①等事。

〇祖先曾任知府以上官职,或因贤德而曾受朝廷嘉奖、赐予品级者,其子孙可造锡制枪锋等道具,作为仪仗列于送丧行列中。

銮驾②(一名执事)

---

① 属纩:用新绵置于临死者鼻前,察看其是否断气。
② 銮驾:即仪仗。主要分为瓜、镫、钺、掌四种。上面左侧两个为瓜,一为卧瓜,一为立瓜。立瓜的右侧为金镫,由马镫演变而来。金镫的右侧为瓜,但为红布所包裹。瓜的右侧为钺,类似于斧。下面中央为掌,金色的手持青色的圆筒。其左右为斧钺的变形。

249

○服丧期间,不得参与国家吉事及祭礼等。亲戚或朋友邀请参加吉庆宴会时,若已超过五十天,则可穿素服,帽戴红缨前往赴宴。

○逝者死去之日至移往墓地期间,吊客常来吊唁。多持香烛前来。

○前一丧事期间,再次发生丧事时,可按顺序,前一丧事结束后随即为后一丧事服丧。

○闻丧时,于获悉父母凶信之日起,在规定日数之内服丧。而对其他亲戚,则只在丧期日数内服丧。如日数已满,则不再服丧。

○丧期内产子时,不得设宴。

○即使官职低微,父母丧期也须辞去官职。

○无除丧之定式。

○三年丧期间,如患疾病①,可以治疗。

---

① 三年丧期间,如患疾病:日本国立国会图书馆藏《续清朝探事》(索书号:わ382-5)作"患三年丧病",当讹。

卷之十二　祭　　礼①

○祭祀先祖，于正月、三月、十月有定式之祭祀，也有在夏至、冬至祭祀者。但皆在家庙(一名祠堂)中祭祀。正月的祭祀在年前的十二月二十八九日前后，主人着盛装(即洁净之常服)至家庙，在神主牌位前拈香跪拜，向神主祷告"今迎新春，恭奉祭祀"。之后，将神主牌位移至庙中侧面之高桌上，暂时放置。等把家庙扫除洁净(扫除由奴仆负责)后，再把神主牌位移回原处。神主牌位后悬挂真人像(名真容图，又称行乐图②)，前设香案，摆放香炉、烛台。在神主牌位前方再放一高桌子，在大花瓶中(花瓶可随意选用瓷器或青铜器)插放牡丹假花(假花只限于牡丹，以示富贵。牡丹为纸制，染色蘸蜡，此称为"剪裁花"或"像生花")。大花瓶两侧的小花瓶中，插放多种新鲜草花，挂上灯笼。在瓷皿中摆放荔枝、龙眼、落花生、松子、冬瓜糖、橘饼或糕饼水果之类，并用萝卜刻制成水仙花、菊花等，供品共备二三十种。大年初一，主人早晨沐浴，着盛装，引领子孙弟侄至家庙，于庙外盥洗后，点灯、备三牲③进馔(馔为煮熟之鱼肉、蔬菜，盛在瓷器中，摆放于桌上，每位神主牌位前摆一桌子)。将酒斟满爵杯，主人跪下奠杯后，拈香礼拜(汉人为四拜④，满人为三跪九叩首)。主人拜毕，嫡子、庶子、叔伯、弟侄、妇女等一起居住的亲属均礼拜。拜庙完毕后，全家相互祝贺。巳时中刻，撤馔(撤下庙中桌子)。撤馔时，主人及子孙如前拈香礼拜，后才撤下。但只撤三牲及馔，其余供品则供至十八日撤下。撤馔后，黄昏时分，将三牲及馔物煮熟，全家一同全部食之。此称为"荐胙"。进馔仅在正月一日，二日之后不再进馔奠酒。十五日是上

---

① 祭礼：日本国立国会图书馆藏《续清朝探事》(索书号：わ382－5)无。
② 行乐图：谓作游玩消遣状的人像图画，或径指肖像画。
③ 三牲：牛、羊、豕俗谓大三牲，猪、鱼、鸡俗谓小三牲。
④ 四拜：明洪武九年定大祀拜礼，迎神四拜，饮福受胙四拜，送神四拜，共十二拜。

元佳节,主人早晨盛装燃烛,拈香奠酒,并以三牲供品等上供。十八日晨,主人盛装引领子孙,盥洗拈香,礼拜下跪,祷告神主:"恭请撤位。"撤下各种供物,关闭庙橱。在庙橱前的香案上摆放香炉、烛台后,再关闭庙门。

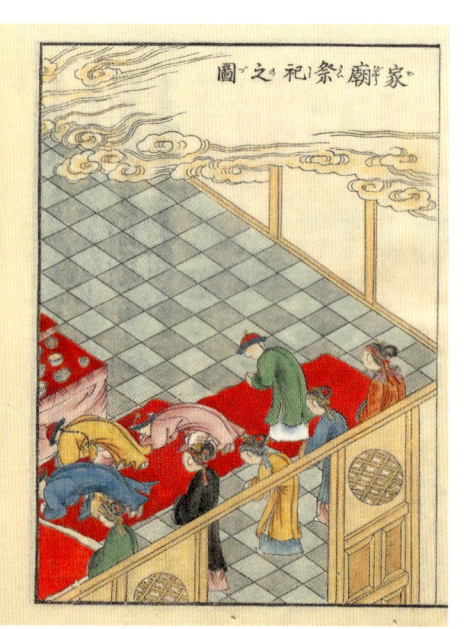

家庙祭祀之图①

○所谓神主,就是指立在正祠中的五代先祖。正祠最上层正面立开祖之神主,五代以上之神主按顺序排列,此称为"荐座"。伯叔、兄弟、子孙侄、妇女等神主立置于祔祠。十岁以下死去者视为殇,不立神主。七岁之上的嫡子可立。丈夫在世期间,去世的妇女虽为正统,也不得在正祠立为神主,而先立于祔祠,夫死后,移至正祠。

○三月清明节内,选吉日(祭祀吉日出自历书)祭祀,其祭式与正月同。

○也有七月十五日祭祀者,但较为稀少。无在八九月祭祀者。

○十月朔日祭祀,称为"十月朝"②,祭式与正月同。

---

① 祖先的祭祀一年有三次,分别为大年初一、三月与十月。图中插有牡丹假花的瓶子后供奉的是猪、牛、羊三牲。

② 十月朝:农历十月一日。旧俗为扫墓日。亦称十月一。

○夏至、冬至祭祀的制式与正月同。

○正月与清明节，选择吉日祭奠坟墓，此称为"春祭"（一名扫祭）。于前一日备好三牲、糕点、水果、蔬菜等供品（除三牲外，无其他规定的供物品种）。洁净处理后，放入箱子或竹篮，持往墓地。事先在墓地搭起大帐幕（帐幕是把棉布染成蓝色而制作的，俗称"布幔"），铺上毛毡、毯子，在每位祖先墓碑前置桌子，摆放香炉、烛台、燃烛立线香，将供品盛入瓷器中上供。主人并子孙盥洗后，斟酒于酒杯中，进行祭奠，拈香礼拜。奴仆在侧，焚烧大金纸、冥衣纸（大金纸、冥衣纸的说明及图见丧礼部）。男子祭拜后，妇女再行祭拜（此日将家中男女及亲戚朋友请至墓所）。礼拜完毕，即撤下供品，立即在墓地煮炊饭食，摆起酒宴。有祠堂之家，则在祠堂举办酒宴（大户人家墓地处建有祠堂，以备祭祀时使用）。若亲戚朋友中有未至者，则以祭祀用的胙肉相赠。祭祀完毕后，常往山野景色美好之处，游山一日，此称为"踏青"。杭州一带则常在西湖泛舟游玩。

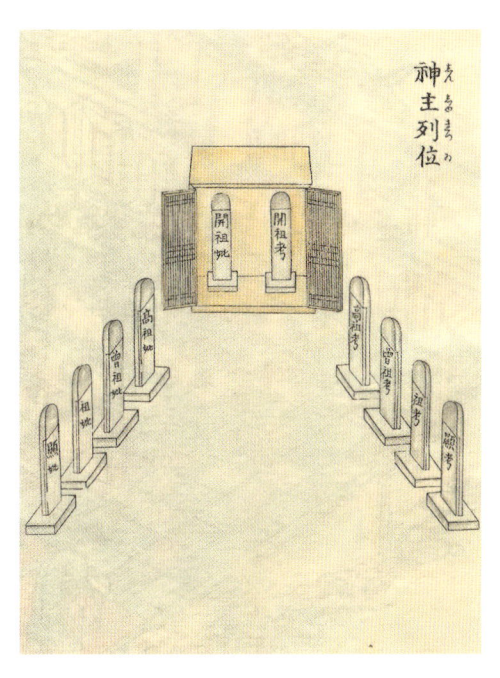

神主列位①

○祭祀祖先无致斋、斋戒等事。平民不用祭文，只有官府乡绅等才作祭文。

○祖父母、父母丧期中，每月忌辰及朔望之日，向神主祭酒拈香祭拜。每日均祭拜者稀少。未葬以前，则早晚于柩前祭拜，奠茶、祭酒、奠菜等。葬后，在丧期内于厅堂供神主牌位，只在朔望、忌辰之日祭拜。丧期满后，则将神主移置祠堂。虽对父母，也非每月祭祀。朔望之日点烛拈香奠酒祭拜。即使在本忌辰（正式忌辰）之日也不举行祭祀。忌辰之日，子孙也无须吃素。丧期终了后，在周年

---

① 神主列位：祖先牌位的排列顺序。

《清俗纪闻》研究

(即一周年忌)、三周年(即三年忌)举办法会祭奠,请僧道追荐②。三年后,每十年追祭一次。举行法会,请僧道诵经多在家庙中进行,也有把神主牌位一位移到厅堂进行祭祀者。对僧道布施,送银或钱,称为"忏资"。僧每人每日给钱一百文或一百五十文左右。如给银钱,则一丸五分或二丸,住持长老则银十丸。因超度而举办施饿鬼等法会时,则各按身份付给三百目或五百目不等,其中包含供品花费等。诵经时提供斋饭和非斋时饭。斋时称为"早斋",非斋时称为"晚斋"。僧诵经之际,敲磬及木鱼。此种声器或由僧人带来,或为主家自备(磬、木鱼之图式等见僧徒部,此处从略)。又有僧侣道士于丧期中举办法会时带来线香、蜡烛并予以馈赠之事。但只限于丧中,平常法会多不馈赠。经文大略为《普门品》《金刚经》等,其余不详。

坟墓祭祀之图①

○每逢周年、三年、十年举办法会追祭,与春秋祭祀式样相同。朔望之日,赴家庙供奉三牲一副、鱼肉糕点十种左右。主人早晨沐浴着盛服,向每位神主奠酒拈香礼拜。

○开祖考妣、祖考妣、显考妣等诞生日,于厅堂上悬挂真容图,供奉三牲、鱼肉、糕点之类,点烛进馔,奠酒拈香,其祭式与朔望之日同,称为"冥期"。真容图为父祖晚年正面所绘面像形体、装裱而成的画轴,为永久追慕不忘而于祭期悬挂,敬如在世之时。又一般于五六十岁时,请人画自身像,多绘制自己平时得意时之画像。譬如喜爱山水之人,绘制其在山中风景幽胜处游玩之情形,或享受琴

---

① 坟墓上搭建棚子,墓前置红色的桌子,桌上供物,桌前铺有绯毛毯,男子正在跪着祭拜,女子于右侧等待依次拜祭。墓域前焚烧的为大金纸、冥衣纸。

② 追荐:诵经礼忏,超度死者,泛称追悼、祭奠。

棋书画乐趣时之情形。此被称为"行乐图"或"真容图"。

○祭器、桌、碗碟等多使用日常用品中洁净之物。也有另外准备者，但不多见。

○家庙的大小宽窄，随身份高低、家财贫富而不同。其面向方位与宅院方向相应，但忌讳北向。庙中平时扫除、燃烛，由奴仆负责，但扫除等时，不得随意打开庙橱之门。

○无主人出入禀告祖先之事。子孙出生亦无须至家庙禀告。但子孙举办婚礼，则须至家庙禀告祖先。

○无于中秋、重阳、冬至佳节赴家庙祭祀祖先之事。但也有按照家庭旧例祭祀者，不能一概而论。

真容图①

○家庙中不安置佛像，只置神主。佛像安置于内厅的佛龛橱子中。

○先祖遗物须封存，置于洁净匣中贮藏，不得妄自取出。遗物继承只限于亲族。但如有遗命，也可赠送，子孙不得擅自赠人。若亲戚或至亲朋友索求父祖墨迹，则可告之家庙，赠以诗、文章之类。但衣服、玩物不得相赠。亲友也无索求此类物品之事。

○如遇水火之灾、非常之时，须立即至家庙，将全部神主牌位收集到箱柜等中，由子孙弟侄随身携带逃难，暂存于亲戚朋友或寺院等处。脱难后，家庙无损时，再移回进行祭祀。若因家庙烧毁、破损等不能移回，则须另建临时的家庙安放，进行祭祀，此称为"压惊祭祀"。收集神主牌位时，因事出仓促，不及礼仪，但不管遇到何种急难之事，在未收拾家庙之前，不得顾及他事。

---

① 开祖、亡祖父母、亡父母诞生日时，挂他们晚年时的肖像画，供物祭拜。

○无虞禫之祭①,小祥、大祥即周年祭、三年祭。

○德高望重的名官乡贤死后,被后人尊崇为当地的守护神即城隍神,加以祭祀。诸省、州、府、县皆有城隍庙,知县以上官员到任后第三天或第五天赴庙参拜,此称为"城隍斋宿"。在前一日由礼房官(州县亦分设六部,置官吏)按照旧例仪注,备三牲等供品,作好祭文。当日,当地最高长官(县为知县、府为知府)着吉服(朝服)率礼房官及执事人(服侍之官吏)等至城隍庙。在门前下马、轿,至城隍神像前。由礼房官供物、奠酒、燃烛,当地最高长官行三跪九叩首之礼,祈求当地平安,读完祭文后焚烧(祭文由读祝官读,读祝官为执事人之一)。祭拜完毕后,至庙祝之宅饮茶。稍作休息后归馆(庙祝由当地扶持,付给俸禄,世代担任庙祝。因非朝廷之官员,故无品级)。如当地无古来明贤等可奉为城隍神,则迎附近县府之神,安置祭祀。总之,府内的城隍神视同知府,县内城隍神视同知县。因守卫城隍,故称为"城隍神"。知州、知县为执掌生民之官,称为"阳官"。而城隍司阴府孤魂,故称为"阴官"。三月清明节期间及七月十五日、十月朔日有固定的祭祀活动。此祭日请城隍神乘坐大轿,送至郊外广阔之处,迁座于专为祀孤而建造的庙坛中(无庙坛之处,则搭设临时草棚,祭祀完毕后,即拆去)。以当地最高长官为首的衙门诸官吏引领乡曲耆老举行祭祀。备三牲、鱼肉、蔬菜、水果之类数十种,燃烛后由当地最高长官拈香礼拜。接着诸官吏、耆老等礼拜。完毕后诸官吏归馆。之后,众人再参诣礼拜。此称为"祀孤",意为祭祀阴间孤魂。祭祀完毕,当日申刻左右回庙。城隍庙祭祀,仅在到任斋宿以及朔望、中秋、冬至之日进行。中秋、冬至备三牲供物,朔望之日则不备三牲。此祭祀中,官吏无须前往祭拜,只由庙祝备供物祭祀。官员参与的祭祀仅清明、七月、十月之三次。迁座之际,行列顺序为:前头高举金字书写"奉旨祭祀""城隍使司"的行牌各一对,后排列仪杖、旗鼓、凉伞,并沿途奏乐(乐由乐户执掌,故奏何乐,非庶人所知)。上述三次祭祀及城隍庙一年所需供品费、香烛费以及祝官的俸米等,从当地收成中支出。城隍神像用木刻成,做成手、足、头颈皆能动之形状,并按照州府县之官衔品级制作衣冠。庙中竖有泥塑之像,不存在只立神主牌位、书写神名之事,诸神皆有神像。

---

① 虞禫之祭:古祭名。虞祭,既葬之后的祭祀;禫祭,除丧服之祭。

卷之十二 祭 礼

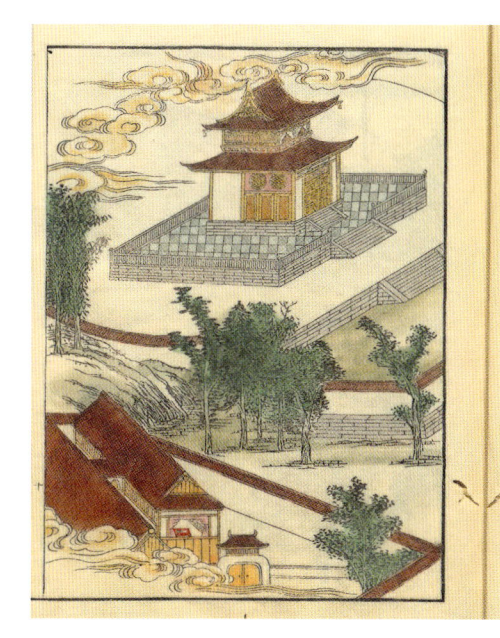

城隍庙

请城隍神郊祀①

① 此乃地方官请城隍神于郊外的祭祀活动。一年有三次，分别为三月、七月与十月。队列前所持之物为"奉旨祭旨""城隍使司"的红色行牌，后为三角旗，再后为金镫、钺、金瓜等仪仗，后为五人鼓乐、二人提灯。后面的轿子内有城隍神。最后面手持扇子的三人，当为地方的主要官吏。

《清俗纪闻》研究

土地宫

城隍神像　土公神像②

○土地宫(即土神)称福德正神,即土地之守护神,乡里村落到处皆有土地神祠。大户人家则在自家建土神祠安置。庙宇按地面大小而有所不同。二月二日为土神圣诞日,需进行祭祀(神体为何名不详)。向庙内供奉三牲等供品,点香烛,由祠官奠酒祭祀。众人前来参拜,男女群集。因非朝廷举办,故官员无须参与,也无提供祠官俸米等事。祭祀香烛等费用由众人施舍,故一年供物费用、祠官日用等并无不足。

○天后圣母(一云天妃,又称娘娘,俗称妈祖娘娘)为海上之守护神。宋朝建隆元年三月二十三日,天后诞生于福建兴化府湄州。父林氏,曾仕宋朝,官至刺史①。致仕后生天后。天后自幼聪明智慧,贤德超人,十六岁得道士传授而修行,二十八岁当年九月重阳,白昼成神,自湄州高山升天。世代神灵感应显著。如信仰祈誓,无有不应。后世历代帝王多次敕令封赠。至康熙二十三年追封为天后,下旨春秋祭祀。湄州为圣诞之地,故大造庙祠安置神像。此外,在京师及诸省、府、州、县也有庙宇。庙门前建有下马牌(下马牌为朝廷敕命修建)。祭祀时备有大牢(牛、羊、猪)及其他各种供品,并以玉帛香烛祭奠。当

---

① 刺史:中译本作"刺吏",参见中译本第506页。
② 城隍神穿清朝样式的官服,戴冬天的朝帽,挂白色的朝珠,手持褐色的笏。土公神,长白色眉毛和胡须,着汉族旧有的明朝样式绿衣,手持金元宝。

卷之十二 祭 礼

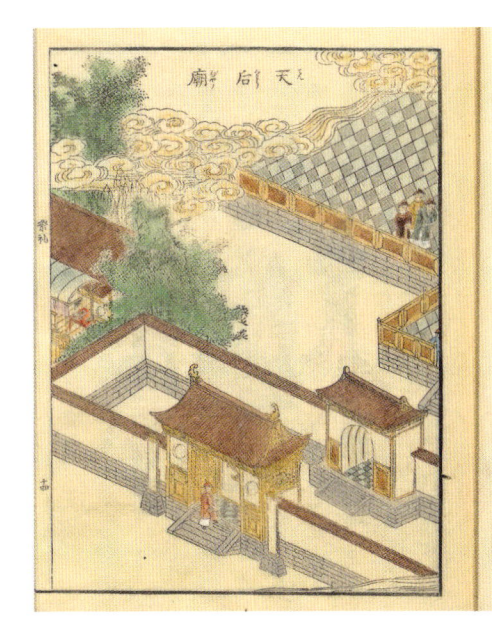

天后庙①

天后圣母像②

---

① 天后庙：祭祀航海女神天后的庙宇。前门外左右两侧立有下马牌，本殿前的棚子下，桌上摆放有五具足，供奉着猪牛羊，桌前地面铺有绯毛毯，官员跪在上面拜祭。棚子右侧立有红色的行牌。
② 右侧前为千里眼，左侧前为顺风耳。天后手中把笏。

259

《清俗纪闻》研究

地官员受命指派执事人员执掌。朝廷在礼部官员中派承祭官作为钦差,捧祭文香帛至湄州祭祀。京师庙中,亦同样派遣钦差前往祭奠,天子有时也前去参拜(以天子为首,行三跪九叩首礼)。

各省、府、州、县之天后庙,由当地最高长官派礼房官执掌祭祀。至祭日,当地最高长官及诸官吏前去参拜。官员祭拜完毕后,众人群集祭拜。府、州、县等也以大牢祭祀。神前供物有数十种,香花新鲜,灯烛明亮。祭日为三月二十三圣诞日,春秋二季的祭祀在二月和八月的上癸日。承祭官等的参拜顺序为,前一日诸执事人员斋戒,当日早晨沐浴,着吉服至城隍庙。庙祝点烛拈香后,长官(指诸官之长)居中,其余诸官执事列班(顺序排列),赞礼官立于两侧,随念三跪而九叩首之仪式,诸官行礼。读祝官读祭文,读后焚烧(祭文随时情而作也)。诸官拜毕后散退。当日命当地保甲禁止众人口角、争斗、无礼等。祭日期间,豪家富户作为施主,在庙门外广场搭设戏台,向神献戏。参拜者前往观戏,昼夜热闹非常。祭祀费用、香烛费用、庙祝俸米等,由当地列具开销,呈报工部。

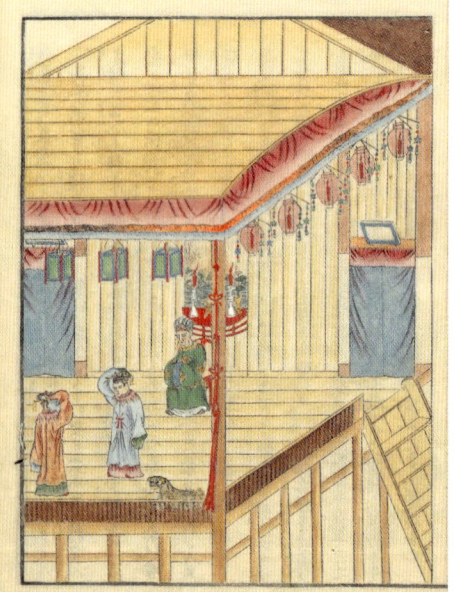

戏台①

① 天后圣母祭日时,于天后庙门外设这样的舞台做戏。舞台前两柱的旁边置有石狮子。舞台正面中央挂山水画,前供三具足。此戏台类似于日本的神乐殿。

○关帝(一名关圣帝君,又称关老爷、关菩萨)为武运守护之神,感应感灵①显著。如有军事而祈愿,则无不应验。武官自不用说,在官民信仰中,也超越其他神。各省、府、州、县皆建庙安置,庙称为"武庙"。乡里村落之庶民也无不信仰。雍正年间台湾贼徒暴动时,曾有灵验,因迅速平靖,故加封为"灵佑大帝",敕令春秋祭祀。庙门外立下马牌,以大牢而祭。祭日以五月十三日归天(指薨去)之日为固定祭日。春秋两季的祭祀为二月、八月之上戊日。官祭后,众人参拜,不禁男女。但无敬献做戏之事。祭式、祭礼等开销之事,与天后庙同。

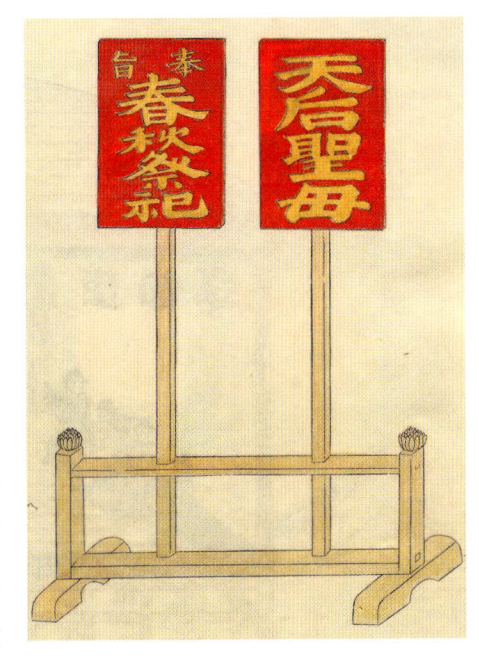

行牌②

○天后庙、关帝庙等皆有灵签(又称签子筒),以木片或竹片制成木签约百枚,按一至一百编号,放入签箱。人摇出签,以所出之签占卜吉凶祸福。也有按照编号书写有表示吉凶祸福之诗句的木板,此称为"签诀牌"。摇出签后,确认编号,到签诀牌处对照,可知晓吉凶祸福之意。

○孔庙(一云文庙),京师及各省、府、州、县皆建之。于二月、八月之上丁日行释奠③之祭祀。庙门前建有下马牌,官员及庶民皆不得骑马通行。祭祀时,朝廷派遣钦差至京师的庙中致祭,天子前往参拜。各省则由当地官府派人负责。参拜之际,除天子之外,即便当地长官亦不得登丹墀④之上,而在丹墀之下礼拜。

---

① 感应感灵:日本国立国会图书馆藏《续清朝探事》(索书号:わ382-5)作"感应威灵"。
② 此乃天后行列的先头所持之牌。版面用金字书写"天后圣母""奉旨春秋祭祀"。祭祀时则如图插于木台上,立于本殿。
③ 释奠:日本国立国会图书馆藏《续清朝探事》(索书号:わ382-5)作"释菜"。日译本和中译本均有"又称释菜、丁祭,不供牛羊,只供蔬菜水果祭祀孔子"的注释。参见日译本第二册第190页,中译本第519页。
④ 丹墀:指宫殿的赤色台阶或赤色地面,也指官府或祠庙的台阶。

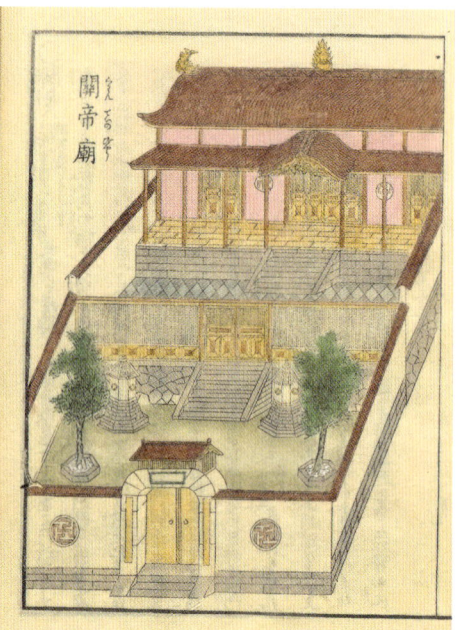

关帝庙　关圣帝像　灵签　签诀牌①

笾篚②、笾豆③、沼沚④之草、苹蘩⑤之毛、鼓乐、初献、亚献、终献⑥等事，皆由祭酒⑦先生及诸秀才执掌。虽有三跪九叩首之礼式，因庶人不能随意窥探，难知详情（文庙之图可见间学部，此处从略）。

---

① 关帝庙：此庙当建于长崎唐三寺内。关圣帝像：中央乃关羽"单刀赴会"的场面。左右为手持大刀、黑面周仓和关羽之子、白面关平。灵签：关帝庙、天后宫内的占卜签。将写有编号的札棒百枚放入签箱，举箱摇动，以所出之签的编号对照相应的诗句来占卜吉凶。签诀牌：书写昭示吉凶祸福诗句的木版，其编号与灵签的编号一一对应。
② 笾篚：笾与篚。两种盛黍稷稻粱之礼器。外方内圆为篚，外圆内方为笾。
③ 笾豆：笾和豆。古代祭祀及宴会时常用的两种礼器。竹制为笾，木制为豆。
④ 沼沚：池塘。《左传》曰："涧溪沼沚之毛，苹蘩蕰藻之菜，可荐于鬼神，可羞于王公，故采蘩所以用之于公侯之宫，以备祭祀之事。"
⑤ 苹蘩：苹和蘩。两种可供食用的水草，古代常用于祭祀。《诗经·召南》有《采苹》及《采蘩》篇。《诗经·召南·采蘩》序："《采蘩》，夫人不失职也。夫人可以奉祭祀，则不失职矣。"后以"苹蘩"借指能遵祭祀之仪或妇职等。
⑥ 初献、亚献、终献：古代祭祀时献酒三次，即初献爵、亚献爵、终献爵，合称"三献"。
⑦ 祭酒：古代飨宴时酹酒祭神的长者，后亦以此泛称年长或位尊者。

卷之十三　僧　　徒[①]

○唐山有禅宗、律宗、天台宗以及道教。不过，律宗、天台宗较少。总体来看，僧侣如不被天子召唤，绝无出入朝廷之事。因此，既没有文武官员的格式品级，也无官府给予领地等事。至于官方馈赠田地等事则极少见。寺中有学识渊博者以及住持等得到官府格外敬仰的僧侣，则有施舍田地以助香火长久之事。大伽蓝附于一山，故有山田地。此外，如能得到来自檀越官员、富家豪民施舍的金银、田地、菜园等，即便是大伽蓝、僧人众多，也可自足。

○寺院境界有石制的榜示，上刻有"是自此东西南北为某寺境界"等字样。无总寺、末寺等制度，以大寺所在地名为山号者，即是总寺。如普陀山观音寺为总寺，山中其他所有寺院为末寺。全山一切诸事由总寺处理。大寺除住持外，还有首座、都寺、监寺、典座、知客、副寺等主要职僧。老僧，不愿过问世事以及因病等而难以做事的僧人，则需纳银免勤（此称为"养老银"，约五百目以下）。只以坐禅、诵经度日。首座、都寺以下职僧如按寺法赋予其名目，则可得到只在寺内适用的品级。并不存在类似日本之僧正、檀林等的官位及红衣、紫衣、触头、独礼等品级。随从人员亦不同于官员。无按等级乘坐车轿等事，大多步行。但老年僧人或患病者以及远行之际，也有坐轿者。步行时，除一两个侍者外，一般不带仆人。寺中职僧经常更替，由住持视其做事情形予以升降。僧侣随身之物只限于如意、拂子、禅杖、铁钵。僧之奴仆也一样。

○寺院之构造，有大门、二门、天王殿、正殿、禅堂、开山堂、钟楼、鼓楼、斋堂、浴室、方丈、客房、执事房、厨下等殿房。均分别建成一栋，亦在一间殿堂中隔成执事房、斋堂与浴室者。梁间大小等无定式。大门外立有"不许荤酒入山门"字

[①]　僧徒：日本国立国会图书馆藏《续清朝探事》（索书号：わ382-5）作"僧徒礼俗式"。

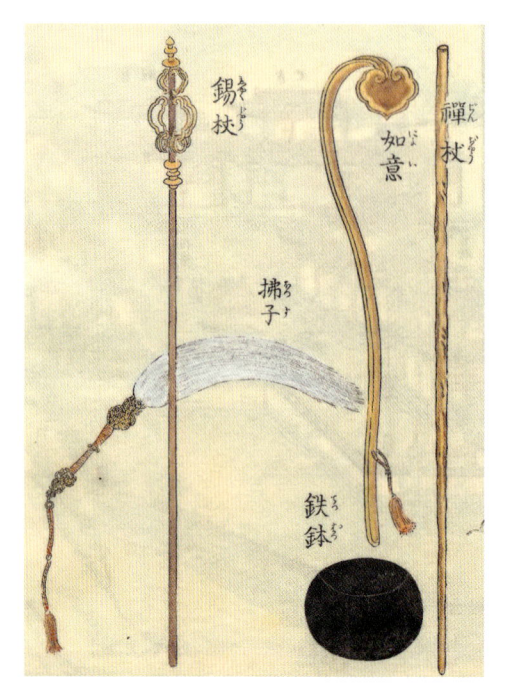

禅杖　如意　锡杖　拂子　铁钵①

样的石牌，此为定法。大门上挂有某某禅寺之匾额，正殿挂有写着大雄宝殿的匾额。其他殿房联额等文字无定式。得敕额赏赐之寺，则在二门或正殿之内悬挂敕赐匾额。如不在大门悬挂敕额，则不立下马牌等。大门左右安置金刚，二门左右前后安置四天王。正面供奉弥勒菩萨，正面背后安置韦驮天尊。正殿的本尊为释迦，两侧安置罗汉。本尊前立写有皇帝万岁万万岁的牌子，此称为"龙牌"。各寺皆须安放龙牌，则为定法。无须向官府报告，也无须取得朝廷允许，依寺法放置，故无龙牌供奉费用等由朝廷施舍赐予之事。

〇天子、皇后也无须遣使参诣龙牌。天子位牌并非立置之神主。当地官员于年初参诣寺院参拜龙牌，为拜贺朝廷之意。

〇统领天下寺院者为礼部官，诸命令皆先传达至最下级的知县，再由知县传达至寺院。僧侣的诸项申请以及处置破戒违法僧徒等事，向知县申报，由知县裁断。小事由知县执行，重大事务则需申报上司，请示礼部决断。但多在一寺之内按寺法执行。据说有脱衣之罚，但不知详情。度牒等由寺院住持向知县提出申请，知县审核后即在知县衙门颁发。寺院可预先申请领取五张、十张。如有剃度僧人，师僧可向住持提出请求发给度牒。度牒每年颁发数量、剃度人数无限制。僧侣死后，度牒即交还原寺。度牒留于本寺，不再交回官府，如有剃度僧时，即可

---

① 禅杖：僧人督促坐禅用具；截竹作杖，以物包其一端，坐禅有昏睡者则用软头突之。如意：梵语"阿那律"的意译；古之爪杖，用骨、角、竹、木、玉、石、铜、铁等制成，长三尺许，前端作手指形，脊背有痒，手所不到，用以搔抓，可如人意，因而得名；或作指划和防身用；又，和尚宣讲佛经时，也持如意，记经文于上，以备遗忘。锡杖：僧人所持的禅杖；杖头有一铁卷，中段用木，下安铁纂，振时作声；梵名隙弃罗（Khakkhara），取锡杖作声为义。拂子：即拂尘；古代用以掸拭尘埃和驱赶蚊蝇的器具；常为僧尼术士所执持。铁钵：僧徒的食器；用铁制成，故称。

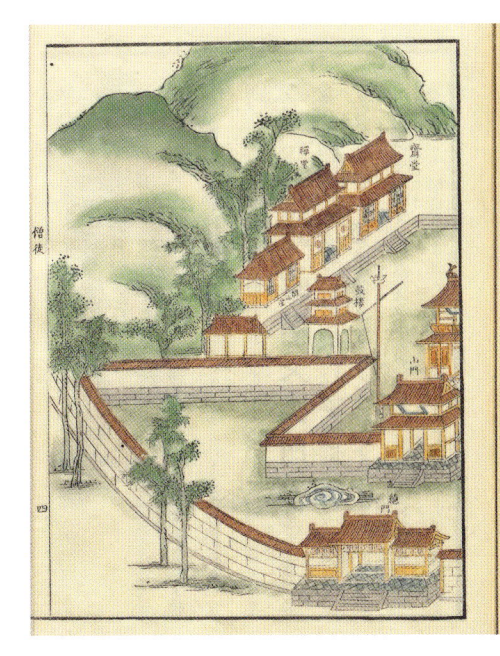

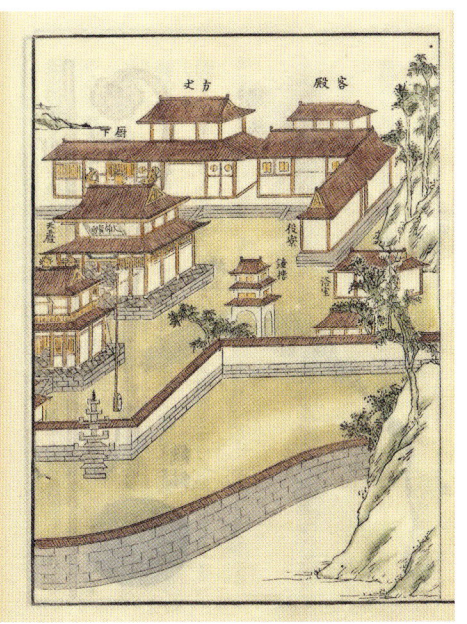

寺院构造①

更换名字再次颁发。度牒由官府及僧侣处理,其样式未见,故不可知。

○寺院田地皆由僧侣经营。因百姓受知县管辖,寺院的田地租给民间耕种,收取年租。若有拖欠不缴年租之事,则申告知县,听任知县裁决。菜园则雇人种植。

○新法邪教及在寺中贮存兵器刃物,皆在禁制之列。不得任意营建寺院,寺院之数记存于官府,新建时须向当地知县申请,许可后才可营造。

○禅僧着法衣、袈裟(无类似日本披肩之物),袈裟为锦、绉绸、纱绫之类,法衣由缎子、绉绸做成。法衣之定式,住持用黄色,长老以上用色衣②,各有不同。一般僧人则着素衣。色衣无定式。衣服为棉布、袖短,类似明朝衣服。禁止着绢地衣服,大寺住持也不得穿着。帽子无定式,正式场合不戴,但寒冷时节可戴。至于鞋子,则另有僧鞋。

---

① 本图乃黄檗禅寺风格。进入总门后,可以看到放生池,之后又山门、天王殿、大雄宝殿呈直线排列。左侧有古楼、开山堂、禅堂、斋堂,大雄宝殿之后有厨房、方丈、客殿,右侧有钟楼、浴室、役寮即执事房。

② 色衣:色衣是指染成青黄紫绯等色之法衣。色衣之缘起,原系朝廷对高僧大德赐紫衣、绯衣,或为统理僧尼而设一定之衣色作为僧官之制服。

《清俗纪闻》研究

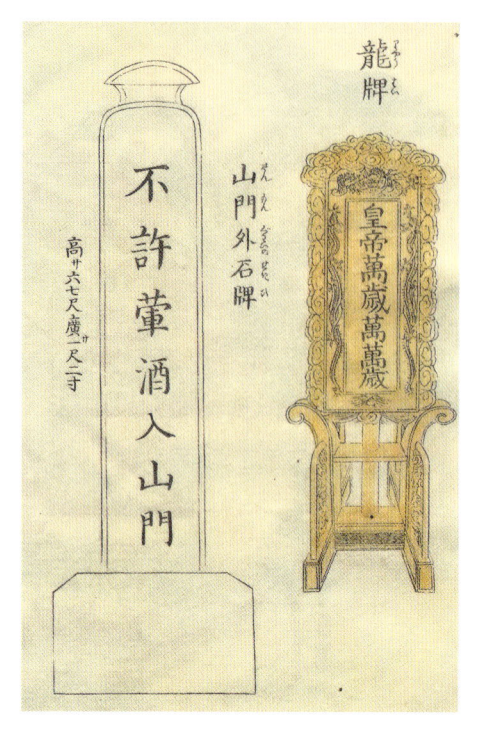

龙牌　山门外石牌①

○俗家之子可出家为僧，不限于庶人。士大夫以上之家，因父母患大病孩子许愿出家为僧，或因孩子之喜好，或因幼时失去父母，或家贫子女众多，以及短命而难以长大等原因，而成为僧人。但长子不得为僧，限次子以下。首先托亲近朋友至寺院商谈。住持视情形，命无弟子的僧人收下指导。剃发②以前，头发仍为全发或总角，发式不变。先让弟子在名为"选僧堂"之处学习，教其四书五经，并熟练念经，至十五六岁，能认真学习时剃度。若此期间怠学，或不再喜欢出家，可返回父母家中。学有所得者，选择吉日剃发，以住持为首，全寺僧人至大殿佛前排列，按照规定诵经，把可成为新僧者带至佛前，剃发（剃发以前，发结、分发似有规定，但不详知）。师僧写上法名供于佛前行礼。此法名写入度牒，交给新僧。新僧着法衣、袈裟，参拜世尊佛，后再拜师僧。师僧即授喝言③，教五戒三规等清规。然后令其拜谒大众。完毕后，再自佛前退下，进入选佛场。如师僧不是住持，则于当日由师僧向住持申报今日剃度某人，住持回答按规定仪式进行，则通报全寺僧众按仪式执行。上述仪式完毕后，全寺僧徒于寺内举办庆祝之宴。新僧父母按照身家贫富向师僧赠送袈裟、衣物或布匹、挂面之类等。新僧于选佛场中勤学坐禅、问答及佛经等。年轻者称为"小沙弥"（小僧），从事各种杂务。

---

①　龙牌：全黄色，上题"皇帝万岁万万岁"。山门外石牌：高六七尺，宽一尺二寸。上题"不许荤酒入山门"。
②　剃发：日本国立国会图书馆藏《续清朝探事》（索书号：わ382-5）作"剃度"。
③　喝言：与"偈言"同意。即佛经中的唱颂词。每句三字、四字、五字、六字、七字以至多字不等，通常以四句为一偈。

266

卷之十三　僧　　徒

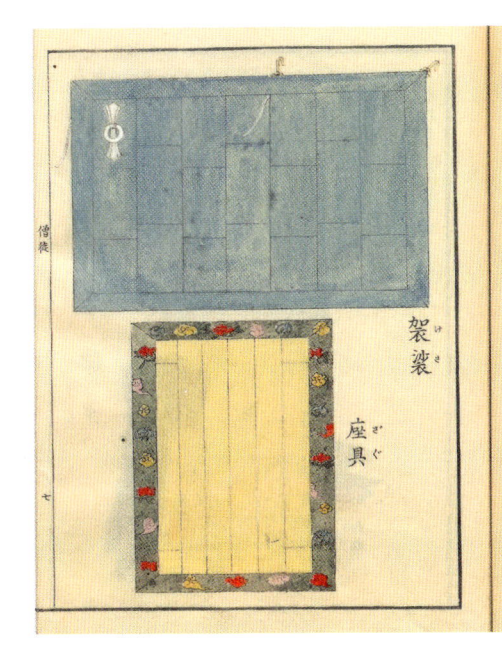

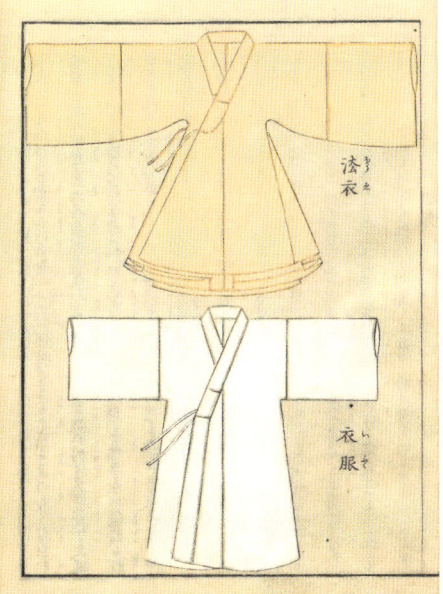

法衣　衣服　袈裟　座具

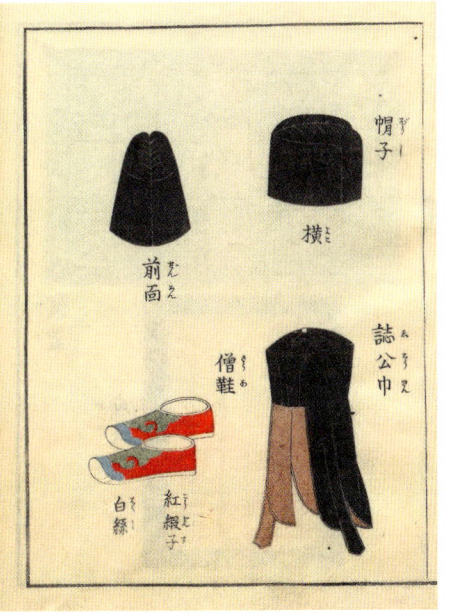

帽子　志公巾　僧鞋　总角①

---

①　志公巾：传南朝梁高僧宝志（一作"保志"）穿戴头巾，故称。僧鞋：红缎子，白线。总角：小僧剃发前，束发为两结，向上分开，形状如角，故称总角。

小沙弥

○每日，名为"巡照"之僧从事"夜不收"①活动，即夜晚敲打木鱼，吟唱"无常迅速，一心念佛，南无阿弥陀佛"，于寺中巡回，每更敲打悬挂于正殿及禅堂、名为"更版"的板子，并于各殿堂高声朗诵更版上书写的文句。敲打五更的更版时，名为司钟、司鼓的职僧登上钟楼、鼓楼，撞钟敲鼓。此时殿司（职僧名称）至佛前点燃明灯，供奉香花，打扫洁净。临近结束时，敲打半钟。听到半钟之声，首座以下寺中所有僧众皆齐集于正殿，开始诵经。僧众中，一人敲打大木鱼，一人鸣击铜磬。年轻僧人鸣小磬、小铙钹及大鼓。诵经时，住持持提炉至佛殿及皇帝龙牌、灵庙以及其他诸佛前拈香，后回到方丈室。黎明诵经完毕后，各自回自己房中。典座（职僧名称）敲打挂于斋堂前、名为"饭梆"的鱼形梆子。在敲打名为"云版"②之物后，住持及首座以下的所有僧众皆敲打引磬，集结至斋堂，就位诵经、吃斋。斋毕，有回到原来房中坐禅修行者，也有托钵外出者。午后四时左右，敲打悬挂于正殿的半钟，僧众如早晨那样聚集诵经。夜晚一更③，敲打钟楼鼓楼的大钟、大鼓（此称为"开静"）。听到敲打二更④的更版后，停止坐禅，休息。

○佛前供物，每早献茶，并供稻之初穗；朔日、十五日供糕点、蔬菜之类各四五种，为定式（此称为"上供"）。而行法会时，则多少不等。

○于早上四时、午后四时及午后八时，寺院钟响。除此三次外，不再告知时刻。

---

① 夜不收：古代军队中的哨探。因彻夜在外活动，故名。此处指防止窃贼入内的夜晚巡行活动。
② 云版：一种两端作云头形的铁质（或木质）响器。旧时官府、富贵人家和寺院用作报事、报时或集众的信号。
③ 夜晚一更：午后九时左右。
④ 二更：午后十一时左右。

卷之十三　僧　　徒

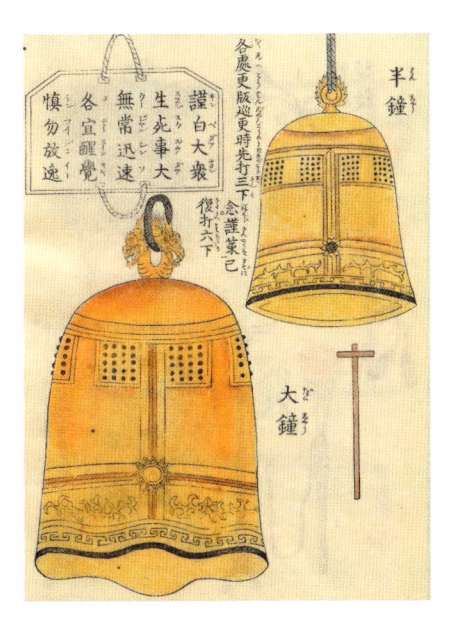

半钟　大钟　更版①

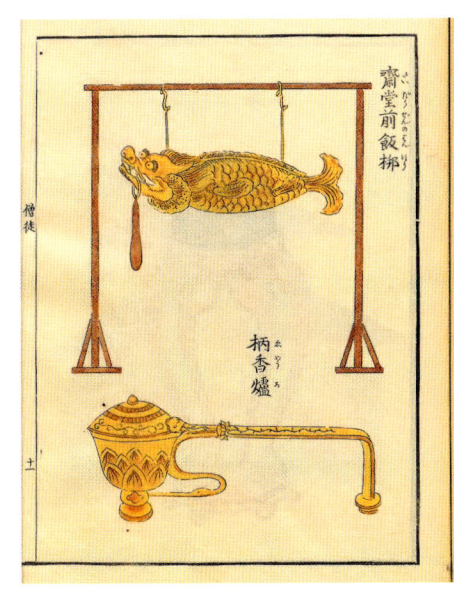

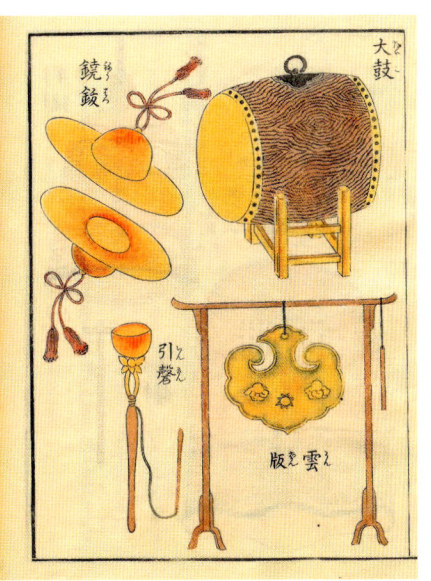

大鼓　云版　铙钹　引磬　斋堂前饭梆　柄香炉②

---

① 更版：夜晚巡行时，每更敲打更版，首先敲打三下，念完更版上的文字后再敲打六下。更版上的文字为"谨白大众：生死事大，无常迅速，各宜醒觉，慎勿放逸"。
② 云版：于斋堂前与饭梆成对放置。斋堂前饭梆：放置在斋堂前敲打以唤诸僧吃饭之物。引磬：僧家的一种法器。多用铜制，形如小碗，底贯以纽，下附木柄。诵经念佛时用以调整音节。柄香炉：又名提炉，住持用此来向诸佛烧香。

269

《清俗纪闻》研究

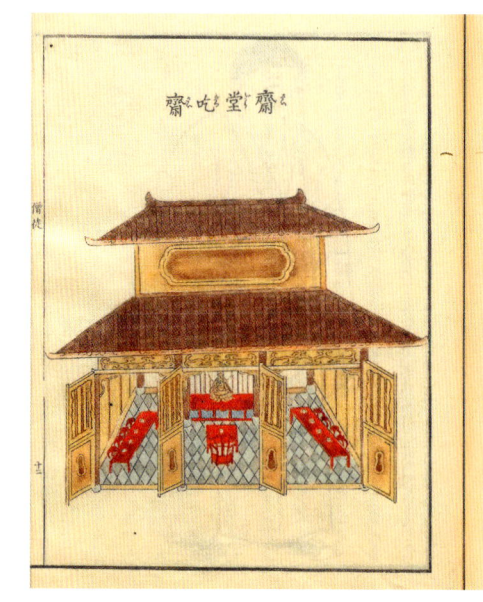

铜磬　斋堂吃斋①

游方僧②

---

① 铜磬：诵经时与木鱼同时敲打之物。斋堂：寺院的殿堂，为僧尼设斋诵经的地方。
② 游方僧：身着淡黄色的法衣，头戴黄色的头箍。

270

○有志于出世之僧作为游方僧，巡游各地，寻访知识，于其寺挂锡，专修座禅问答。此期间称为"行者"。坚持修行而开启悟道，即拜知识为师，以先师为受业师。行者中有带发专门修行者，其中多出名僧。

○托钵外出僧中，有名为"喝食"者，主要负责收取米、钱及其他施舍物品，归寺后分类分配等事。如寺中有急事或紧急情况，撞响大钟即可召回这些托钵外出的僧人。

○檀越为祖先年忌或其他法会招请僧人时，可直接去寺院或遣人前去邀请。有在供养的三日内请僧侣诵经者。也有于五日、七日内根据施主的要求举行焰口施饿鬼、水忏等法事者。当高僧来临时，主人至门前出迎，相互行礼，请至厅堂

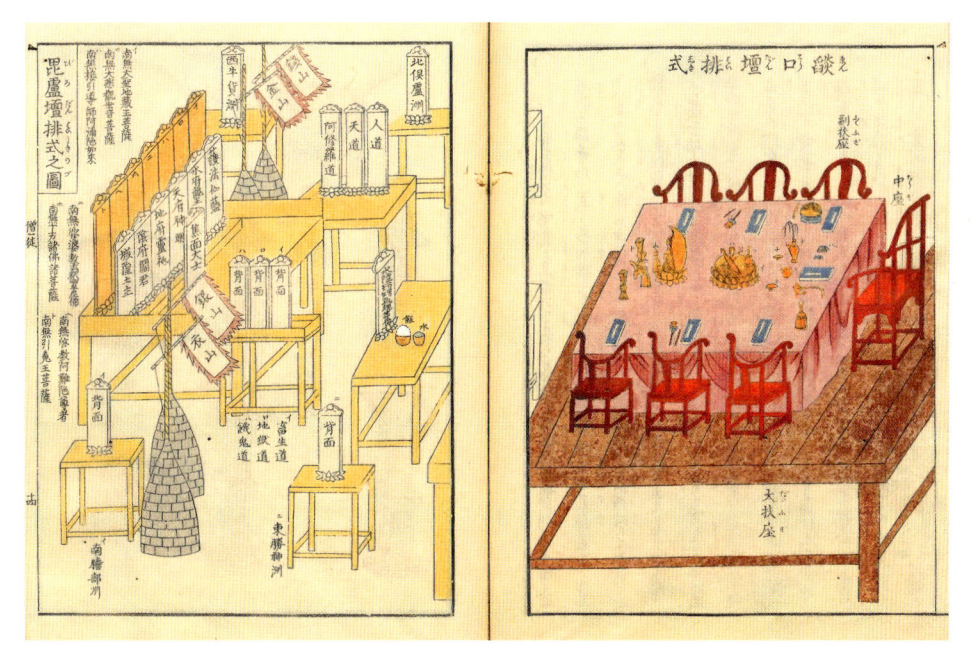

焰口坛排式　毗卢坛排式之图①

---

① 焰口坛排式：即焰口施恶鬼的法座配置。中座的导师椅子面向南，其左右是称为扶座的僧席。台上小桌的左侧放置五具足、观音像，面向毗卢坛；中央的曼拏啰法台上放置法镜、金刚降魔杵、宝错二个及中座铃。中座前放置法尺、经典、提炉，插有柳枝的甘露瓶、洒水器、馒头以及盛有花开米的花米碟。大扶座前放置有扶座铃、引磬，副扶座前放置木鱼、引磬。毗卢坛：焰口施恶鬼时与焰口坛相对面向北、供奉神佛亡者牌位的坛。右侧中央的坛最上段为七佛位，中段为六神位，下段为焦面大士的位牌。其前称为甘露食台，供奉亡灵的牌位（本图乃题为水陆一切孤魂等位）以及水、饭等。东北角称为东胜神洲、东南角称为南赡部洲、西北角称为北俱卢洲、西南角称为西牛货洲。食台东侧置饿鬼、地狱、畜生三道和银山、衣山，西侧置天、人、阿修罗三道和金山、钱山。

271

《清俗纪闻》研究

献茶后,再引至家庙,于灵前拈香诵经。法会完毕后,主人布施,一般僧人可获赠每人每日百文至一百五十文钱,住持长老则银十匁左右,此称为"忏资",因施主贫富而不等。

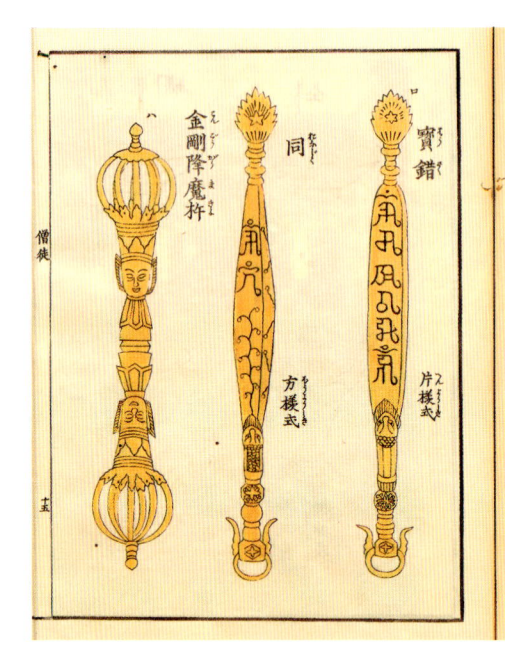

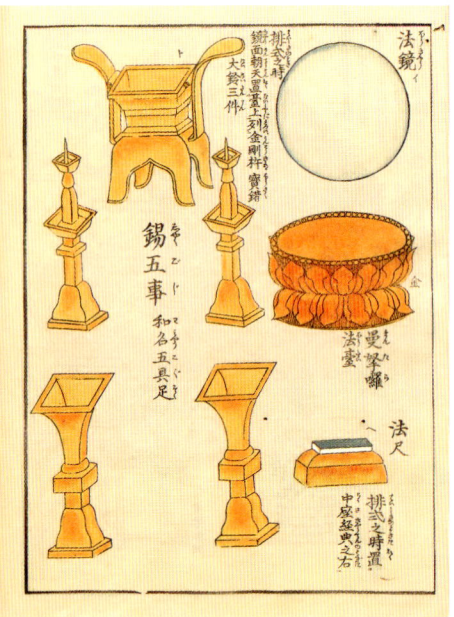

法镜　曼拏啰法台　法尺　锡五事　宝错　金刚降魔杵①

○举办施饿鬼等供养法事时,须在场所宽敞之处新设佛座,安放亡灵的神主牌位,燃灯,摆放锡五事(五事为花瓶两个、烛台两个、香炉一个),供奉橘饼、桂圆、荔枝、胡桃、落花生以及其他糖果、点心、时令水果等物,前置方约两间、高约一间的焰口坛,焰口坛前面置观音像,摆放宝镜等佛具,并点灯,供奉香花及其他相应的供物。固定的供物为米一盆、馒头七个、洒水器一个共三种。焰口坛对面放置一台与焰口坛同样大小的毘卢坛,上坛安放写有七佛名号之木牌(七佛为释

---

① 法镜:施恶鬼法事时,镜面朝天,载金刚杵、宝错、大铃(即中座铃)。曼拏啰法台:放在桌子中央,拜访法镜、宝错等的台子。法尺:施恶鬼法事时,置于中座(导师)的经典之右。锡五事:日本名五具足,下为花瓶两个、中为烛台两个、上为香炉一个。宝错:交叉放于金刚杵的上面,再放于法镜镜面。金刚降魔杵:原为古印度的一种兵器,佛教密宗也用此作为表示摧毁魔敌的佛教法器;用金、银、铜、铁等为之,长八指到十二指,中间为把手,两端有独股、三股、五股等的刃头,佛寺中金刚塑像手执之杵。

272

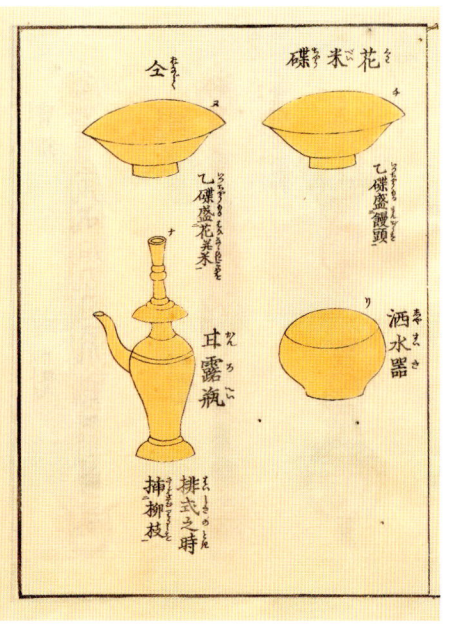

花米碟　洒水器　甘露瓶　水忏排式之图①

迦、观音、阿弥陀、地藏、阿难、引魂、十方诸佛），下坛安放面然②大士、护法龙天③等牌位。坛前也摆放香花，点灯、供物等，但无固定制式之供物。在侧面再放置半坪左右、高约三尺的食台，安放写有"水陆一切男女孤魂"等内容的牌位，摆放香花、点灯、供物等。定式供物为一个大器皿里堆满米饭，盛上洒水，在其前摆放高约一间、周围约九尺、呈山形状的竹笼两个，在竹笼上分别贴以金银箔纸以及钱纸、冥衣纸等，一个悬挂金银山、一个悬挂钱衣山标志的旗帜。诵经的七位僧人（可略为五个人）登上焰口坛，正位为"金刚上师"（一名"中座"），左为"大扶座"，右为"副扶座"。依次排列，皆坐于椅子上。下面摆设装饰有小磬、小铙钹、大鼓等。诵经时，由一人（名为"司鼓"）鸣之。中座僧人头戴名为"毘卢帽"之佛

---

① 花米碟：一碟盛花及米，一碟盛馒头。洒水器：摆放于焰口坛的中座前，用来喷洒水的器皿；喷出的水被用来在馒头上写梵字。甘露瓶：摆放于焰口坛的中座前，插柳枝的瓶子。水忏：佛教经文之一，又叫慈悲水忏。据说是唐代悟达禅师遇异僧用水替他洗好面疮后，为报恩而作。水忏排式：即水忏施恶鬼的法座配置。最前面的桌上铺有青龙花纹的桌帏，放有经典、木鱼、引磬、提炉等；后面的桌上铺有凤凰花纹的桌帏，放有铃和经典，两桌之前放置的佛像为观世音菩萨。最后面的桌上所置佛像为释迦。

② 面然：即焰口。佛经中的饿鬼名。其形枯瘦，咽细如针，口吐火焰，面上火然，故称。佛经中谓救苦救难的观音菩萨化身。

③ 龙天：即天龙八部，皆为护法神。

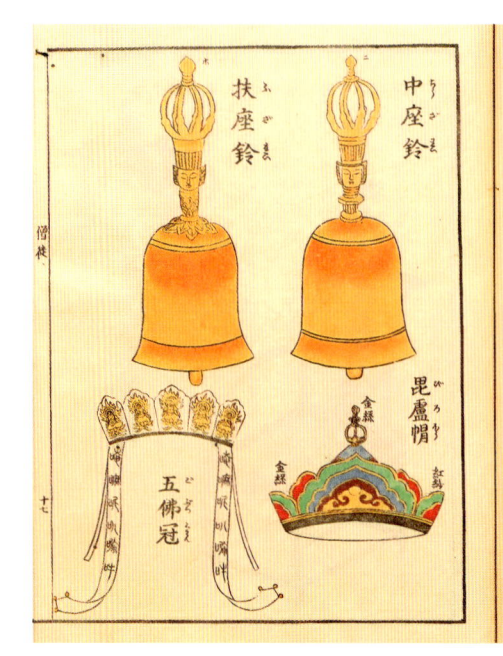

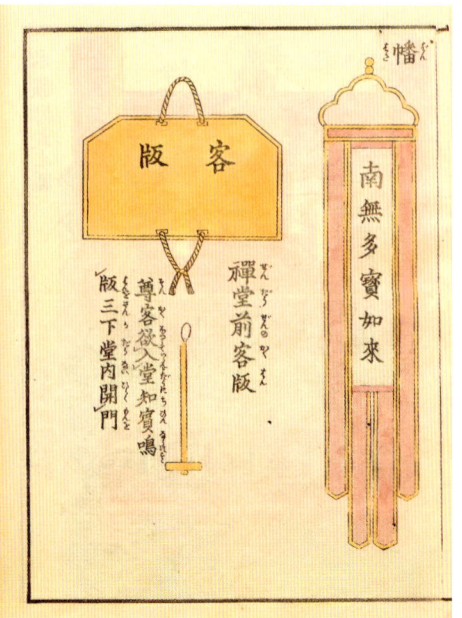

幡　客版　中座铃　扶座铃　毘卢帽　五佛冠①

冠,摇铃或结印,其余扶座各僧敲打木鱼、引磬②,并为超度冥府亡魂,在诵经过程中将供奉的米抛下,以洒下之水在馒头上书写梵字,投向食台。为表达向冥途施舍金银、钱、衣服的心意,而焚烧上述金银山、钱衣山。俗家也尊崇此法。多在夜晚进行,约需持续三四个时辰。水忏也设同样佛座,香花、点灯、供物等与焰口相同,但供物无定式。佛座前设两排宽约半间、长约二间③食台。台前各僧五人,共十位僧人各持佛具,跪诵经文。此法简化时,一天即可完毕。但也有持续三天者。焰口、水忏皆不限用于周年忌等法会,在祈求家中安全、疾病痊愈等时也举办。一切都按施主所望,在家中举行。届时,从寺院带法具等诸道具前去。与供养相应,僧侣人数有多有少。此时邀请亲戚朋友,并向僧侣提供斋饭、非斋时饭等。法会完毕后,按日数并根据僧人、施主身份而付给每个僧人劳金二三十

---

① 幡:寺前柱子上所挂的旗帜,也称经幡。用白布或彩纸制成长条状小旗,上写"六字真言"及其他经文(本幡则为"南无多宝如来"),以竿揭诸屋顶,或竖立于山头等处,表示祈祷。客版:悬挂于禅堂前,贵客入堂时,知客僧叩打此板三下,堂内僧人即打开门迎接。中座铃:法会时坐在中座的僧人即导师敲打之铃。扶座铃:乃坐于中座左右的僧人敲打之铃。五佛冠:戴在毘卢帽上的冠,上绘金色的五个佛像,两侧垂下的布上写有"唵嘛呢叭咪吽"等六字佛教真言。
② 引磬:僧家的一种法器。多用铜制,形如小碗,底贯以纽,下附木柄。诵经念佛时用以调整音节。
③ 二间:中译本作"三间"。参见中译本第545页。

目以下不等。若施主住宅狭窄或不方便，且要求在寺中举办法会时，只需在事前付给蔬菜费，寺院即可按施主要求供斋。此时，寺院准备斋饭及非斋时饭，向施主及其亲戚朋友提供斋饭。如施主家男女皆来，则让妇女至别的房间用斋，由随从奴婢伺候。僧侣前来时施礼，之后不再进入此房间。

○如果俗家牌位不放置于寺院，那么寺院平时则无牌位堂。但有些寺院中，为有功之檀越安置牌位，长期供奉香花。

○俗家之人服丧期间，有每日请僧诵经者。也有每逢七日请僧诵经者。皆按施主要求。丧葬时，有七八位僧人前来立于柩前，手持用绸做成的幡，排列两行诵经，直至墓地。但此事无定式，如檀越无要求，则不用前去。

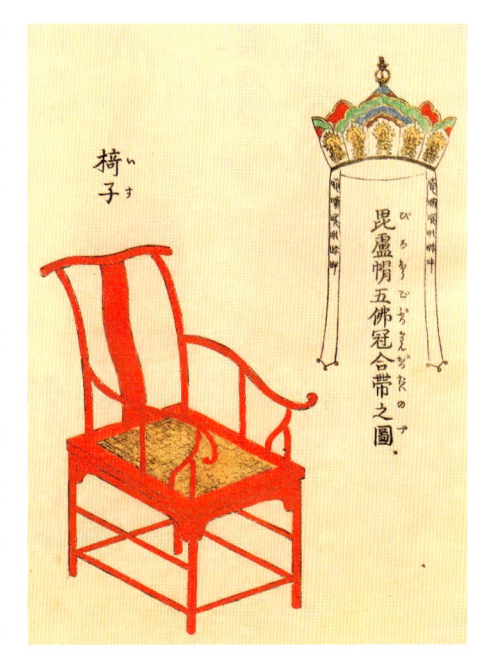

毘卢帽五佛冠合带之图　椅子

○七月盂兰盆节，寺院举行施饿鬼。也有根据寺院古习，不举行施饿鬼之法事。

○十二月八日称为"腊八"。朔日至八日拂晓，全山僧徒昼夜在禅堂坐禅。八日煮果米之粥（将龙眼、栗①、枣、茨菰、荸荠等混入米中煮成），送给亲近檀越等食用。

○没有专供贵人祈祷的寺院。贵人祈祷时，如敕令指定某寺，则派人前往该寺。也有按照官府的安排，前来寺院祈祷修行者，但均随当时情况而定。无寺院向天子、诸官衙献上护摩、神阄、守札等事。奇术由道家举行，僧侣不参与。

○官员赴寺院参拜时，因事先传达，故其时根据官位，住持及职僧有时至山门迎接。如大官来参拜，则敲响挂于禅堂的客版，开启诸堂门，僧众全都出来迎

---

① 栗：中译本作"粟"。参见中译本第547页。

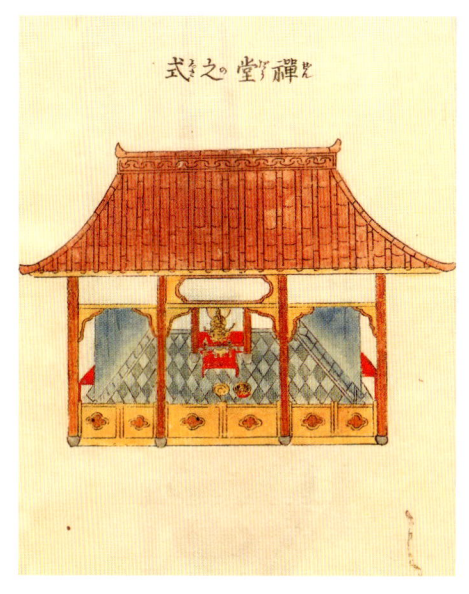

禅堂之式①

接。如小官前来，则只有职僧出迎即可。倘若为大官，则撞击钟楼之钟，敲打大鼓，或奏乐，请至佛殿拜佛。结束后，由知客（职僧名）引至方丈室设椅子请坐。住持对坐与之交谈，知客侍立于一旁。值座（职僧名）献茶、点心及时令水果。互致寒暄后款待，但禁献酒、烟等物。离去时，则与来时一样送至山门。此时，来客的随从施给寺院多少不等的金银，作为香金。

○平民来参拜时，先至佛殿参拜。有立即回家者，也有至客房休息片刻者。此时，由值座据客人身份或献茶，或提供点心、水果，品种不等。若因事或访问住持时，则需请值座转达，至方丈室面谈。即使是平民，监寺、知客对大户人家也有送迎之礼。不拘贵贱高下，凡至客殿之人，不论银钱多少，皆施舍适当香金。亦有馈赠线香、蜡烛之类者。妇女参诣时，有在参拜后立即回家者，也有在客殿稍作休息者。此时，无僧侣等上前问候。也有寺院另设妇女休息场所，需要茶水时，则由十二三岁之小沙弥进呈。官方虽严禁妇女在寺院徘徊，但参诣则不加禁止。

○后宫官女等来寺参拜，如随天子参拜，随侍即可。无宫女单独至寺院参拜之事。

○僧人无在年始至官府拜年之事。但有住持本人往檀家行拜年之礼。亦有某一职僧携带写有"某山某禅寺衲②某叩"之帖前往拜年之事。此时，无须馈赠护身符。正月一日至三日过后，可往俗家拜年。虽平时经常去亲近俗家谈话，但此时并无特殊照顾之举。也有岁暮送菜蔬、水果、粕渍③、糖渍物品等给檀家

---

① 禅堂：犹禅房、僧堂，佛徒打坐习静之所。图之正面为佛坛，佛像前置三足具的小桌子，桌前为木鱼和圆座。
② 衲：僧衣。因其常用许多碎布拼缀而成，故称。此乃僧徒的自称或代称。
③ 粕渍：酒糟腌制的食品。

之事。

○无总寺联合等事，也无官府颁发朱印文书。决定后任住持时，先由全寺职僧评议，选出胜任者后，申报当地知县，由知县任命。如无胜任者，则写出他寺三位学德兼备者之名，向官府申报。如官府接到职僧要求参与指定后任住持之请求时，则在官府进行评议，从职僧写出的三位僧名中选定。若官府有意推荐其他僧侣时，则告知职僧，由双方共同决定。但小寺选任住持，则无须经官府评定。

○后住①进山就任时，选定吉日。入寺时，首座以下诸职僧至山门外出迎（此时有固定格式的法语，但不为俗家所知），相互施礼后进入寺内，撞钟敲鼓，由知客引至诸堂拈香，礼法结束后至方丈室暂作休息。然后登正殿前所设之坛，挂柱杖③，持拂子④，于椅子上就座，左右立侍者两人，接受众僧参拜。此时全山僧众皆出来会面，以法语询问种种事宜。分别得到教示后，焚香参拜。仪式完毕后，向官府申报。此后，也有去施主家拜访，告知自己已进寺之事。此时无需赠送扇子等物品。

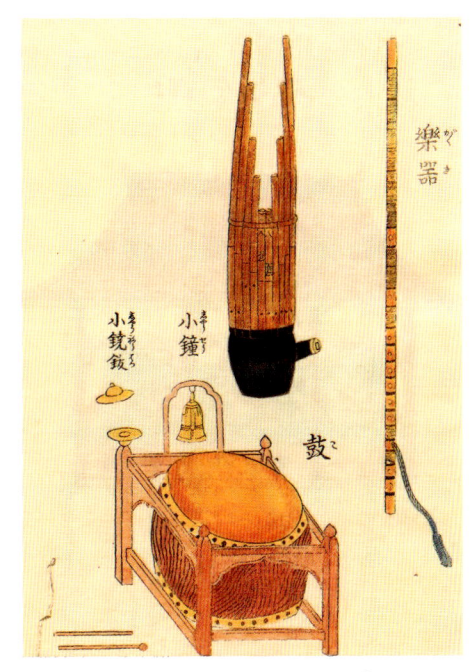

乐器　鼓　小钟　小铙钹②

○禁止僧侣娶妻。但也有名为"应付僧"⑤者，虽不娶妻，但可以吃肉、居住于市井之中，应俗家的要求，执行法事和诵经之事。应付僧这一称谓，乃过去遗留，今已不知其义。

---

① 后住：中译本作"后任"，参见第561页。但原文作"后住"，且"住"旁注有日语发音"じゅう"，故当从原文。"后住"，此处当指继任的住持。
② 小铙钹：一枚安装在鼓架上，另一枚自上而下敲打。
③ 柱杖：日译本指出，原文作柱杖为误记，而改为挂杖。参见日译本第二册第213页，柱杖即手杖之意，原文当无误。
④ 拂子：即拂尘。古代用以掸拭尘埃和驱赶蚊蝇的器具。常为僧尼术士执持。
⑤ 应付僧：也作应赴僧。《大清会典则例》卷九十二对于应付僧和火居道士的活动有严格的规定。

○律宗较为稀少,天台宗只有天台山一山。律僧主要修行祈祷,身着棉服,穿灰色布袈裟衣,持铁钵。吃饭时,饭菜皆置于铁钵中,不用筷子而用羹匙。天台宗僧人的佛事仪式与禅宗等同。

○无僧道共居的寺院。寺院只有僧侣。

○寺院中虽有茶店,但决无狂言①、演戏等。狂言、演戏、角力、杂技等,只限于在社内②举行。

○道士留发,戴道冠,法衣与僧人同,皆为布衣。功课③为修炼密法,专事祈祷。其中,修行太上老君之法术者节操高洁,即张天师之类的道士,称为"正一⑤道士";其他修炼杂法、娶妻食肉、多居住于市井之中的道士,称为"火居道士"。所做功课不详⑥。

○僧道中如有违规、违法者,轻罪由同山的住持以寺法、道法处罚。如犯重

道士　道冠④

---

① 狂言:一种兴起于民间、穿插于能剧剧目之间表演的即兴简短的笑剧,是猿乐能与田乐能的派生物。狂言与能一样,同属于日本四大古典戏剧,因为它也可以算是能剧的一部分,所以人们常常把它和能剧放在一起合称"能乐"。因为狂言属于喜剧型科白剧,所以相对于典型的悲剧型歌舞剧——能剧的最大区别在于,它利用从现实世界中取材的人物或事件,以幽默的方式给武士和其他贵族阶级以辛辣的讽刺。且因其作品都是从平民的生活中取材,再以当时的口语演出,所以比起能剧更能被广大劳动人民所接受,而成为一种最为典型的平民艺术形式。

② 社内:此后,日译本和中译本均有"土地神、天后庙等地"的注释。参见日译本第二册第215页,中译本第563页。

③ 功课:佛教语。指每日按时诵经念佛等事。此处指道士每日按时诵经等事。

④ 此道士头戴道冠,身着墨衣,手执折扇。道冠图下的横针乃把扎起的发髻与冠固定在一起的插子。

⑤ 正一:道教的一派。原为五斗米道,为东汉张陵所创。传说太上老君亲授张陵《太平洞极经》《太玄经》《五斗经》《正一经》各若干卷。张陵传授于后裔及其门徒。后张陵被尊为"天师""正一天师",其所创之道派亦称为"天师道""正一道"。唐宋后南北天师道与上清、灵宝等道派逐渐合流,统称为"正一道"。主要奉持《正一经》,崇拜鬼神,画符念咒、驱鬼降妖、祈福禳灾等。

⑥ 所做功课不详:中译本作"不做功课",参见中译本第563页。

罪,则由当地官府纠察,由知县、知府裁决。如是大罪,即使是住持大和尚,亦须由官府审问,根据罪行轻重处置。

○道家也由礼部统辖。礼部之下置僧道官、僧禄司、道禄司等官职,执掌此事。

○僧众不执掌护身符等事,由道家负责。道家本尊祭祀之神为三清上帝(三清上帝为中央玉清元始天尊、右侧上清灵宝天尊、左侧太清道德天尊)。与寺相同,道家有居于一山者,也有居住市井之中者。其社坛装饰等,与僧家无异。道士也巡游各地,入深山修炼。道士负笈戴冠,不拄柱杖。

○"旦那"①称谓,古时虽有,但当时称"檀越"。

○江湖②及结夏③等事从略,俗家人无从知晓。

---

① 旦那:梵语 dāna 的音译,始于唐代,即施主。
② 江湖:旧时指四方流浪,靠卖艺、卖药、占卜等谋生者,亦指这种人所从事的行业。
③ 结夏:佛教僧尼自农历四月十五日起,静居寺院九十日,不出门行动,谓之"结夏"。又称结制。

跋

　　向者,余之在崎阳也。听政之暇,使官属近藤守重、林贞裕问清商其国之俗习,辄随笔焉,又随图焉,终成一书。其起稿之始,余偶罹疾而百事皆废。及愈,瓜期[1]已迫,故未脱稿赍还江户。尔后,剧职[2]不暇翻阅。因命臣津田永郁校订,分为十三卷,示诸林祭酒,请序其端,且请名书。祭酒名以《清俗纪闻》,且序而还之,或劝上木,公诸同好。遂命剞劂,不日而刻成矣。泽正甫、中伯毅亦序其端。呜呼!虽编辑之名在余,彼官属等力实为多矣,岂可虚其功哉?因备记与此役者姓名于卷末云。宽政己未冬十月,中川忠英跋。

赤峰胁田顺　书[3]。

大通事	高尾维贞　彭城斐　清河璧[4]　平野祐英
小通事	彭城明矩[5]　神代文凤　颖川良友　彭城昌尊　吉岛潜　神代干贵
	阳忠廉　平井惟德　颖川惟贤　中山保高　彭城以贞　游龙贤
画　工	石崎融思　安田素教
清国苏州	孟世焘　蒋恒　顾镇
湖州	费肇阳
杭州	王恩溥　周恒祥
嘉兴	任瑞

---

[1] 瓜期:语出《左传·庄公八年》:"齐侯使连称、管至父戍葵丘。瓜时而往,曰:'及瓜而代。'期成,公问不至。"原指戍守一年期满。后用以指官吏任期届满。
[2] 剧职:艰巨烦剧的职务。
[3] 赤峰胁田顺书:日译本、中译本均无。
[4] 璧:中译本作"壁",参见中译本第567页。
[5] 矩:中译本作"距",参见中译本第567页。

后　　记

　　《清俗纪闻》是在时任长崎奉行的中川忠英的主持下，近藤守重、林贞裕通过唐通事向赴长崎的中国江浙闽清商询问中国江南风俗后，将问答记录整理并添加绘图的"唐人风说书"，是了解当时中国江南民情的"鲜活"资料。近年来，笔者的研究兴趣逐渐扩展至清代中日文化交流史，与《清俗纪闻》是分不开的。

　　2006年6月，笔者获得浙江大学博士学位后，回家乡入职郑州大学。9月初，原本素不相识的中原工学院边冬梅副教授联系，邀请共同翻译《清俗纪闻》。经询问得知，2005年河南某出版社从一位收藏者处借出《清俗纪闻》刻本一部六册，认为其学术价值巨大，遂委托边冬梅副教授翻译出版。但受专业局限，边冬梅副教授迟迟未着手推进。2006年8月，得知笔者入职郑州大学后，边老师热情相邀，推辞不得；凭借研究生期间撰写发表过清代中日文化交流相关的论文，以及"初生牛犊不怕虎"的勇气，笔者遂接受了卷一至卷二、卷八至卷十三的翻译任务。

　　然而，真正着手翻译，才发现答应翻译完全是头脑发热的冲动，实在是自不量力。首先，辨析识别变体假名的书写字体，需要查阅大量的字典辞书；其次，学习理解清代中国民俗的知识背景，需要阅读大量的相关书籍。但已经应允下来，只好硬着头皮坚持。2007年春节，当大多数人在准备年货、走亲访友时，笔者与李雪花老师二人在校园（现郑州大学南校区）八角楼开放教室，边查阅词典，边识字翻译。笔者翻译成汉语后，李雪花老师润色修改为浅显易懂的语句后输入电脑。由于刚刚入职，租住的房间狭小，学院办公楼封闭，我们经常到校园的开放教室进行翻译工作。寒假期间，到八角楼学习的学生寥寥无几，因此我们可以低声商讨。现在回想起来，当时的条件非常艰苦，但因攻克出一词一句的难题而产生的快乐也令人难以忘怀。

2007年6月,我们完成了卷一至卷二、卷八至卷十三的翻译工作,边老师承担的部分翻译也在有序推进。边老师提出建议申请相关研究课题经费,遂联系出版社签订出版合同。然而,等到的却是非常失望的消息。该出版社告知,中华书局已出版了中译本,我们的翻译书稿需要推迟出版。得知中华书局出版消息的出版社却没有及时告知我们!最终出版计划不了了之,支付稿酬成为画饼,翻译书稿被束之高阁。

虽然译稿未能出版,但笔者对《清俗纪闻》的研究热情却没有减退。2008年9月至2009年2月,笔者赴日本奈良县立文化馆访学,借此机会购买了孙伯醇与村松一弥编译的《清俗纪闻》(平凡社,1966)。2011年9月至2014年11月,赴日本早稻田大学访学,搜集到《清俗纪闻》的诸多刻本,并根据这些刻本,重新校对修改了译稿,同时翻译完卷三至卷七。2014年底归国后,开始校对并添加了注释。之后又在研究生课程中对部分内容进行讲解、校对,撰写《〈清俗纪闻〉的诸写本及收藏情况》(本书第四章),对诸写本的递传关系进行了探讨。2018年3月与上海社会科学院出版社签订出版合同。

2018年9月,我们撰写了《〈清俗纪闻〉的编纂与"华夷变态"思想》(本书第一章)、《〈清俗纪闻〉中的海关商照插绘与康乾时期日本铜贸易》(本书第二章)。2021年初,又撰写了《〈清俗纪闻〉的稿本〈续清朝探事〉》(本书第五章)一文,梳理了《清俗纪闻》写本与现存刻本的异同,探讨该写本的抄写年代,并考察《续清朝探事》写本与现存刻本的渊源关系。同时,《关帝信仰的形成、东传日本及其影响》(本书第三章)作成于2004年(与施梦嘉学友合作,刊发于《浙江大学学报(人文社科版)》2004年第5期)。《清俗纪闻》卷一、卷十二都涉及关帝信仰,故收录于本书中(略作修改)。

综上可见,本书的翻译工作持续16年。其中,苏亦伟、许浩两位同学从2017年9月研究生入学开始协助校对,花费了大量时间和辛苦的劳作;边冬梅副教授长期以来对本书的出版予以极大关注。龚凯歌同学硕士毕业被公派赴早稻田大学攻读博士学位后,也多次协助查阅搜集相关资料。在此,对四位学友的关怀帮助,表示衷心感谢。

通过阅读本书,参考书中的注释,广大读者也能发现,本书与已经出版的中华书局中译本存在三处显著不同:其一,本书的译文更加忠实于原文,语言通俗易懂。其二,本书参照的刻本、抄本众多,且增加了不同写本之间的内容校勘和多条注释;同时,本书彩版印刷,器物建筑清晰明了。其三,本书不仅仅局限于译注,还增加了"论述篇",分析了《清俗纪闻》的编纂思想,梳理了诸本之间的递传关系。期待今后能追踪到现存《清俗纪闻》刻本的原始写本,究明《清俗纪闻》编纂过程中诞生的阶段性文本,并对译注内容进行增补完善。

回顾16年的翻译与研究工作,真切感悟到了学术道路上的艰辛坎坷。翻译本书始于笔者结束求学生活、迈入研究生涯之时。一路走来,一路成长;一路走来,一路坚强。"看庭前花开花落,荣辱不惊;望天上云卷云舒,去留无意"。

最后,笔者也清晰地认识到,书中仍存在诸多不足。特别是受新冠疫情影响,校对工作断断续续,给编辑出版带来诸多烦劳。再次对熊艳女士付出的辛勤编辑工作致以诚挚的谢意!

葛继勇　于郑州大学盛和苑
2023年10月30日

图书在版编目(CIP)数据

《清俗纪闻》研究 / 葛继勇著 . ―― 上海 : 上海社会科学院出版社, 2025
(亚洲文明交流互鉴研究丛书)
ISBN 978-7-5520-2844-7

Ⅰ.①清… Ⅱ.①葛… Ⅲ.①风俗习惯—中国—清代 ②《清俗纪闻》—研究 Ⅳ.①K892

中国国家版本馆CIP数据核字(2024)第045067号

《清俗纪闻》研究

著　　　者:	葛继勇
责任编辑:	熊　艳
封面设计:	周清华
技术编辑:	裘幼华
出版发行:	上海社会科学院出版社
	上海顺昌路622号　邮编 200025
	电话总机 021-63315947　销售热线 021-53063735
	https://cbs.sass.org.cn　E-mail:sassp@sassp.cn
照　　　排:	南京展望文化发展有限公司
印　　　刷:	上海盛通时代印刷有限公司
开　　　本:	710毫米×1010毫米　1/16
印　　　张:	19.25
字　　　数:	315千
版　　　次:	2025年1月第1版　2025年1月第1次印刷

ISBN 978-7-5520-2844-7/K·719　　　　定价: 158.00元

版权所有　翻印必究